JOACHIM GAUCK
Nicht den Ängsten folgen,
den Mut wählen

JOACHIM GAUCK

Nicht den Ängsten folgen,
den Mut wählen

DENKSTATIONEN EINES BÜRGERS

Siedler

Verlagsgruppe Random House FSC® N001967
Das für dieses Buch verwendete FSC®-zertifizierte Papier *Munken Premium Cream*
liefert Arctic Paper Munkedals AB, Schweden.

Erste Auflage

Copyright © 2013 by Siedler Verlag, München,
in der Verlagsgruppe Random House GmbH

Umschlaggestaltung: Rothfos + Gabler, Hamburg
Lektorat und Satz: Ditta Ahmadi, Berlin
Druck und Bindung: GGP Media GmbH, Pößneck
Printed in Germany
ISBN 978-3-8275-0032-8

www.siedler-verlag.de

Inhalt

Einleitung	7

Aufbruch 1989

Hoffnung	10
Abschied vom Schattendasein der Anpassung	11
1989 – Das Später kam früher	15
Über Deutschland	18
Die Entscheidung fiel für ein erprobtes Politikmodell	31
Zehnter Jahrestag des Mauerfalls	42

Staatssicherheit: Aufarbeiten – aber wie?

Herrschaftswissen in Hände und Köpfe der Unterdrückten	48
Die friedliche Revolution und das deutsche Modell von 1990	54
In meinem früheren Leben ...	62
Von der Würde der Unterdrückten	63
Wut und Schmerz der Opfer	76
Man kann vergeben	82

Der lange Schatten der Ohnmacht

Zur Freiheit geboren	84
Ohnmacht	85
Noch lange fremd	98
Der sozialistische Gang	106
Von Staatsinsassen und Einäugigen	107
Wann wird all das weichen?	122

Erinnern an zwei Diktaturen

Zum Gedenken an die Opfer des Nationalsozialismus — 134

Von Zeugenschaft, Verweigerung und Widerstand — 143

Befreiung feiern – Verantwortung leben — 150

Über die Rezeption kommunistischer Verbrechen — 158

Freiheit in der Freiheit

Es ist unser Land — 172

Freiheit — 173

Freunde und Fremdeln — 188

Politiker nicht beschimpfen — 194

Unsere Demokratie wird leben — 195

Wir müssen sehen lernen, was ist — 200

»Israel muss man *wollen*« — 208

Europa: Vergangenheit und Zukunft

Welche Erinnerungen braucht Europa? — 218

Polen: das Unmögliche wagen — 227

Europa: Vertrauen erneuern, Verbindlichkeit stärken — 233

Vita — 251

Nachweise — 253

Einleitung

Das Leben, in das ich hineingeriet, war eines, das ich nicht schweigend ertragen wollte. Aber viele der Worte, die mir aus politischen Gründen wichtig waren in der Kindheit, der Jugendzeit und dann bis zu meinem fünfzigsten Lebensjahr, waren im Land der Diktatur nicht erwünscht. Ich habe es in diesem Land dennoch aushalten können, weil mir mein Beruf in der Kirche Möglichkeiten gab, Meinungen und Worte zu vertreten, die ich als Lehrer oder Journalist niemals hätte äußern dürfen.

In diesem Band sind Reden aus fünfundzwanzig Jahren vereint. Einige der frühen Texte haben wieder wachgerufen, was selbst nach zwei Jahrzehnten noch Spuren in mir hinterlassen hat. Andere Texte zeigen, wie stark sich unsere Lebensumstände und meine Interessen verändert haben, seitdem Deutschland wieder eins wurde. Manche Reden und Aufsätze behandeln also bereits Historisches, andere greifen Gegenwart und Zukunft auf.

Reden, die ich oft weitgehend frei gehalten habe, tragen zudem einen deutlich anderen Duktus als schriftlich abgelieferte Beiträge für Zeitungen oder Bücher. Entstanden ist eine Sammlung aus höchst unterschiedlichen, teilweise typischen, aber auch einigen ganz besonderen Texten.

Am Anfang steht eine Predigt zum Kirchentag im Norden der DDR, die zugleich politische Anspielungen, Kritik und Worte der Hoffnung enthält. Es war das Jahr 1988. Wir wagten damals noch nicht, vom Untergang des Kommunismus zu träumen, aber wir wollten von den Machthabern endlich gehört werden. Es wirkte befreiend auf die große Kirchentagsgemeinde, dass wir offen die Stationierung der Raketen in unseren Wäldern oder die repressive Pädagogik problematisierten. Mehr noch aber war die Gemeinde elektrisiert von Bildern, in denen ihr Lebensgefühl Ausdruck fand: »Seele und Herz unzähliger Menschen in Eiszeit«.

Dieser Band enthält sodann Reden und Artikel, die nach 1990 entstanden sind. In den ersten zehn Jahren dominierten Beiträge zur Aufarbeitung der Stasi-Hinterlassenschaft und zum Umgang mit der kommunistischen Diktatur. Während meiner anschließenden ehrenamtlichen Tätigkeit als Vorsitzender des Vereins »Gegen Vergessen – Für Demokratie« widmete ich mich unter anderem dem Widerstand in der NS-Zeit, der Verteidigung der Demokratie und Fragen von Mentalität und Mentalitätswandel in Transformationsgesellschaften.

Die vorliegende Sammlung von Aufsätzen und Reden belegt die Kontinuität meines öffentlichen Engagements. Als Bundespräsident stehe ich nun – schon im fortgeschrittenen Alter – noch einmal vor neuen Herausforderungen. Als Beispiel für die Erweiterung meines Themenspektrums mag die Rede zu Europa stehen.

Um Wiederholungen zu vermeiden, wurden die Texte des Bandes einem gründlichen Lektorat unterzogen und deutlich und beherzt gekürzt. Ich hoffe, dass dies der Erkennbarkeit meiner Person nützt.

Aufbruch 1989

Hoffnung

In diesem Gottesdienst werden wir sehr intensiv um Hoffnung bitten, denn wir denken, dass nur, wer etwas hofft, auch die Kraft zum Engagement hat. Das verbindet Christen und Nicht-Christen. Wir müssen etwas haben, von dem wir träumen können. Dann werden wir uns auch in Bewegung setzen und in Kirche und Gesellschaft notwendige Veränderungen bewirken.

Interview zum Schlussgottesdienst auf dem Kirchentag in Rostock, Juni 1988.

Abschied vom Schattendasein der Anpassung

Liebe Gemeinde der Weggefährten und Gäste!
An Festtagen wird auch bei Regen alles licht. Aber Kirchentag und Hochzeit sind selten. Tägliche Sorgen engen Blick und Seele ein. Als Kind, Frau und Mann, als Christen und Staatsbürger erleben wir oft mehr Dunkelheit als Licht. Mancher kommt sich benachteiligt vor – und mancher ist es auch. Polarnacht liegt oft Jahrzehnte über ganzen Völkern und Bevölkerungsgruppen – Seele und Herz unzähliger Menschen in Eiszeit! Ungleichmäßig sind die Licht- und Klimazonen über die Erdkugel verteilt, Fülle und Mangel im Leben der Menschheit desgleichen. Vor dem Licht ist die Nacht. Aber in der Tiefe der Nacht wird für den, der wachen muss, die Sehnsucht nach dem Licht am heftigsten. Man kann diese Sehnsucht am Morgen schnell vergessen. Ob das gut ist?

Licht lässt uns sehen – auch die Dinge, die in uns geschehen. Vielleicht so: Ich nehme das Dunkel ernst, ich halte die Sehnsucht am Leben, schlucke sie nicht herunter. Ich warte nicht auf das magische innere Licht, sondern nehme auch meine quälenden Zweifel ernst. Ich verzichte darauf, mein Leben zu retuschieren. Denn ich muss aushalten, was quält, sonst entdecke ich die Sehnsucht nicht. Und ich will mich sehnen, sonst finde ich die *Hoffnung* nicht.

Hoffnung wächst nicht aus *haben*, sie wächst aus Sehnsucht nach *sein*.

Wenn sie echt ist, riskiert sie etwas. Nicht Idylle, sondern Veränderung umgibt sie. Eine Schwester von ihr heißt Unruhe. Bitte erschrecken wir nicht, sondern bedenken wir, wohin uns die Ruhe gegenüber allem Unrecht geführt hat! Die etablierte Christen- und

Rostock, 19. Juni 1988, Predigt während des Schlussgottesdienstes auf dem Kirchentag.

Bürgergemeinschaft muss wohl lernen, ihren Unruhestiftern zu danken. Sie lehren uns: Finde dich nicht ab mit dem, was du vorfindest. So suchen viele von uns erbittert und doch mit Hoffnung unter dem täglichen Leben *das* Leben, unter den vielen Wahrheiten *die* Wahrheit. Und sollte da nicht auch Nähe Gottes sein, wo wir so hungern und dürsten nach dem Wirklichen und Wahrhaftigen, dem Sinn für unser Leben? Da sind wir noch kein Licht, aber wir werden schon erleuchtet. Und wir werden die Brücke finden, die uns gehen, handeln und lieben lässt.

Wie könnten wir dem Leben neu begegnen?

Der 1. Johannesbrief bietet dafür zwei Schwerpunkte an. Erstens: erkennen und bekennen, wie ich wirklich bin; zweitens: Erneuerung erfahren.

Erkennen, »dass ich ein Sünder bin«, heißt es in der Sprache der Bibel. In unserer Sprache heißt das: die eigenen Grenzen erkennen.

Dem Licht – Gott – gegenüber erkenne ich Schatten und Rückseiten: Ich mache nicht nur Fehler, ich werde schuldig. Und dies nicht nur irgendwo am Rande, sondern im Zentrum des Lebens. Schuld, so erkennen wir, ist eine Dimension des menschlichen Lebens. Wer sie leugnet und stur behauptet, der Mensch ist gut, gut, gut, tut sich und seinen Mitmenschen nichts Gutes. Wer dies erkannt hat, wird frei werden, Schuld Schuld und Sünde Sünde zu nennen. Das ist sicher ein schwerer Schritt, besonders für erwachsene Menschen; noch schwerer ist er für formierte Menschengruppen. Aber neues Leben kann wachsen, wo Schuld bekannt und Neuanfang gesucht wird. Es erfüllt Christen mit einem guten Gefühl, wenn ihre Kirche sture Rechthaberei verlässt und für sich selbst Umkehr bejaht. Und es erfüllt uns mit einem neuen Gefühl gegenüber Vertretern der marxistischen Weltanschauung, wenn wir aus der Sowjetunion hören, dass Schuld Schuld genannt werden kann.

Was für den einzelnen Menschen gilt, gilt auch für die Gesellschaft; erkennen und benennen, was ungut ist, und dann anfangen, auf eine neue Art zu leben. Plötzlich entsteht dann Nähe, wo lange Distanz war. Wir brauchen diese Nähe, denn wir haben einen Dialog des normalen Gesprächs, nicht der tönenden Phrasen zu erlernen.

Das wünschen wir uns so sehr: ein neues Miteinander in unserer Gesellschaft – Abrüstung und Entspannung als tragende Säulen eines neuen innergesellschaftlichen Dialogs! Was außenpolitisch mehr und mehr gilt (Abrüstung), will und muss mehr und mehr in das Innere dieses Landes!

Wir freuen uns über jeden Schritt, der auf diesem Weg zurückgelegt wird, besonders über den begonnenen Dialog zwischen Marxisten und Christen auf unserem Kirchentag.

Beim Ernstnehmen unserer Grenzen und unserer Schuld fällt der Blick in diesem Jahr (vor fünfzig Jahren Reichspogromnacht) auf unsere Unheilsgeschichte gegenüber den Juden.

Neues wird, wo alte Schuld nicht geleugnet wird.

Dem Leben neu begegnen bedeutet Erneuerung erfahren. Wo der erste Schritt getan ist, begegnet uns Jesus. Er findet uns, wie er uns gerufen hat: mangelhaft. Und er vergibt uns. – Da denken wir daran, wie wir klein waren und sich Hände auf unseren Kopf legten, die alles, alles gutmachten. Da konnten wir wieder aufspringen und weiterlaufen, noch immer mangelhaft, aber geliebt.

So wollen wir Vergebung begreifen.

Christine Lavant:

> Angst, leg dich schlafen,
> Hoffnung, zieh dich an, du musst mit mir gehen.
> Schnür die Schuhe fester! Ich hielt dich lang verborgen,
> kleine Schwester, schön bist du geworden,
> und ich freu mich dran.

Mit der Schwester Hoffnung suchen wir jene geheimnisvolle und verwandelte Beziehung zu dem schöneren Gegenüber unseres beschädigten Menschseins.

Dorothee Sölle spricht einmal von der »Zärtlichkeit Gottes«. Sie ahnen dürfen – das geschieht, wenn wir beieinanderstehen: freundlich, solidarisch, geschwisterlich. Darum ist unser wichtigstes Erlebnis nicht das Interessante und Spektakuläre, sondern das, was uns neu hoffen macht. Das brauchen wir wie Brot zum Leben.

So viele Abgründe warten auf Brücken, die engagierte Menschen bauen:

- Menschen sollen sich begegnen, nicht verurteilen.
- Die Natur will bewahrt, nicht ausgebeutet sein.
- Aus unseren Wäldern soll das Teufelszeug der Raketen verschwinden.
- Aus unseren Schulen sollen die Schwarz-Weiß-Klischees verabschiedet werden.
- Unsere Republik will einladender werden: Wir werden bleiben wollen, wenn wir gehen dürfen.
- Ausbeutung, Apartheid und Unterdrückung warten auf den Hass der Liebenden.
- Die Opfer jeder Gesellschaft warten auf die Nähe von Genossen und Geschwistern, die diese Namen verdienen.
- Und: Unsere Kirche will auferstehen zum Leben!

Nehmen wir Abschied, Freunde, vom Schattendasein, das wir leben in den Tarnanzügen der Anpassung. Also: die Brücke betreten in *das* Leben, das wir bei Jesus Christus lernen können!

1989 – Das Später kam früher

Ich beginne mit dem Glück. Wir schrieben den 19. Oktober 1989. In der Rostocker Marienkirche drängten sich Tausende von Menschen. Sie waren nicht zum ersten Mal hier, sondern hatten schon in der Vorwoche ihren Wunsch nach Erneuerung der Gesellschaft zum Ausdruck gebracht. Das hatte andere motiviert dazuzukommen, so wurden in anderen Kirchen Parallelgottesdienste mit exakt denselben Texten abgehalten. Wir Organisatoren dieser Veranstaltungen trugen über unsere Netzwerke Informationen von den sich neu bildenden Bewegungen und aus anderen Städten zusammen. All diese Menschen hatten gehört von den Montagsdemonstrationen in Leipzig seit September, von den Demonstrationen in Plauen seit Anfang Oktober. Sie hatten im Westfernsehen Tausende von Flüchtlingen in der Botschaft der Bundesrepublik in Prag gesehen, gehört von der Massenausreise in verriegelten Zügen über Dresden, sie hatten die Prügelorgien der Staatsmacht in Dresden und am 7. Oktober in Berlin beklagt, und viele hatten für die Opfer Mahnwachen und Fürbittandachten organisiert. Aber auf der Straße waren sie bis jetzt noch nicht gewesen. Was würde jetzt in Rostock geschehen? Fehlte uns der Mut der Sachsen? Mussten wir Mecklenburger uns an den Tankstellen im Süden beschimpfen lassen, weil es im Norden zu keinen »öffentlichen Kundgebungen gegen den Staat« gekommen war?

Ich war damals seit fast zwanzig Jahren Pastor in Rostock, seit Kurzem auch Sprecher des »Neuen Forums«. An jenem 19. Oktober 1989 predigte ich in der überfüllten Marienkirche – über Amos 5, 21 – 24, wo es unter anderem heißt: »Ich bin euren Feiertagen gram

Der Beitrag erschien 2009.

und verachte sie und mag eure Versammlungen nicht riechen. Und ob ihr mir gleich Brandopfer und Speisopfer opfert, so habe ich keinen Gefallen daran … Es soll aber Recht offenbar werden wie Wasser und die Gerechtigkeit wie ein starker Strom.«

Der Staatsfeiertag am 7. Oktober 1949 anlässlich der DDR-Gründung vierzig Jahre zuvor war erst wenige Tage vorbei. Wir alle in der Kirche hatten in den Nachrichten die Menschenströme gesehen, die an den Tribünen vorbeigezogen waren und der ergrauten Macht ihren Tribut gezollt hatten. Wir alle hatten uns dabei gesehnt nach einem Amos, einer Kassandra, einem Jan Hus oder einem Martin Luther King, der – so sagte ich damals – »das kollektive Unrechtsempfinden und die kollektive Sehnsucht nach Wahrheit und Recht« ausdrücken würde. Aber war es nicht an einem jeden von uns, die Freiheit einzuklagen?

Da hörte ich mich auf einmal sagen, dass es Menschen gebe, die ihrer Angst »Auf Wiedersehen« sagen und den aufrechten Gang trainieren: »Wir wollen nicht in der Schizophrenie unser Leben verbringen. Wir wollen *hier* leben in Wahrheit und Gerechtigkeit … Es gibt genug Stasi-Leute um uns herum, wir suchen die Stasi nicht *in* uns.« Erst gab es eine Pause. Einige schluchzten. Dann fingen alle an zu klatschen.

Nach dem Gottesdienst formte sich aus den Tausenden in der Marien- und der Petrikirche ein langer Zug, ein Zug ohne Transparente, ohne laute Parolen, aber mit Kerzen. Wir zogen vorbei an den Zwingburgen der Staatsmacht, der unbeleuchteten Bezirksbehörde des Ministeriums für Staatssicherheit, der Bezirkszentrale der SED, dem Rathaus. Wir warfen keine Steine, aber wir klatschten und pfiffen vor dem Hochhaus, in dem viele Stasi-Mitarbeiter wohnten, und wir brachen aus in Hohngelächter, als uns vor dem Stasi-Gebäude eine Stimme per Lautsprecher aufforderte: »Verlassen Sie den Platz! Lösen Sie die Demonstration auf!«

Der Abend des 19. Oktober bedeutete in Rostock den Durchbruch. Wir hatten das Lebensgefühl der Massen in Leipzig nach Rostock geholt. »Wir sagen unserer Angst ›Auf Wiedersehen!‹« Als die erste Massendemonstration in unserer Stadt zu Ende ging, wussten wir alle, die dabei waren: Wir schaffen es, wir werden gewinnen. Das war Glück. Glück in einer großen historischen Stunde. Jeder hatte seine Angst besiegt, hatte sich und seine oft so feigen Mitbürger als Teil einer Protestbewegung gesehen. Die meisten hatten unendlich lange zu allem geschwiegen. Jetzt wollten auch sie mitreden, mit dabei sein, endlich mündig sein.

Nie war deutlicher zu spüren, welche Verwandlung Menschen erfahren, die von den Zuschauerrängen auf die Bühne überwechseln. Arbeiter, Handwerker, Studenten und Krankenschwestern, sie alle entdeckten ihre Potenzen und bestimmten ihre Rolle in der Gesellschaft neu. Das »Wir sind das Volk!« hieß für jeden Einzelnen: »Ich bin ein Bürger!« Unglaublich, wie jahrzehntelang eingeübte Demut, wie Furcht und Anpassung abgestreift werden konnten wie ein Kokon, der die weitere Entwicklung zum Erwachsenwerden hinderte.

»Er-Mächtigung«, so erlebt, wird von den Betroffenen nicht nur als ein politischer Begriff verstanden, als Definition eines gesellschaftlichen Prozesses. Ermächtigung drückt mehr aus, ein Lebensgefühl, die Freude eines Menschen, der über sich hinauswächst, Glück.

Es war unglaublich. Wir waren das Volk. Und ich war dabei.

Seit zwanzig Jahren nenne ich dieses Land gern *mein* Land.

Über Deutschland

Frau Ministerin, Herr Oberbürgermeister,
meine sehr verehrten Damen und Herren!
Die Kirche feiert am ersten Oktobersonntag das Erntedankfest. In Gottesdiensten wird Dank für verdiente und unverdiente Gaben gesagt, und nach alter Sitte spendet man auch etwas. Die Ärmeren geben meist etwas mehr, die Reicheren etwas ... überlegter.

Liebe Landsleute aus dem Osten, lassen Sie uns in unserer Erinnerung zurückgehen ins Jahr 1989, in den Sommer, den bleiernen. Die Depression unserer Gemüter, wir haben sie noch nicht vergessen.

Die SED regierte, ohne dass sie führte. Die Festlichkeiten zum Republikgeburtstag wurden wie üblich vorbereitet. Zu allem Unglück stand ein rundes Jubiläum ins Haus. So etwas wird teuer!

Derweil waren Junge und Junggebliebene auf dem Sprung. In den »Bruderländern« suchten sie Schlupflöcher in die Freiheit. Sie waren aktiv und auf uns störende Weise mobil. In vielen Elternhäusern, Freundeskreisen, Gemeinden wurden Abschiedstränen geweint. Bei manchen wuchs endlich die Wut, und sie erreichte ihren Höhepunkt, als die bösen Greise in Berlin den Flüchtenden nachriefen: »Denen weinen wir keine Träne nach.« Ihre Lohnschreiber haben es im *Neuen Deutschland* flugs aufgeschrieben. Sollten Sie es vergessen haben: Es gibt Bibliotheken, man kann es nachlesen.

Dann kam der 7. Oktober. An solchen Tagen schaltete man schon mal das DDR-Fernsehen ein. Wir wussten zwar, was sich da abspielte, wir kannten das alle: Das Marschieren, das Feiern, die »Winkelemente«, die Blumen, die Orden, »unsere« Jugend, »unsere«

Weimar, 2. Oktober 1994, Vortrag im Rahmen der Reihe »Weimarer Reden«.

Menschen – alles war inszeniert wie immer. Der Regierende hatte für das Fernsehvolk sein Serenissimus-Lächeln aufgesetzt. Wieder waren genügend Landeskinder in Berlin, um den eingeübten Frohsinn vorzuführen. Irgendwann sangen die Veteranen ganz gerührt, einige hatten Tränen in den Augen: »Wir sind die junge Garde / des Proletariats …« Ob sie die »Internationale« auch noch gesungen haben im Kreis immergrüner Vasallen? Ich habe es vergessen.

Am Abend trösteten wir uns mit Gorbatschow. Eigentlich nahmen wir ihm übel, dass er in diese Gesellschaft kam. Aber wenigstens hatte das Westfernsehen einen Satz auf der Straße aufgeschnappt. Sie wissen ja: »Wer zu spät kommt …« Vielen war das nicht genug, mir auch nicht. Aber einige wollten Honecker strafen, indem sie Gorbatschow zujubelten, zuklatschten, ihn feierten. Viele hofften, einige riefen: »Gorbi, hilf!«

Andere waren da schon aufgestanden, um sich selbst zu helfen. Wir meinen jene Minderheit, die zu den inszenierten Feiern mit unbestelltem Protest erschien. »Frauen für den Frieden« – ganz und gar unangeleitet vom Demokratischen Frauenbund Deutschlands, der doch dafür autorisiert war. Eine Initiative, die am Frieden interessiert war, der aber die Menschenrechte genau so viel bedeuteten. Christliche oder andere unangepasste Jugendliche, auch Mitbürger, deren Protest sich zu einem Wort und Programm verdichtet hatte, das viele von uns ablehnten, auch ich: Ausreise.

Alles in allem: Störenfriede.

Die Staatsmacht – wir erinnern uns weiter – reagierte entschieden, zielgerichtet und brutal. Die Zahl der Protestierenden war noch gering. So konnten die Einsatzkräfte von Polizei und Stasi der Lage alsbald wieder Herr werden. In Plauen allerdings war am 7. Oktober schon Großdemonstration – zwanzigtausend Menschen gingen auf die Straße, mehr als ein Viertel der damaligen Bevölkerung. Einige Studentinnen und Arbeiter bekamen nach Auflösung der Demonstration – »Gesicht zur Wand« – den für derartige Zwecke vorgesehenen Nachhilfeunterricht. Unsere Mächtigen brauchten für ihre Exempel ihre »Rädelsführer«. Neu war: Die Festgenommenen schrieben unmittelbar nach der Entlassung Gedächtnisprotokolle, sie schrieben auf, was ihnen angetan worden war. Und diese Texte wurden Kampftexte gegen die SED für diejenigen, die vorher noch nicht bereit gewesen waren zu protestieren. Sie taten es jetzt.

Es begannen die Fürbittandachten und Mahnwachen in unseren Kirchen, organisiert von kleinen, überschaubaren Gruppierungen. Minderheiten immer noch, die von wachsamen Mehrheiten durchaus unter »operativer Kontrolle« gehalten werden konnten.

Mein Gott, wie schnell in diesem kalten, heißen Herbst aus Wachen und Beten, Reden, Planen, Singen, Organisieren – Protestieren wurde. Wie schnell aus Aushalten, Angsthaben, aus Trauer und Ohnmacht Mut, Fantasie und sogar *Kraft* wurden! Gleich kommen die Leipziger in unseren Erinnerungsblick: Plötzlich all diese Menschen auf der Straße. Jetzt geht es los. Diese Massen. Je nach Alter denken wir an frühere Situationen: 1953, 1956, 1968. Und voller Zweifel und Angst fragen wir noch: Können wir das schaffen, was Solidarność in Polen schaffte?! Mit solchen Zweifeln und solchen Ängsten haben wir die nächsten Demonstrationen vorbereitet.

Gleich werden sie in Berlin das Tor aufmachen, plötzlich und verschämt, kleinlaut – so anders als in der Zeit, als sie es schlossen –, sie wollen Druck ablassen. Retten, was noch zu retten ist. Doch wir sahen es anders: Wir wollten ändern, was geändert werden musste. Mutige Frauen und Männer starten sanfte und doch revolutionäre Aktionen gegen die Stasi-Dienststellen – wir schreiben Anfang Dezember. »Stasi in die Produktion!« – unser alter Schlachtruf von den Demos – soll nun Wirklichkeit werden, und ihr Herrschaftswissen soll in unsere Hände und Köpfe, in die des Volkes kommen, das sie so lange unterdrückt hatten. Dann werden die Genossen den Alten feuern und den Grinsenden* heuern; nützen wird ihnen das am Ende nichts. Sein sozialistischer Biedersinn erhält eine nur kurze Hauptrolle.

Man inszenierte in kleiner Besetzung das Kammerspiel »Reform des Systems«. Zu spät. Die Massen waren stürmisch erwacht. Plauen

---

* Egon Krenz löste Erich Honecker am 18. Oktober 1989 als Generalsekretär der SED ab. Er bekleidete das Amt bis zum 3. Dezember 1989, an dem die letzte Sitzung des Zentralkomitees der SED stattfand.

sei dank! Sie wollten nicht Kammerspiel. Sie wollten Endspiel. Götterdämmerung war angesagt.

Der Schnelldurchlauf der Bilder taucht alles in das Licht des Mirakels. Aber dieses wunderbare Mirakel hatte Wurzeln. Es bildete sich in der frühen Sehnsucht der Unterdrückten, es bildete sich in Liedern, Predigten, Gedichten, in Torheiten, in Niederlagen, in Tränen, es bildete sich im Hoffen.

Wir wollen aufsuchen und rühmen, was sich als Wagnis der Eigenständigkeit an die Öffentlichkeit traute, ohne je des Erfolges sicher zu sein. Dabei bleiben wir zunächst in der Nähe der Herbstereignisse 1989 und denken an den Mut der allerersten Demonstranten, die noch nicht wissen konnten, dass aus der schweigenden Mehrheit eine solidarisch handelnde Mehrheit werden würde. Wir denken an die ersten Programme, an Aufrufe und Aufklärungsschriften, verfasst und geschrieben mit dem Willen zu drastischer politischer Veränderung in unserem Land, um dem vormundschaftlichen Staat abzuschwören.

Wir danken den Verfassern für ihren Mut, den Schutzraum Kirche zu verlassen, jede Öffentlichkeit zu suchen, die sich bot. Wir rühmen die Entschlossenheit derer, die den Bürgerbewegungen zum politischen Leben verhalfen, und die Gründer der sozialdemokratischen Partei, die nicht auf die Bedenkenträger in Ost und West hörten, sondern selber die Gesetze des Handelns entwickelten. Wir denken an die Vorläufer des Herbstgeschehens: Die Gruppe der »Störer« der Berliner Liebknecht-Luxemburg-Demonstration.* Sie hatten den Mut, mit einem einzigen Zitat von Rosa Luxemburg die Rituale der Mächtigen, die die illegitime Machtausübung der SED-Elite stabilisieren sollten, in Frage zu stellen. Sie hatten den Mut, die Mächtigen zu delegitimieren.

Bei dem Stichwort Delegitimierung denken wir auch an eine Aktion, die Zivilcourage Einzelner wie das Engagement zahlreicher

---

* Etwa hundertzwanzig Bürgerrechtler wurden bei der offiziellen Liebknecht-Luxemburg-Demonstration am 17. Januar 1988 verhaftet, als sie Plakate mit dem Zitat von Rosa Luxemburg »Freiheit ist immer die Freiheit des Andersdenkenden« zeigen wollten.

Gruppen in der DDR deutlich macht – in der Regel durch Einbeziehung des kirchlichen Netzwerkes. Ich meine die Kontrolle der Kommunalwahlen vom Mai 1989. Wie viele hatten den Wahlergebnissen immer misstraut. Hier endlich, lange vor dem revolutionären Tun, beschloss eine qualifizierte Minderheit in sehr vielen kleineren und größeren Städten, eine Form der Volkskontrolle zu organisieren, die bislang immer als sinnlos erachtet worden war. Für die Behauptung, die Wahlen seien gefälscht, konnten tatsächlich ausreichend viele Daten gesammelt werden. Es ist unmöglich, die Personen und Orte aufzuzählen, die beteiligt waren. Zwei Regionen seien nur erwähnt: Berlin, wo es seit Jahren eine lebendige Protestkultur gab, leitete noch in DDR-Zeiten eine Strafanzeige wegen Wahlfälschung ein. Und Halle will ich erwähnen. Der jungen Frau wegen, an die ich erinnern möchte – einer Wahlkontrolleurin. Ich kenne ihren Namen nicht. Ich weiß, dass sie damals siebenundzwanzig Jahre alt war. Ich weiß ihren Beruf: Sekretärin in einer Sparkassenfiliale. Sie gehörte zum Personal der offiziellen Datenerfassung. Als sie erlebte, wie die Anweisung ausgegeben wurde, telefonisch eingehende Zahlen mit Bleistift einzutragen, stutzte sie. Man versuchte, erstens: Sie mit einer erfundenen Begründung ruhigzustellen, und als das nichts nutzte, sie – zweitens – aus dem Informationsfluss auszugliedern. Vom Zeitpunkt ihrer Kritik an klingelte bei der jungen Frau kein Telefon mehr, die Daten liefen an ihr vorbei. Wir rühmen diese Frau nicht nur, weil sie bemerken *wollte*, was sie bemerken *konnte*, auch das ist schon rühmenswert. Wir rühmen sie wegen ihrer Zivilcourage, den jungen Leuten der selbst ernannten Kontrollgruppe mit Namen und Adresse ihre Informationen zu Protokoll gegeben und später im Gerichtsverfahren als Zeugin in dieser Sache zur Verfügung gestanden zu haben.

Liebe ostdeutsche Landsleute, ohne weiteren Kommentar merken wir, dass diese Frau auf dünnem Eis ging. Aber weil sie ging, weil sie nicht einbrach, weil andere ihr dabei halfen, deswegen sei an ihren Fall erinnert. Wir wissen nicht, was genau sie zu oppositionellem Denken und Handeln bewogen hat. Wir machen aber bei ihr exemplarisch einen Entscheidungsfreiraum und einen Entscheidungswillen aus, der von vergleichbaren Mitbürgern weder gesehen noch gewollt wurde.

Der Sinn dieses Vortrags besteht hauptsächlich darin, die enorme Rolle der Erkenntnis *Ich habe eine Wahl* zu betonen. Sie gilt selbstverständlich in Demokratien – unabhängig davon, wie ernst sie im Einzelnen genommen wird. Aber sie galt und gilt auch in Diktaturen: im Stalinismus wie im Nationalsozialismus; hier waren die Möglichkeiten der Wahl allerdings drastisch reduziert gegenüber den unsrigen heute.

Angeblich konnten nur Märtyrer und Helden, derer die kommunistische wie die bürgerliche Welt in begrenzter Anzahl gedachten, etwas tun. Wie haben wir sie verehrt für dieses Heldentum, haben sie uns doch erlaubt, Frieden oder Waffenstillstand mit dem beschmutzten Vaterland zu schließen. Aber wir selber verstanden uns nicht als Helden und fühlten uns nicht zu Märtyrern berufen.

So wurde für die Masse aus der Frage »Was konnten wir denn tun?« eine Rechtfertigung, ein quasi normatives Überlebens- und Karriererezept: Wir konnten nichts tun, denn die da oben diktierten es immer anders. Und je enger wir dieser normativen Leitlinie unser eigenes Leben anpassten, desto besser war für unser Fortkommen gesorgt. Es ist die einfache Wahrheit der Diktatoren: »Beuge dein Haupt, und du brauchst nichts zu fürchten und wirst es gut haben.«

Wenn wir aber die Zeiten der Diktatur wirklich erinnern wollen, begegnet uns gelebtes Leben nicht in derart fataler Uniformität. Wir gelangen sehr bald zur Gewissheit: Die Nächte der Diktatoren waren nie schwarz genug, um alle Katzen grau zu machen!

Deshalb will erzählt sein, was gelungen ist. Den Deklassierten auch die geringsten Siege zu nehmen, kann nur eine weitere Entmutigung zur Folge haben. Wir brauchen also eine Kultur des Erzählens und Berichtens über widerständiges Verhalten. Wir wollen endlich besser lernen, dass das Verbeugen und Versagen trotz seiner großen Tradition in unserem Volk nicht unser unausweichliches Schicksal ist. Und wir müssen endlich verlernen wollen, was uns unter unser Maß brachte, zum Untertanen degradierte. Schwerlich werden in uns auf Dauer zwei Haltungen in friedlicher Koexistenz nebeneinander existieren können: die Haltung des Untertanen und die Haltung des Citoyen.

Wenn wir ein repräsentatives Bild der DDR-Bevölkerung hier in diesem Weimarer Saal haben, lebten Sie, meine Damen und Herren, vermutlich eher nicht in der Nähe von Helden. Wahrscheinlich sind Ihnen nicht die Studenten begegnet, die Ulbricht einsperren ließ, weil sie 1968 nicht nachließen in ihrem Protest gegen die Sprengung der Leipziger Universitätskirche.* Wahrscheinlich sind Ihnen auch nicht die letzten freien Bauern begegnet, die Ende der 1950er Jahre nicht an den Segnungen des angeblichen sozialistischen Frühlings teilhaben wollten, den Eintritt in die LPG (Landwirtschaftliche Produktionsgenossenschaft) noch ablehnten, als die großen Lautsprecherwagen vor die Höfe fuhren. Und die Streikenden und Demonstranten des 17. Juni 1953 waren wohl auch nicht in Ihrem Umfeld, denn viele von ihnen haben sich schnell in den Westen abgesetzt, sofern sie nicht früher aufgegriffen und in unsere Zuchthäuser gebracht worden waren. Die über Prag 1968 nicht schweigen wollten – kannten Sie die vielleicht? Oder die Kreise um Jürgen Fuchs in Jena, um Robert Havemann in Berlin, diejenigen, die wie Rudolf Bahro dachten oder andere Systemkritiker innerhalb der SED – sind Sie denen begegnet? Oder denjenigen, die als Künstler, als Schriftsteller zu den Unterstützern von Wolf Biermann gehörten, als man ihn aus der DDR hinausgeworfen hatte? Oder kannten Sie vielleicht doch einen der kirchlichen Gesprächskreise, eine der Umwelt- und Friedensgruppen, einen unter jenen, die sich ganz zuletzt in ökumenischer Gemeinschaft um Frieden, Gerechtigkeit und Bewahrung der Schöpfung gekümmert hatten? Oder unter jenen, die viel Bereitschaft, für Menschenrechte zu kämpfen, in die Tagespolitik 1989 einbrachten? Oder einen der Sänger, der Schauspieler, der Autoren, die redeten, sangen – und gingen?

---

* Die Paulinerkirche wurde am 30. Mai 1968 gesprengt; Leipzig sollte zu einer sozialistischen Großstadt umgestaltet werden. Zu Protesten aus studentischen Kreisen kam es sowohl vor wie nach dem Abriss. 2009 wurde ein moderner Bau eingeweiht.

Vermutlich haben nur wenige unter Ihnen Zugang zu diesen Milieus gehabt. Und sollten Sie im Fernsehen je von ihnen gehört haben, so haben Sie, so haben wir vielleicht aus sicherer Distanz über sie reden können – doch wann fing es an, dass wir *ihre* Haltung und *unsere* Haltung zusammenbringen mochten? Haben Sie überlegt, habe ich überlegt – irgendwann –, deren Anliegen zu Ihrem, zu meinem zu machen?

Haben wir uns durch die, die den Mut zum Anderssein hatten, anregen lassen, auch nur ein winziges Zeichen von Zivilcourage zu geben, das *uns* Mögliche zu tun? Nicht das Heldenmäßige, aber das *uns* Mögliche? Das ist eine Frage, der wir uns stellen sollten!

Erinnern wir uns einmal: Haben wir nicht fast bis zuletzt die Mundwinkel zum Lächeln hochgezogen und nach oben gewinkt bei der Maidemonstration? Sind wir nicht fast bis zuletzt zu jeder Manifestation gegangen? Haben wir nicht immer gewählt, obwohl wir schon keinen Grund mehr hatten?

Es war vieles auch gar nicht so schlimm …, nicht wahr? Warum sollte man zum Beispiel einen Konflikt riskieren wegen der Mitgliedschaft in der Gewerkschaft oder in der Gesellschaft für Deutsch-Sowjetische Freundschaft? Schadete ja nichts, ob man drin war oder nicht. Weiß irgendeiner von Ihnen noch – er muss natürlich ein bisschen älter sein als achtzehn –, wie viel Resolutionen er in seinem sozialistischen DDR-Leben zugestimmt hat? Kann einer noch sagen, wofür und wogegen die waren?

Wir wissen, wie schnell unsere Hände hoch gingen. Und wenn wir besonders mutig waren, haben wir einen kleinen Augenblick gezögert, sodass andere bemerkten, dass wir uns nicht gleich gemeldet hatten. Und dann an unseren Schulen das Schweigen, wo wir hätten reden müssen. Ich rede nicht über die Schüler. Ich rede über uns Eltern. Ach ja, wir haben geredet, es gab ja die »vorbereiteten Diskussionsbeiträge«! Sie erinnern sich? Auch an die Versammlungen der Genosseneltern, die es vor den eigentlichen Versammlungen gab? Da wurden andere Dinge besprochen als bei uns. Wir hatten uns entschlossen, auch diese Versammlungen für normal zu halten. Oder gibt es unter Ihnen jemand, der das mal zum Thema gemacht hätte? Ich kenne eine Frau aus meiner früheren Neubaugemeinde Rostock-Evershagen, die den Mut hatte, sie öffentlich zu hinterfragen. Aber irgendwie rückten alle sichtbar von ihr ab. Ging sie allein nach Hause, oder hatte sie wenigstens eine Begleiterin? Ich weiß es nicht.

Mancher war schon so kleinmütig geworden, dass er das Ganze nur noch im Suff meinte ertragen zu können. Und Freunde, viele von uns sind daran krepiert. Das Land, aus dem wir kamen, hatte eine Suizidrate, die keinem verraten wurde. Sie war Staatsgeheimnis.

Wir erinnern uns auch an die Betriebe, jene unsägliche »Schule der sozialistischen Arbeit«. Wie oft war es wie Kabarett – aber keiner hat gelacht. Im Gegenteil. Wer lachte oder Laut gab, dem war man gram. Sollte doch keiner so tun, als könne er es nicht ertragen.

Zuchthaus, Rechtsbeugung, Stasi, Militarismus – von all dem soll hier nur mittelbar die Rede sein. Unser damaliger Alltag soll es sein, den wir jetzt vor unser geistiges Auge rufen. Möglicherweise werden wir gewahr, dass das Eingepasstsein in ein System auch etwas Beruhigendes hatte. Wenn ich sowieso nichts machen kann, bin ich weder verantwortlich noch fühle ich mich zu einer besonderen Anstrengung verpflichtet. War eigentlich eine komfortable Lebensvariante … Wie spät trauten wir uns, es zu merken? Ist das, was uns heute als Nostalgie betrübt, nicht auch Sehnsucht nach dem süßen Gift der Abhängigkeit?

Es ist unmöglich, den Grund für die grassierende Unzufriedenheit allein in der Mangelhaftigkeit der Verhältnisse nach 1989 zu sehen. Durch Umfragen wissen wir, dass unsere generell unzufriedenen Mehrheiten für sich persönlich durchaus Zufriedenheit bezeugen. Wie sollen wir begreifen, dass im reichsten, bestgeordneten Teil des postkommunistischen Europa – eben bei uns in den neuen Bundesländern – das allgemeine Befindlichkeitsbarometer ein markantes Tief aufweist, im völlig verarmten, problemüberhäuften Albanien dagegen ein Hoch? Könnte es sein, dass es viele von uns gar nicht reizt, sich als Subjekt des Gemeinwesens zu sehen?

Könnte es sein, dass wir – so wie wir früher die kleine Münze des uns Möglichen an Zivilcourage gering achteten – jetzt die Haltung des Bürgers als Citoyen, als Mitgestalter geringschätzen? Könnte es sein, dass die Klagelieder und Attacken von mehr oder weniger gewandelten SED-Kadern auf die Bundesrepublik deshalb von einigen so gern gehört werden, weil sie so wenig oder gar nichts von uns fordern?

Offenbar war unsere Sehnsucht nach Freiheit größer als unsere Bereitschaft, Verantwortung für unsere Freiheit zu übernehmen.

Freiheit, die wir jenseits der Mauer sahen, war Verheißung. Freiheit, die wir ohne Mauer erleben, ist für einige auch Enttäuschung und Belastung. Denn Freiheit macht auch Angst. Niemand entscheidet mehr für uns – außer er hat unser ausdrückliches Mandat: Der prinzipielle Unterschied zwischen dem vereinigten Deutschland und der untergegangenen DDR – Kohl kann prinzipiell nicht regieren wie Honecker.

Weil aber viele von uns ihr Leben lang nicht gelernt haben, in Freiheit selbstbestimmt zu handeln, verharren viele im Räsonnieren über das unbekannte Neue und scheuen Selbstreflexion und Trauer über das fremdbestimmte Alte. Sie schämen sich nicht, sich von jenen vertreten zu lassen, die selbst jahrzehntelang keine substantielle Kritik am alten System geübt haben und diese Kritik auch nicht bei anderen duldeten – und die heute völlig gewandelt auftreten.

Diejenigen, die früher am allgegenwärtigen DDR-Militarismus nichts auszusetzen hatten, überraschen uns heute durch ihren Pazifismus.

Diejenigen, die früher selbst Arbeiter in staatlichen Betrieben drastisch ausbeuten ließen und ihnen nicht einmal die betrieblichen Mitbestimmungsrechte und die gewerkschaftlichen Freiheiten gewährten, die die Arbeiterklasse in Jahrzehnten erkämpft hatte, attackieren die Arbeitgeber, die mit freien Gewerkschaften verhandeln, als Kapitalisten.

Diejenigen, die de facto die Gewaltenteilung bei uns abgeschafft hatten, die wichtige Rechtsinstanzen gar nicht kannten und immer wieder das Recht beugten, malen heute das Gespenst einer Bedrohung des Rechtsstaates an die Wand, obwohl die Rechte des Bürgers in unserem Lande in nie gekannter Weise garantiert sind.

So linienförmig, wie sie sich in die totalitäre Macht fügten, so fundamentalistisch kritisieren sie nun demokratische Macht: Opposition im Sonderangebot, die keine Repression und nicht einmal das Risiko zu fürchten hat, für ihre Worte beim Wort genommen zu werden.

Liebe Weimarer,

wir haben uns erinnert an das, worauf wir nicht stolz sein können. Dies taten wir nicht, um uns zu beschämen und zu beschimpfen, um uns zu erniedrigen. Wir haben es getan, weil wir uns beistehen müssen, wenn wir Umkehr finden wollen. So wie wir uns helfen mussten, als wir den aufrechten Gang zu erlernen hatten. Beides sind Akte der Befreiung: Auflehnung gegen Unterdrückung wie Übernahme von Verantwortung in Freiheit – Schritte auf dem Weg zur Subjektwerdung.

Als die Leipziger uns lehrten, Verlorengegangenes wieder zu sehen und auszusprechen »Wir sind das Volk!«, war aus der Verfügungsmasse der Mächtigen das geworden, was Demokraten nach der Abdankung der Könige den Souverän nannten. Wenn wir uns daran erinnern, wie der Untertan zum Souverän wurde, steckt darin auch die Ermutigung, weiter jene Haltung abzulegen, die durch Fesseln und Ketten in uns erzeugt worden ist. Dies wird ein langer Prozess sein. Denn zwei Generationen der Bürgerinnen und Bürger, die im Osten lebten, haben von 1933 bis 1989 als Gebundene gelebt. Und weil wir die Fesseln und die Ketten so lange getragen haben, wird es auch lange dauern, bis wir den freien Atem und die aufrechte Haltung erlernt haben werden.

Wir haben mit dem Motiv des Dankes begonnen, wir schließen auch damit. Wir schließen mit dankbarem Erzählen. Ich erinnere gern an Plauen. Diese Stadt steht heute für alle anderen unseres ehemaligen kleinen Landes. Es ist der 7. Oktober 1989, Staatsfeiertag. Am Abend wird weit über das Vogtland hinaus bekannt sein: Hier haben fast zwanzigtausend Menschen für die Demokratie demonstriert!

Dabei war es nur eine kleine Gruppe, die es gerade schaffte, einige wenige Handzettel herzustellen mit einer einfachen Schreibmaschine. Doch die Wiedergeburt des Souveräns in Plauen vollzog sich, als dieser kurze Text der »Initiative zur demokratischen Umgestaltung der Gesellschaft« formuliert wurde:

Bürger der Stadt Plauen!

Am 7. Oktober findet auf dem Plauener Theaterplatz
eine Protestdemonstration statt!
Unsere Forderungen lauten:

- Versammlungs- und Demonstrationsrecht
- Streikrecht
- Meinungs- und Pressefreiheit
- Zulassung der Oppositionsgruppe »Neues Forum«
  sowie anderer unabhängiger Parteien und Umweltgruppen
- Freie, demokratische Wahlen
- Reisefreiheit für alle

Bürger! Überwindet Eure Lethargie und Gleichgültigkeit! Schließt Euch zusammen! Es geht um unsere Zukunft! Informiert die Arbeiter in den Betrieben!

Nach der Massendemonstration war in Plauen neues Selbstbewusstsein entstanden. Es hat uns selbst im fernen Rostock geholfen, als wir unsere Gottesdienste und Demonstrationen organisierten. Ich erinnere mich an das befreite Lachen, als ich eine Erklärung vorlas, die wir aus Plauen erhalten hatten. In dieser Erklärung protestierte die Freiwillige Feuerwehr gegen den Einsatz von Tanklöschfahrzeugen, mit denen gegen die Demonstranten vorgegangen werden sollte:

Das zweckentfremdete Einsetzen von Tanklöschfahrzeugen als Wasserwerfer gegen fast ausschließlich friedliche, unbewaffnete Bürger und Kinder vereinbart sich auf keine Weise mit den Aufgaben der Feuerwehr entsprechend Brandschutzgesetz vom 19.12.1974!

Durch diesen Einsatz der Löschfahrzeuge ist das gute Ansehen der Feuerwehr auf das Gröbste geschädigt worden sowie keine Vertrauensbasis mehr vorhanden!

Die Freiwillige Feuerwehr Plauen wird, bis ein Vertrauensverhältnis Bürger–Feuerwehr wieder entstanden ist, keine Maßnahmen im vorbeugenden Brandschutz durchführen, da ich als Wehrleiter die Gefährdung meiner Kameradinnen und Kameraden durch verständliches emotionales Verhalten der Bürger nicht verantworten kann!

Die Einsatzbereitschaft der Freiwilligen Feuerwehr Plauen zur Brandbekämpfung bleibt gewährleistet.

...

Wir erwarten zu diesen Maßnahmen eine Stellungnahme der staatlichen Organe!

Gerold Kny
Wehrleiter

So konnte man es also auch machen. So eine Tat wirkte ansteckend. Ob Gerold Kny überhaupt weiß, dass wir in Mecklenburg mit ihm verbunden waren?

Sehr verehrte Damen und Herren,

Erinnern kann beides enthalten: Zumutung und Geschenk. Wer die Zumutungen fürchtet und einen Schlussstrich zwischen uns und das Vergangene setzen möchte, der erspart sich für den Augenblick zwar Schmerzen. Er verkennt aber, dass uns aus Wissen auch Kräfte erwachsen, die uns die Gestaltung der Zukunft erleichtern. Das Deutschland, das wir nach der Einheit geschaffen haben, enthält fast alles, wofür wir 1989 gekämpft haben.

Und dennoch ist es voller Unzulänglichkeiten und überwölbt von großen Problemen. Aber gerade deswegen müssen wir uns gegenseitig ermutigen, die Herausforderungen von heute mit dem Mut von 1989 anzunehmen. Wir wollen doch auch noch Freiheit nach der Freiheit wachsen sehen.

Die Entscheidung fiel für ein erprobtes Politikmodell

Ich freue mich, dass es gelungen ist, Personen zusammenzuführen, die sich mit den hier Lehrenden und der Bevölkerung dieser Stadt abseits vom akademischen Betrieb darüber verständigen, was die Ereignisse von 1989/90 gewesen sind und wie wir aus heutiger Sicht dazu stehen. Schon deshalb, weil die Revolution von 1989 »sachsenlastig« war. Wir Norddeutschen sollten dem Sachsenvolk Abbitte tun. Ich möchte daran erinnern, dass man in der Zeit meiner Jugend als Sachse, nichts Böses ahnend, nach Mecklenburg ans Wasser fahren konnte, um zu baden und dabei die leidlich saubere Luft zu genießen, und plötzlich verprügelt wurde – weil man Sachse war. Wir Norddeutschen haben gemeint, das sei natürlich. Uns gingen die Sachsen mit dem von Goethe so geliebten Dialekt auf den norddeutschen Wecker. Außerdem war der SED-Chef Walter Ulbricht Sachse – den mochten die Sachsen zwar noch weniger als wir, aber das wussten wir damals nicht so genau. Wir hatten eine andere Erinnerung. Nach dem Krieg gab es in Mecklenburg-Vorpommern zu wenig Kommunisten. Viele Bürgermeister und Amtsleiter kamen daher aus Sachsen. Wir empfanden diese Menschen als fünfte Besatzungsmacht. Ich bin mittlerweile darüber betrübt, aber zur inneren Einkehr gehört auch, dass man sich an die dunklen Stunden seines Lebens erinnert.

Aber als die Plauener, die Leipziger, die Dresdner und viele andere auf die sächsischen Straßen gingen, waren sie nicht mehr Diener und Knechte, sie hatten sich vielmehr als Akteure auf der Bühne der Politik zurückgemeldet, ob die Herrschenden es wollten oder nicht.

Universität Chemnitz, 1. Februar 2000, Rede im Rahmen der Reihe »1989/1990 bis 1999/2000: Revolution in der DDR – und zehn Jahre danach«.

Da entbrannte in meinem Herzen die Liebe zum Sachsenvolk, und sie wird dort nimmermehr weichen. Das sage ich manchmal auch außerhalb von Sachsen!

Nun zu meiner Person: Ich bin nach dem Zweiten Weltkrieg aufgewachsen in eine neue Zeit hinein. Die Diktatur blieb, wenn auch unter anderen Vorzeichen. Als ich in die Schule kam, hatten wir ein »demokratisches« Schulsystem, uns unterrichteten antifaschistische Neulehrer. Mit antifaschistischen Losungen groß geworden, war ich bis zu meinem elften Lebensjahr ein unpolitischer Grundschüler. Da verschwand mein Vater vom Geburtstag seiner Mutter und wurde zunächst nicht wieder gesehen. Es hieß: »Den haben sie abgeholt.« Niemand sagte mir, wer ihn hatte. Man konnte zur Volkspolizei gehen, man konnte zur Partei gehen, zum Landrat, und man konnte zu hohen staatlichen Gremien gehen – vergebens. Wie die Familie später herausbekommen sollte, war mein Vater zunächst sehr nahe bei uns, nämlich in Schwerin am Demmlerplatz, wo einst die Gestapo ihre Inhaftierten eingesperrt hatte und der sowjetische Geheimdienst NKWD/KGB es ihr wenig später gleich tat. Dort, im Keller des Demmlerplatz-Gebäudes in Schwerin, fanden die Verfahren der sowjetischen Militärtribunale statt, in der Regel solche Gerichtsverhandlungen, die mit der Kriegszeit gar nichts zu tun hatten.

Mein Vater gehörte zur Erprobungsmannschaft eines Schiffes, das für die Sowjetunion gebaut wurde. Ein Besatzungsmitglied war nach West-Berlin abgehauen. Daraufhin haben die russischen Besatzer entschieden, fünf, sechs Leute zu inhaftieren. Ein Delikt fand sich leicht. Meinem Vater und allen anderen machte man einen kurzen Prozess. Einige erhielten zweimal fünfundzwanzig Jahre wie mein Vater, andere zweimal zehn Jahre, das war so eine Art Freispruch. Andere wurden zu zweimal fünfzig Jahren verurteilt, manche sogar zum Tode.

Hätte es nicht Freunde gegeben in Ost und West, wäre neben der Sorge um den Vater auch Hunger gewesen.

Ich geriet damals in einen offenkundigen Widerspruch zum Staat. Mein jugendlicher Antikommunismus war klar und heftig.

Dazu ist zu sagen: Es gibt zwei Arten von Antikommunismus – den einen, der aus Vorurteil und Ressentiment hervorgeht, und einen anderen, der aus Leiden, Erkennen und Sensibilität entsteht. Viele Leute können diese zwei Arten nicht auseinanderhalten. Ich vermochte diese Unterscheidung auch nicht immer zu treffen und habe, als ich erwachsen wurde, meinem jugendlichen, aus leidvoller Erfahrung erwachsenen Antikommunismus entsagt. Es kursierte damals ein Thomas Mann zugeschriebenes Diktum, das jeder Student in der verkürzten Form kannte. »Der Antikommunismus ist die Grundtorheit der Epoche.« Also habe ich, haben wir uns von der sicheren Urteilsfähigkeit aus dem gelebten Leben und der Nähe zur Realität verabschiedet. Ich bin übergewechselt auf linksprotestantische Wege, andere sind in die SED gegangen – sei es, weil sie dort etwas besser machen, sei es, weil sie ihre Ruhe haben wollten. Bei mir wurde die Wandlung beeinflusst durch die Rezeption der Arbeiten von Ernst Bloch, insbesondere durch sein Werk *Das Prinzip Hoffnung* – zugleich auch durch meine linksprotestantischen Freunde aus Norddeutschland und aus Bayern.

Einige dieser Linken waren so theorielastig, dass sie bei uns im Osten als Lehrer des Marxismus auftraten. Es war dann immer sehr bewegend, wenn uns Hamburger oder Nürnberger Pastoren lehrten, wie nützlich der Sozialismus für die armen Menschen in Afrika oder Südamerika sei. Wir konnten das zwar nicht glauben, aber da die Leute belesener wirkten als wir, dachten wir: Wir haben zwar schlechte Erfahrungen mit Ulbricht und Honecker und der ganzen Mischpoke hier, aber wenn die westdeutschen Linken von der Zukunft des Sozialismus in armen Ländern überzeugt sind, dann muss es wohl stimmen. So sind wir dazu gekommen, unseren gesunden Menschenverstand, der auf einer realitätsbezogenen Analyse basierte, teilweise aufzugeben.

Diese Sozialismusrezeption machte uns zwischenzeitlich glauben, die hehre Theorie werde die krude Wirklichkeit bald ablösen. So entstand eine heimatlose Linke innerhalb der Partei, in parteinahen Zirkeln oder Künstlerkreisen, aber auch unter Normalbürgern. Auch ich wollte damals ein »aufgewecktes Kerlchen« sein, ein

»moderner« Pfarrer. So gab ich meinen gesunden Antikommunismus auf zugunsten eines idealistischen Anti-Antikommunismus.

Für mich ist dieser Irrtum im Nachhinein interessant und auch
beschämend. Ich hätte zahlreiche Dinge weitaus früher erkennen
können als erst 1989. Bei einer kritischen Prüfung sind mir auch unendlich viele andere Menschen begegnet, vorwiegend Intellektuelle,
die sowohl während der NS-Zeit als auch während der kommunistischen Zeit durchaus mehr hätten erkennen können. Intellektuelle
biedern sich häufig bei den Mächtigen an.

Das zurückliegende Jahrhundert ist das Jahrhundert der verwei-
gerten Wahrnehmung. Aus ihr resultiert regelmäßig ein Defizit an
Zivilcourage. Was das bedeutet, haben wir in den ostdeutschen
Landstrichen ja zweimal erlebt. Den Umschwung nach dem bleiernen Sommer 1989, in dem sich nichts bewegte, habe ich daher so gut
in Erinnerung behalten. Die Genossen hofften, dass sich etwas von
oben, wir hofften, dass sich etwas von unten bewegen würde. Was
sich dann wirklich bewegte, waren die Beine der jungen Leute, die
ihre Rucksäcke packten und über die Grenze nach Ungarn und Prag
gingen. Das Erwachen von Mut werde ich nie vergessen.

In der Diktatur lernt man, seine negativen Gefühle zu bändigen,
sie zu zähmen und nicht zu zeigen. Es gibt ein sozialistisches Poker-
face, das wir noch alle kennen. Manche haben sich das so gut eingeprägt, dass sie es ihr Leben lang nicht mehr loswerden. Es war oft
nicht zu erkennen: Waren beispielsweise die Akademiker im Partei-
lehrjahr oder in der Schule der sozialistischen Arbeit kritisch – oder
ganz ernsthaft bei der Sache?

So ähnlich wie bei der jährlichen Demonstration am 1. Mai, wo
wir alle fluchten, aber vor der Tribüne den willfährigen und unterstüt-
zenden Staatsbürger mimten. Erinnern wir uns: Am Stellplatz mussten wir lange warten. Erstens wären wir lieber ins Grüne gefahren,
wussten – zweitens – aber nicht, ob wir uns das trauen könnten. Deshalb sind wir – drittens – lieber zur Demonstration gegangen. Dort
hofften wir, dass wir nicht das Transparent oder die Fahne tragen
müssten. Wenn dieser Kelch noch einmal an uns vorübergegangen
war, zogen wir halt mit – wie (fast) alle. Wir schimpften, murrten,

machten unsere Witze. Ungefähr fünf Meter vor der Tribüne hörten die Witze auf, die Unterstützer und die Kritiker schauten freundlich, manche winkten sogar. Fünf Meter hinter der Tribüne gingen das Fluchen und das Schimpfen wieder los. Bald traf man sich in der nächsten Kneipe. Hinterher wurde schließlich nicht mehr gezählt.

Erst im Herbst 1989 sind viele von uns aufgewacht. Gefühle kamen zu uns zurück. In den wöchentlichen Gottesdiensten wurde gelacht und geweint, auch mal richtig geschimpft. Es gab eine Befreiung des Gefühlshaushaltes, den wir sorgsam eingehegt hatten. Wir wurden auf überraschende Weise lebendig. Mir ist es wichtig, dass wir uns an diese Zeit des Aufwachens erinnern, weil wir die Energie dieses Aufwachens sehr früh verloren haben. Das Erwachen von Bürgersinn und Zivilcourage, das »Zurückmelden« werde ich immer für die beste Zeit meines Lebens halten.

Nach 1989/90 sah ich die Entwicklung etwas optimistischer als der damalige Bundeskanzler Helmut Kohl. Er ging im November 1989 von einem Zeitraum von zehn Jahren bis zur Einheit aus. Ich habe gedacht: In acht Jahren haben wir die Einheit, in zwei Jahren Westgeld. Als ich im Frühjahr 1990 Abgeordneter der ersten frei gewählten DDR-Volkskammer wurde, war ich mir dieses Zeitplans nicht mehr so sicher, obwohl ich immer noch nicht die Beschleunigung des Einheitsprozesses ahnte. Ich war damals im Sprecherrat des »Neuen Forums«. Wir hatten unendlich viele Basisgruppen für die verschiedenen Gebiete eingerichtet: zum Beispiel für Recht, Schule, Kultur, Verfassung. Es war ein Laboratorium für Politik.

Natürlich haben wir nur an die DDR gedacht, wir wollten Reformen für *unser* Land: Bürger- und Menschenrechte, uralte Politikforderungen, die im Kern bereits in der Magna Charta enthalten, bei uns aber nicht umgesetzt waren. Wir wollten Gewaltenteilung, eine unabhängige Justiz, wir wollten nicht eingesperrt sein. Die jüngeren Menschen unter uns sagten: Der Sozialismus ist im Kern eine gute Sache. Er gehöre nur korrigiert und verbessert. Das hörte sich gut an. So eine Reich-Gottes-Vision mit Gerechtigkeit: »Wir sind für Freiheit und Sozialismus!« Doch wie sollte ein »dritter Weg« aussehen? Alternative Studenten, Linksgrüne und Neomarxisten behaupteten, sie hätten ein derartiges Konzept. Aber bei näherem Hinsehen fehlte den Bürgerrechtsgruppen eine tragfähige Vorstellung von einer nicht-kapitalistischen Ordnung mit einer funktionierenden Wirtschaft. Gewiss: Die Chinesen sind dabei, eines zu erfinden. Aber warten wir ab. Wir hatten dieses Konzept jedenfalls nicht. Wir kannten hingegen die Anekdote: Was passiert, wenn zehn DDR-Ökonomen nach Ägypten zur Wirtschaftshilfe geschickt werden? Antwort: Zehn Jahre passiert nichts, im elften wird der Sand knapp …

Relativ früh schon hielt ich den dritten Weg für aussichtslos – und nicht nur ich. Wir waren »nicht links oder rechts, sondern geradeaus«. Das »Neue Forum« in Rostock war stark von Leuten aus der Produktion und von Krankenschwestern geprägt. Ihm gehörten eben nicht nur – theorielastige – Intellektuelle aus der Studenten- und Künstlerszene wie in Berlin an. Die Jungs und Mädels aus der Produktion fragten vielmehr: »Wie funktioniert das?« Als wir ihnen die Fragen zur Wirtschaftsordnung nicht konkret beantworten konnten, erklärten sie: »Probiert das mit dem dritten Weg im Saarland und in Ostfriesland aus. Aber uns lasst damit bitte in Ruhe.«

Zudem setzte jetzt eine andere Dynamik ein. Am 9. November fiel die Mauer. Und es war eine unglaubliche politische Entwicklung, dass im selben Raum der Politik, in dem wenige Wochen zuvor noch »Wir sind *das* Volk!« formuliert worden war, jetzt ein Schritt hin zur Wiedervereinigung erfolgte mit: »Wir sind *ein* Volk!«; dass »Helmut«* gerufen und die bundesdeutsche Fahne gezeigt wurde.

Viele Linke erkannten darin nationalistische, wenn nicht »braune« Ansätze. Das stimmte nicht. Die Entscheidung fiel vielmehr für ein erprobtes Politikmodell, für die parlamentarische Demokratie, für die damals Helmut Kohl stand. Dies war ein für uns imponierendes Politikmodell, denn niemals in der Geschichte dieser Nation hat es einen Zeitraum mit vierzig Jahren Demokratie und Freiheit gegeben. Es gibt eben Phasen, da kommt die politische Ratio nicht von den Kathedern der Gelehrten, sondern von der sich ermächtigenden Bevölkerung.

---

* Gemeint ist Helmut Kohl.

Ich begann für die Einheit zu werben. Ich habe am 4. Dezember sogar die Stasi-Besetzung in Rostock versäumt, weil ich die ganze Nacht mit den Aktivisten des Umsturzes über die deutsche Einheit diskutiert habe. Wir entschieden uns im Rostocker »Neuen Forum« tatsächlich dafür, dass wir Teil des Volkes sein und die Einheit positiv mitgestalten wollten. Mit diesem Auftrag bin ich im Januar 1990 in die erste DDR-weite Versammlung des »Neuen Forums« gegangen. Wir haben mit einer sehr großen Mehrheit in die Grundsatzpapiere geschrieben, dass wir die Einheit Deutschlands zu unserem politischen Ziel erklären. Der Gedanke von Günter Grass, wegen Auschwitz müsse Deutschland geteilt bleiben, wurde gestrichen. Es erschien uns eine aberwitzige – eine »westliche« – Idee, Auschwitz de facto als Strafe für die Ostdeutschen zu verstehen.

Ich bin voller Bewegung darüber, wie durch einfache Fragen von Krankenschwestern und Werftarbeitern auch mir lange schlüssig erscheinende Konzepte zu Staub zerfielen. Was wollten wir denn noch aus der DDR bewahren? Vollbeschäftigung? Ja, solange wir uns brav verhielten, waren wir beschäftigt. Aber für wen war diese Vollbeschäftigung gut? Was hat sie uns gekostet? War sie von einem vernünftigen Wirtschaftskonzept getragen? Ich weiß, dass die Fähigkeit und Möglichkeit, jeden Tag zur Arbeit zu gehen, ein Gefühl des Gebrauchtwerdens hervorruft, auch wenn diese Arbeit keinen rechten Sinn macht. Die Beschäftigungspolitik in der DDR war aber unökonomisch. Eine Gesellschaft kann nicht auf Dauer gegen ökonomische Gesetze verstoßen. Wir haben auf Pump gelebt. Wer das nicht wahrhaben will, der schaue sich die Arbeiten von Gerhard Schürer an, dem Planungschef der SED, der im Herbst 1989 gesagt hat, wie rasch Heulen und Zähneklappern ausgebrochen wären, wenn die DDR noch weiter existiert hätte.

Heute hört man vielfach, wir hatten eine solidarische Gesellschaft in der DDR. Das stimmt. Aber es war eine Solidarität gegen die Herrschenden und gegen die verordnete Ohnmacht. Es war der Beistand derer, die sich beistehen mussten, um das Leben erträglicher zu gestalten. Das war nicht Ausdruck einer Staatspolitik, denn die Staatspolitik hatte uns Grundrechte genommen, die in anderen Ländern längst galten. Die Solidarität, deren Verlust wir heute manchmal so beklagen, war eine Solidarität gegen unsere Beherrscher.

Aber sie umfasste bei Weitem nicht alle.

Immer wenn ich an einer Universität spreche, muss ich voller Bitterkeit sagen: Wie schön wäre es gewesen, liebe Herren Professoren, wenn ich die Hälfte von Ihnen 1989 in der Rostocker Marienkirche gesehen hätte. Es wäre schön gewesen, wenn nicht nur Jugendliche, Punker oder Künstler, sondern wenn auch Professoren öffentlich gesagt hätten: »Mir reicht es jetzt!« Denken Sie, im Oktober oder November 1989 wäre ein einziger Professor zu uns gekommen? Ich habe gesucht – wir haben in Rostock eine große Universität – und auch im akademischen Mittelbau gefragt. Da fand ich endlich eine Frau mit Doktortitel. Das war Christine Lucyga,* die später im Rostocker Wahlkreis für die SPD arbeitete. Als sie dabei war, folgte der nächste Assistent – und schließlich kam selbst der eine oder andere Professor. Aber mancher sagte auch: »Wenn ich mir so ansehe, was in Dresden los war: Ist das nicht ein bisschen zu riskant?« Hätten sie doch einfach gesagt: »Ich habe Angst. Ich habe so lange gebraucht, um Professor zu werden; wenn ich wüsste, dass es gutgeht, würde ich ja mitkommen. Aber da Widerstand bisher immer fehlschlug – am 17. Juni 1953, 1956 in Budapest und 1968 in Prag –, habe ich Angst. Warum soll das jetzt anders sein, bloß deshalb, weil Gorbatschow dahintersteht?« Ich hätte für diese Angst mehr Verständnis gehabt als für die vielen vorgeschobenen Gründe.

Im Rückblick sage ich: Die DDR war nicht nur überflüssig, sondern schädlich für uns. Ich sage das, obwohl ich weiß, dass unter den vielen Machthabern und Unterdrückern eine Reihe von sensiblen und ehrlichen, an einen befreienden Sozialismus glaubende Menschen waren. Aber das politische Urteil kann nicht danach gefällt werden, ob wir innerhalb einer Partei, die einen antidemokratischen Kurs verfolgt, auch Idealisten finden. Die politische Analyse hat nach

---

* Christine Lucyga war für die SPD von März bis Oktober 1990 in der Volkskammer der DDR, anschließend bis 2005 Abgeordnete im Deutschen Bundestag. Sie wurde jeweils als Direktkandidatin gewählt.

der Macht und der Ohnmacht zu fragen. Und wer die Frage nach Macht und Ohnmacht aufwirft, kommt zu einfachen Urteilen.

Es ist oftmals eine große Distanz zu einem Wissensgut, das bereits erarbeitet ist, das wir aber wegen einer traditionellen Wahrnehmungsverweigerung nicht mehr anschauen, weil wir uns noch nicht von romantischen Zielvorstellungen des Politischen verabschiedet haben. Auch die Geschichte der Kirche kennt dieses Festhalten an einem durch Wissen längst überholten Glaubenskonzept. Das erleben wir ähnlich in weiten Teilen der postsozialistischen Gesellschaft. Wahrnehmungsverweigerung, selektive Erinnerung, Legendenbildung sind vielfach bestimmend, Trennung und Abschied hingegen sollen verhindert werden, denn sie tun weh.

Die vielleicht wichtigste Devise lautet: Das Volk ist der Souverän. Wenn eine Macht sich Arbeiter-und-Bauern-Staat nennt, die Arbeiter und Bauern aber der Möglichkeit freier, gleicher und geheimer Wahlen beraubt, dann gibt es ein fundamentales Legitimationsdefizit. Wer sich nicht von uns allen auf dem Wege solcher Wahlen Macht auf Zeit borgt, ist kein legitimierter Herrscher, sondern er okkupiert die Macht. Das kann zeitweise erfolgreich sein. Auch böse Gesellschaften haben manchmal Anteile an einem Modernisierungsschub, aber was sie nicht haben, das ist Legitimität. Ohne freie Wahlen gibt es keine Demokratie, die diesen Namen verdient.

Zudem kannten wir in der DDR keine Gleichheit vor dem Gesetz, von einem Rechtsstaat konnte keine Rede sein. Und wie in der vormodernen Politik konzentrierte sich die Macht in einer Hand, es gab keine Gewaltenteilung. Gewiss, wir hatten Gerichte, aber die inzwischen geöffneten Archive zeigen uns den direkten Durchgriff der Macht auf das Handeln der Gerichte und die Gesetzgebung. Das Parlament war eine überflüssige Institution. So hatten wir es mit einer dreifachen Destabilisierung dieser nichtdemokratischen Gesellschaft zu tun: einem Legitimations-, Legalitäts- und Gewaltenteilungsdefizit.

Wenn im Gebäude einer Gesellschaft die gewachsene Stabilität fehlt, benötigt sie Ersatzstabilität: Kaderpolitik, Planwirtschaft, Pressezensur und schließlich ein Ministerium für die Sicherheit des

Staates. So kommt es, dass sich dieses Land für sechzehn Millionen Menschen eine Geheimpolizei zugelegt hat, die schätzungsweise dreimal so groß war wie die Adolf Hitlers für achtzig Millionen. Damit habe ich nicht gesagt, die Stasi sei schlimmer als die Gestapo gewesen. Aber es ist bemerkenswert, dass eine Herrschaftsform, die vorgibt, die Interessen der Arbeiter und Bauern umzusetzen, so viel Geheimpolizei braucht wie nie zuvor eine Regierung in der deutschen Geschichte.

Wenn ich so hart über die DDR urteile, bin ich sicher, dass auch in diesem Auditorium einige denken, ich urteilte über ihr Leben und ihre Lebensleistung. Ich will ausdrücklich sagen: Das tue ich nicht. Was Angst und Anpassung heißen, weiß ich. Es steht mir nicht zu, irgendjemanden zu verurteilen, weil er sich stärker angepasst hat als ich. Ich habe mich auch mehr angepasst als – zum Beispiel – die Regisseurin Freya Klier* oder manch anderer Oppositionelle. Ja, viele von uns sind selbst Opfer dieses Anpassungssyndroms geworden. Doch wir sprechen nicht dem einzelnen Individuum ein Unwerturteil zu, wenn wir eine antidemokratische Gesellschaft delegitimieren, sondern dem System. Deshalb sollten wir uns vor einem nüchternen und starken Urteil nicht fürchten, weil es ein Element des geistigen und psychischen Abschieds von dieser Diktatur ist, zu einem Nein finden, zu dem wir früher zu schwach waren.

Die Antwort auf die Frage, wer die Macht okkupiert und die Ohnmächtigen ohnmächtig gehalten hat, muss zwangsläufig zu einer entschlossenen Absage ohne Wenn und Aber an das System führen.

Was wir ehemaligen DDR-Bürger nun seit rund zehn Jahren haben, ist ein Land ohne Mauern mit einer offenen Gesellschaft, in der Gutes wie Böses möglich ist. Das System der vergrößerten Bundesrepublik ist ein System, das keineswegs einen Höchstwert darstellen kann – nein: Es ist nicht frei von Mängeln. Die Verführung

---

* Freya Klier erhielt aufgrund ihres Engagements in der Friedensbewegung 1985 Berufsverbot, 1988 wurde sie zusammen mit ihrem damaligen Ehemann Stephan Krawczyk aus der DDR abgeschoben.

ist zwar groß, einem allgemeinen Guten anzuhängen und im Vergleich mit diesem Paradies all das, was vor uns ist, mehr oder weniger abzuwerten Aber ich habe gelernt, denen zutiefst zu misstrauen, die das Ziel der Politik zu kennen glauben – mitunter sogar das letzte. Gleichermaßen simpel ist, die Gesellschaftsform der parlamentarischen Demokratie einfach als ausbeuterischen Kapitalismus zu denunzieren. Sie lädt uns vielmehr ein, in einer erkennbaren Weise für die Verbesserung des Gemeinwesens zu arbeiten.

Wenn ich die Demokratie so lobe, dann gewiss nicht deshalb, weil ich zu denen gehöre, die sie verherrlichen. Ich kenne das Ziel der parlamentarischen Demokratie nicht, ich kenne nur einen glaubwürdigen Weg. Für mich müssen auf diesem Weg folgende Dinge gewährleistet sein: die Menschen- und Grundrechte, eine tatsächliche Möglichkeit der Partizipation – unabhängig davon, was wir glauben oder wie viel Geld wir haben. Darauf kommt es an: Wir haben keine perfekte Gesellschaft, sondern vielmehr eine offene Gesellschaft, in der wir verlieren und gewinnen können. Sie ist sogar so offen, dass mancher unter uns Schwierigkeiten damit hat. Wir wünschen uns manchmal eine höhere Autorität, die manchem Einhalt gebietet. Aber niemand ist über uns, der die Demokratie vor Schaden bewahrt, außer uns selbst. Und das ist gut so!

Zehnter Jahrestag des Mauerfalls

Sehr geehrter Herr Präsident des Deutschen Bundestages!
Sehr geehrter Herr Bundeskanzler!
Hochverehrter Herr Bush!
Hochverehrter Herr Gorbatschow!
Sehr verehrter Herr Dr. Kohl!
Meine Damen und Herren! Liebe Freunde!
Während ich Sie, George Bush, begrüße, schaut über Ihre Schultern Martin Luther King, von dem wir hier im Osten 1989 gelernt haben, ohne Gewalt mächtig zu werden. Während ich Sie, Michail Sergejewitsch Gorbatschow, anspreche und begrüße, schaut Ihnen Andrej Sacharow über die Schulter mit seiner Fähigkeit, Denken und Widerstehen zusammenzubringen.

Und dem Deutschen Bundestag schauen in dieser Stunde andere Menschen über die Schulter – vom »Neuen Forum« Bärbel Bohley und Jens Reich, Dietlind Glüer aus Rostock, Heidi Bohley aus Halle und Martin Böttcher aus Sachsen, von der SPD Martin Gutzeit und Markus Meckel, die diese alte Partei hier neu gründeten, von »Demokratie Jetzt«, dem »Demokratischen Aufbruch« und der »Initiative für Frieden und Menschenrechte« Rainer Eppelmann, Wolfgang Ullmann, Konrad Weiß, Wolfgang Templin, Gerd und Ulrike Poppe, Marianne Birthler. Wie viele wären noch zu nennen!

Zehn Jahre nach dem Fall der Mauer danken wir auch den Politikern, die daran mitgewirkt haben. Ich möchte Helmut Kohl, George Bush und Michail Gorbatschow auch ein ganz spezielles persönliches Dankeswort sagen. Aber mein Dank gilt vor allem jenen Akteuren, die den Regierenden in der DDR so viel Druck machten,

Rede vor dem Deutschen Bundestag in Berlin, 9. November 1999.

dass deren Mauern nicht mehr standhielten: den vielen Unbekannten in Plauen, Potsdam, Guben, Görlitz, Arnstadt, Erfurt, Halle, Magdeburg, Leipzig, Dresden, Schwerin, Neubrandenburg, Greifswald, Bautzen und auch in Berlin. Ich kann und will nicht alle Akteure von einst vertreten; zu vielgestaltig war das Spektrum. Aber als einer von ihnen, der 1989 in Rostock aktiv war, möchte ich an sie alle erinnern – mit großem Ernst und tiefem Dank. Ohne sie hätte sich unser Land nicht verändert und nicht geöffnet.

Die Sehnsucht nach Freiheit und Recht hat die Angst dieser Menschen schrittweise besiegt. Beim Gorbatschow-Besuch Anfang Oktober konnte man in Berlin und anderswo noch die Rufe hören: »Gorbi, hilf!« – Appelle derer, die sich nur vorstellen konnten, dass Hilfe von oben kommen müsse. Aber schon kurz danach riefen oft dieselben Menschen: »Wir sind das Volk!« So sprachen schon Bürger, jedenfalls solche, die Bürger werden wollten. Es ist unbeschreiblich, was in einem Menschen vorgeht, der sich sein ganzes Leben lang nach Freiheit gesehnt hat und der dann zum ersten Mal in seiner eigenen Stadt mit seinen eigenen ängstlichen Landsleuten auf die Straße geht: Ich bin da, ich finde meine Würde wieder, ich bin wertvoll, ich bin nicht länger Gefangener meiner ständigen Begleiterin Angst; ich kann aufstehen. In der Heiligen Schrift der Christen gibt es eine wunderbare Geschichte: Ein Gelähmter wird zu Jesus gebracht; der schaut dem Kranken in die Augen und spricht ihm in seine Seele: »Steh auf, nimm dein Bett und wandle!«

Die Herbstrevolutionäre von 1989 wissen, was dieser Text im Politischen bedeutet. Als sie durch den Atem der Freiheit ermutigt waren, konnten sie im frühen Dezember die Zwingburgen der Geheimpolizei besetzen und der allmächtigen Partei ihre Macht aberkennen – ein Traum vom Leben. Und ganz unerwartet wirklich. Ganz sicher haben wir dabei von den Erfahrungen der Polen gezehrt – der Herr Präsident des Hauses hat daran erinnert –, die zehn Jahre vor uns aufgestanden waren, weit mehr riskiert und schließlich gewonnen hatten. Ich freue mich besonders über die Anwesenheit von zwei Außenministern des neuen Polen, Herrn Professor Skubiszewski und Herrn Professor Geremek.

Liebe Landsleute und Gäste, wir alle haben gemerkt, dass die Deutschen in diesen Tagen nicht unbeschwert feiern. Manchmal gibt es gerade bei denen, die damals aktiv waren, Trauer und Wehmut, weil sie auch etwas verloren haben, nämlich die Aufbruchstimmung dieser so hektischen Zeit des heißen Herbstes 1989. Dieses Laboratorium der Politik, das damals entstand, hatte etwas sehr Lebendiges und Anrührendes: Basisgruppen in den Städten. Recht, Verfassung, Bildung, Kultur, Wahlrecht, Verwaltung, Justiz – alles sollte neu erfunden werden. Überall Aktivität der Inaktiven und Engagement der lange Entmündigten. Da mochtet ihr vom Westen lange ulken: Freunde, das Rad ist doch schon erfunden, mochtet »rührend« finden, was sich unter uns vollzog. Es war aber traumhaft für jeden, der mittat, und riss selbst viele SED-Genossen mit. Ich sagte es schon: Es war ein Traum vom Leben und ganz wirklich!

Wenn wir aber aus der nostalgischen Rückschau über den Verlust dieses Zustandes heraustreten, erkennen wir zweierlei. Einmal etwas Vergängliches: Der schöne Frühling währt auch in der Politik nicht lange. Und etwas Bleibendes: Nicht in dem, was in dieser Zeit in den Bewegungen und Basisgruppen erfunden wurde, lag das Neue; das Neue waren der Anspruch und die Haltungen derer, die in der Regel zum ersten Mal in ihrem Leben politisch aktiv wurden, als wir damals anknüpften an jene Tradition von Aufbegehrenden, die einst in Frankreich *liberté*, *égalité*, *fraternité* geforderten und sich in der Verfassung der Vereinigten Staaten selbstbewusst zum Souverän erhoben hatten mit dem Satz: »We, the People ...« Wir waren nicht länger Objekt der Politik, sondern begannen selber zu gestalten. Wir ermächtigten uns, indem wir an unsere neue Rolle glaubten und sie annahmen. Manche lernten dabei, Bürgermeister zu sein, andere Abgeordnete und einige gar Minister. Laienspieler wurden diese ersten Aktiven von Beobachtern aus dem Westen, liebe Bayern, und aus dem Osten, liebe Berliner, gerne genannt. Wer damals mittat, weiß: Ein schönes Laienspiel war das.

Hätte es doch länger gedauert, dass die Laien in der Politik mitspielten, und, so setzen wir hinzu, käme es doch auch jetzt häufiger vor, dass ganz normale Mitbürger mitspielen! Die Zeit, die uns damals blieb, um zu experimentieren und die eigenen Kräfte zu erproben, war im Unterschied zu der unserer Nachbarländer in Mittelosteuropa außerordentlich kurz. Nach der Einheit waren wir wieder Lehrlinge. Viele fühlten sich fremd im eigenen Land. Sicher erklärt sich ihre Bitterkeit auch aus neu erfahrener Hilflosigkeit und Enttäuschung. Sie hatten vom Paradies geträumt und wachten auf in Nordrhein-Westfalen.

Befreiung war also der erste Schritt. Der Wunsch nach Einheit stand in der ersten Zeit nicht im Vordergrund, und gerade die Bürgerrechtler waren spät dran mit dieser Erkenntnis. Es waren Intuition und Ungeduld des Volkes, die aus dem »Wir sind das Volk!« das »Wir sind ein Volk!« machten. Der erste Satz hatte uns die Würde zurückgegeben. Der zweite ließ nicht nur die lange verschüttete Sehnsucht nach der Einheit der Nation aller Deutschen wieder aufleben, er gab uns den Realismus, die Weisheit des nächsten Schrittes: Nicht eine neu zu erfindende Demokratie war die Hoffnung der Massen, sondern die real existierende Demokratie vom Rhein.

Uns Deutschen in West wie Ost war die Perspektive der Einheit ja fast gänzlich abhanden gekommen. Haben wir nicht geradezu herablassend über Ronald Reagan gelächelt, als er dem sowjetischen Staatschef vor dem Brandenburger Tor über die Mauer hinweg seine berühmten Worte zuraunte: »Mr. Gorbatschow, tear down this wall!« An dieser Stelle sei auch an jene erinnert, die nicht auf eine ferne Einheit warten wollten und einzeln ihren Weg ins Freie suchten: Ausreisende und Flüchtlinge. An sie zu denken heißt auch, sich derer zu erinnern, die ihren persönlichen Traum von der Freiheit mit dem Leben bezahlt haben. Beschämt denke ich manchmal daran, dass auch wir dagebliebenen Oppositionellen den Freiheitswillen der Weggehenden nicht richtig würdigen konnten. Tatsächlich haben sie aber die individuelle Selbstbestimmung lange vor anderen umgesetzt.

Ich habe dankbar vernommen, dass mein Vorredner die Toten des DDR-Grenzregimes gewürdigt hat. Wir denken in dieser Stunde auch an all die anderen, die die Tage der Befreiung und der Freude über die Einheit nicht mehr erleben konnten. Ich schließe die aufständischen Frauen und Männer des 17. Juni hier ausdrücklich ein.

Gerade an diesem schönen 9. November ist es mir wichtig, daran zu erinnern, dass vor der Einheit die Freiheit war. Wir machen uns diese politische Erfahrung als etwas besonders Kostbares bewusst, eben weil diese Nation eine so lange Tradition der Unterdrückung hat: fürstlich, absolutistisch, kaiserlich, diktatorisch.

Ebenso vielfältig war die politische Ohnmacht der Untertanen. Wie spärlich ist in dieser Nation die Tradition von Selbstbestimmung und Freiheitsrevolution! Tatsächlich haben die Ostdeutschen mit ihrer – freilich kurzen – Revolution nicht nur sich selbst, sondern allen Deutschen ein historisches Geschenk gemacht. Wir alle gehören nun zur Familie der Völker, die auf Freiheitsrevolutionen verweisen können, und haben für unsere niederländischen, französischen, polnischen und tschechischen Nachbarn ein besseres, vertrauenswürdigeres Gesicht.

Das, liebe Landsleute im Westen, ist das Geschenk der Ostdeutschen an euch. Gerade angesichts unserer sechsundfünfzigjährigen politischen Ohnmacht in Nationalsozialismus und Herrschaftskommunismus erstrahlt der Mut der Widerständigen von 1989 umso heller. Trotz aller Erblasten der Diktaturen können wir euch im Westen nunmehr auf Augenhöhe begegnen – zwar ärmer, aber nicht als Gebrochene und ganz bestimmt nicht als Bettler.

Aber gleichzeitig, liebe Landsleute im Osten, gibt es auch ein Geschenk der Westdeutschen an uns; es ist nicht in erster Linie materiell. Aus Naziuntertanen und Nostalgikern der Nachkriegszeit sind Demokraten geworden, wohl auch weil die Generation der Söhne und Töchter 1968 so unbequem nach Schuld und Verantwortung fragte. Eine zivile Gesellschaft ist entstanden. Mit der Einheit haben auch wir Anteil an diesen Erfahrungen. Vierzig Jahre Freiheit und Demokratie und Frieden hatte die deutsche Nation in ihrer Geschichte bis dahin noch nicht erlebt.

Die Menschen dieser Nation haben sich also gegenseitig beschenkt. Hoffentlich können wir, wenn wir uns in zehn Jahren erneut hier treffen, dieses Geschenk bewusster und freudiger annehmen.

Staatssicherheit:
Aufarbeiten – aber wie?

Herrschaftswissen in Hände und Köpfe
der Unterdrückten
Fünfzehn Jahre Stasi-Unterlagen-Gesetz

Sehr geehrte Damen und Herren,
als wir im Sommer 1990 in der Volkskammer anfingen, die Aktenöffnung gesetzlich zu verankern, hatten wir dafür keinerlei Vorbilder.
Aber seit dem Winter 1989, als die Bevölkerung die Stasi-Dienststellen besetzte, hatten wir ein Erbe. Seit März 1990 hatten wir auch ein
freies Parlament. Aber es gab keine Anleitung dafür, wie wir mit der
Hinterlassenschaft des Geheimdienstes umgehen sollten.

Mancher erinnert sich vielleicht, dass Bärbel Bohley damals
einen einfachen Vorschlag machte: Jeder nimmt seine Akte mit nach
Hause. Dann kamen die Zweifel. Sollen auch die hauptamtlichen
Mitarbeiter ihre Akten nehmen? Natürlich nicht. Und was soll mit
den Spitzeln, mit den »inoffiziellen Mitarbeitern« (IM) geschehen?
Sollen sie ihre Akten bekommen? Eher nicht. Also müssten wir diese
Akten sicher aufbewahren. Aber wie? Ängste gab es viele, konstruk-
tive Vorschläge wenige.

Die Erfolge der Aufarbeitung, die Sie heute sehen, sind keineswegs selbstverständlich. Wir hatten damals eine Regierung unter
Ministerpräsident Lothar de Maizière, sein Innenminister war Peter-
Michael Diestel. Beide verspürten wenig Neigung, die Akten zu öffnen. Sie hatten dafür vielleicht unterschiedliche Gründe, aber eine
ihrer gemeinsamen Befürchtungen war: Wenn wir die Akten öffnen,
löst das Mord und Totschlag aus.

Die übergroße Mehrheit der Abgeordneten teilte diese Befürch-
tung nicht. Diejenigen, die im Herbst und Winter 1989 die Proteste

Vortrag in Chemnitz zum Jahrestag des Stasi-Unterlagen-Gesetzes, 28. Oktober 2006.

auf der Straße mitgestaltet hatten, hatten in diesen Wochen keine einzige blutige Stasi-Nase gesehen. Nirgendwo war es zu Übergriffen gekommen, auch nicht während der Besetzungen der Stasi-Zentralen im Dezember 1989 und am 15. Januar 1990 in Berlin. Deshalb konnten wir uns nicht vorstellen, dass es zu Selbstjustiz kommen sollte. Wer sich so friedlich in den wütenden Wochen der Proteste verhielt, der würde nicht ein halbes Jahr später plötzlich zur Gewalt greifen. Das sollte sich bewahrheiten. Die Aktenöffnung hat zwar sehr viel Wissen über Verstrickungen von Menschen und über die Leiden der Opfer ans Tageslicht gebracht, aber sie hat keine Selbstjustiz ausgelöst. Die Bevölkerung ist verantwortungsbewusst mit den Informationen umgegangen. Wir wollten damals das Herrschaftswissen einer Staatsmacht, die nicht durch freie Wahlen legitimiert war, in die Hände und Köpfe des unterdrückten Volkes bringen. Das war das Programm der Aktenöffnung: Herrschaftswissen in Hände und Köpfe der Unterdrückten.

Und das ist uns gelungen. Noch vor der Einheit haben wir in einem damals noch etwas sparsamen Gesetz festgelegt, dass zum ersten Mal in der Politikgeschichte die Akten eines Geheimdienstes gleichzeitig umfassend »privatisiert« und »vergesellschaftet« werden – indem Menschen an ihre privaten Informationen gelangen und indem die Gesellschaft die Feinstruktur der Repression kennenlernt. Wir haben früh geahnt, dass sich im Laufe der Zeit ein milder Blick auf die Diktatur einstellen würde. Und wir waren der Meinung, dass die MfS*-Akten sehr genau über die Fakten und Einzelheiten der Repression Auskunft geben würden.

An anderer Stelle habe ich das einmal so beschrieben: Die Unterlagen der Staatssicherheit sind so etwas wie eine Apotheke gegen Nostalgie. Aber nicht jeder Kranke will zum Doktor oder zur Apotheke. Bis heute halten wir diese Apotheke gegen Nostalgie zwar für jedermann geöffnet, müssen aber feststellen, dass viele der politisch Zurückgebliebenen alles andere wollen als Aufklärung – sie wollen ihre Mythen erhalten.

* Ministerium für Staatssicherheit.

Ich möchte daran erinnern, dass das Recht, die Akten zu sehen, damals höchst umstritten war. Die neue DDR-Führung unter Hans Modrow setzte sich nur bedingt dafür ein, der zuerst von der Regierung eingebrachte Gesetzentwurf war unzureichend und wurde später ersetzt. Aber auch Helmut Kohl und sein Innenminister Wolfgang Schäuble waren skeptisch. Die Abgeordneten der am 18. März 1990 einzigen frei gewählten Volkskammer hingegen machten sich geschlossen für das Gesetz stark – darin waren sich alle demokratischen Kräfte einig. Das war unsere Trumpfkarte. Wir hatten bezüglich der Aufarbeitung der DDR-Diktatur eine Verabredung zum überparteilichen Konsens, der sich übrigens bis heute weitgehend erhalten hat.

Damals war jedoch nichts selbstverständlich. Die Gemeinsamkeit über die Fraktionsgrenzen hinweg musste den westdeutschen Verhandlungspartnern des Einigungsvertrages erst vorgetragen werden. Diese hatten sich nämlich darauf verständigt, die Stasi-Akten dem Bundesarchiv Koblenz zu übergeben und dessen Präsidenten zum Sonderbeauftragten für die Aktennutzung zu ernennen. Ob die Aktenöffnung für Bürger, Medien und Wissenschaft überhaupt garantiert werden sollte, stand in den Sternen. Bärbel Bohley, ihre Freunde und viele Oppositionelle in den Regionen waren empört. Sie besetzten die Stasi, die damals ja bereits aufgelöst war, noch einmal neu. Sie trafen sich in der Normannenstraße* in Berlin, wo sogar ein Hungerstreik begonnen wurde. Die Akten sollten in der ehemaligen DDR bleiben – dafür setzten sich auch die Abgeordneten der Volkskammer ein, und deshalb mussten zu diesem Sachgebiet Zusatzverhandlungen geführt werden. Schließlich kam es zu einer Einigung. Die Akten sollten im Osten bleiben und einem ostdeutschen Bundesbeauftragten unterstellt werden. Und nach der Wiedervereinigung sollte auf der Grundlage des Volkskammergesetzes ein entsprechendes neues Gesetz erarbeitet werden. Damit wurde deutlich, dass die umfassende Öffnung der Akten mehr war als nur die Aufarbeitung von strafrechtlicher Schuld oder das Durchleuchten des öffentlichen

---

* In der Normannenstraße war der Sitz der Stasi-Zentrale.

Dienstes. Der Einzelne sollte Herr über seine eigene Biographie werden, und die Öffentlichkeit sollte durch Medien und Forschung informiert werden dürfen. Diese mehrdimensionale Form der Aufarbeitung ist das Erfolgsmodell der deutschen Regelung.

Was zunächst so innovativ war, musste mit rechtsstaatlichen Normen gestaltet werden. Die Unterstützung durch westdeutsche Juristen war dabei außerordentlich wichtig. Durch Menschen wie Hansjörg Geiger* oder Hansjürgen Garstka, den Berliner Landesbeauftragten für Datenschutz, haben wir Rechtsnormen gelernt, von denen wir noch nie gehört hatten, zum Beispiel vom Recht auf informationelle Selbstbestimmung. In der Anfangsphase waren wir der Überzeugung, dass wir den Menschen mit der Öffnung der Unterlagen ein Privileg einräumen würden. Doch in den modernen westlichen Ländern gilt, dass Daten zu einer Person zuerst dieser Person gehören. Zwar gibt es Informationen, die staatlichen Instanzen zur Verfügung stehen müssen, zum Beispiel der Justiz oder der Polizei. Herr über seine Personendaten aber ist der Bürger selbst. Wir haben also gelernt, dass wir der Regierung nicht eine Bitte vortragen, sondern ein Recht reklamieren müssen. Als Ergebnis der Verhandlungen sind die politische Willensäußerung der ostdeutschen Bevölkerung und die modernen westlichen Rechtsvorstellungen eine Verbindung eingegangen. Das Stasi-Unterlagen-Gesetz ist seit vielen Jahren sehr gut in unserer Rechtsordnung etabliert.

Eine Hexenjagd hat es nie gegeben, obwohl die PDS** das gelegentlich behauptet hat. Man kann den Kommunisten nur raten, zum Beispiel in die ehemalige Tschechoslowakei zu schauen. Dort hat man in sogenannten Lustrationsverfahren auch die Mitglieder der Kommunistischen Partei aus dem öffentlichen Dienst entfernt. Das hielten wir in Deutschland für übertrieben. In der DDR gab es 2,3 Millionen SED-Mitglieder. Waren die alle überzeugte Kämpfer? Wohl eher nicht. Manch einer war nur in der Partei, um Meister

---

* Hansjörg Geiger wurde der erste Direktor des Bundesbeauftragten für die Unterlagen des Staatssicherheitsdienstes der ehemaligen DDR (1990 – 1995).

** Die Partei des Demokratischen Sozialismus war eine Nachfolgepartei der SED; heute trägt sie den Namen »Die Linke«.

oder Abteilungsleiter zu bleiben. Uns erschien die tschechische Lösung deshalb unverhältnismäßig.

Mit dem Gesetz konnten wir allerdings diejenigen aus dem öffentlichen Dienst entfernen, die für die Stasi gearbeitet hatten. Wir brauchten einen glaubwürdigen öffentlichen Dienst. Wir wollten uns nicht auf Menschen verlassen, die nicht unser Vertrauen besaßen. Sie erinnern sich, Ministerpräsident in der DDR hätte 1990 keineswegs Lothar de Maizière sein müssen. Ein anderer war im Gespräch, ein Rechtsanwalt aus Rostock, sein Name war Wolfgang Schnur.* Einer der, wie wir heute wissen, hartnäckigsten Verräter, der sich in der evangelischen Kirche durch allerhand frommes Tun einen einflussreichen Status erworben hatte. Damals stand er schon mit Helmut Kohl auf dem Magdeburger Marktplatz und rief: »Vor euch steht euer neuer Ministerpräsident!« Hätten wir die Akten nicht geöffnet, wäre einer, der Menschen verraten hat, unser erster Ministerpräsident gewesen. Hätte die SPD die Wahl gewonnen, wäre es nicht anders gekommen. Ihr Kandidat** war sehr beliebt in der Volkskammerfraktion, ein leutseliger Typ und, wie sich bald herausstellte, ein Verräter wie Wolfgang Schnur. Und so hätten wir in jeder Schule und in jedem Theater und in jeder Polizeidienststelle diejenigen getroffen, die früher ihre eigenen Kollegen verraten haben.

Keiner soll denken, in der Diktatur sei die Zusammenarbeit mit dem Geheimdienst eine Mehrheitssache. Es hat in keiner Diktatur der Welt Zustände gegeben, in denen Verrat normal war. Verrat ist immer mit einem Manko behaftet, auch wenn man ihn für eine gute Sache begeht. Eine ganze Reihe von Akten in den Stasi-Archiven belegt, dass selbst Leute, die überzeugt kommunistisch und seit vie-

---

* Wolfgang Schnur, Jahrgang 1944, Ende der 1980er Jahre Vertrauensanwalt von Oppositionellen und Wehrdienstverweigerern. Im März 1990 stellte sich anhand seiner Stasi-Akte heraus, dass er von 1965 bis 1989 IM der Staatssicherheit gewesen war.
** Ibrahim Böhme gehörte im Oktober 1989 zu den Mitbegründern der SPD in der DDR. Im März 1990 tauchten Akten auf, die ihn als IM der Staatssicherheit führten. 1992 wurde Böhme wegen »schweren parteischädigenden Verhaltens« aus der SPD ausgeschlossen.

len Jahren Genossen waren, gezögert oder sich sogar geweigert haben, inoffiziell mit der Stasi zusammenzuarbeiten.

Wie Sie wissen, ist keineswegs jeder ehemalige IM aus dem öffentlichen Dienst entfernt worden. Gelegentlich waren es sogar zu wenige – obwohl ich nicht der Meinung bin, dass ausnahmslos alle hätten gehen müssen. In den Länderinnenministerien, die ihre Polizisten geprüft haben, sind in der Regel weniger als die Hälfte der Belasteten entlassen worden. Aus dem Schuldienst wurden relativ viele, aber bei Weitem nicht alle inoffiziellen Mitarbeiter entfernt. Nur die Bundeswehr hat sich bei jedweder Stasi-Belastung von Mitarbeitern getrennt. In allen anderen Bereichen hat eine Abwägung stattgefunden. Mancher IM hat sich im Übrigen auch mit Hilfe der Arbeitsgerichte wieder eingeklagt, aber im Grunde genommen hat die Überprüfung gut funktioniert.

Einen Elitenwechsel haben wir allerdings nur partiell erreicht. Zwar mussten ehemalige Stasi-Mitarbeiter den öffentlichen Dienst weitestgehend verlassen, aber die Führungskräfte der SED, die als Mitglieder des Zentralkomitees der Partei oder als Mitglieder der Bezirks- und Kreisleitungen die eigentlich Verantwortlichen waren, kamen relativ ungeschoren davon.

Das Stasi-Unterlagen-Gesetz, das den Einzelnen Zugang zu den Akten gewährt, das die Justiz bei Strafverfolgung und Rehabilitierungsverfahren unterstützt und das zudem die politische Aufklärung fördert, indem es der Forschung und den Medien Zugang zu den Akten der Täter gibt – dieses Gesetz hat sich jedoch im Prinzip bewährt.

Die friedliche Revolution und das
deutsche Modell von 1990

Es ist mir eine Freude, dass ich zu Ihnen im Rahmen der Hannah-Arendt-Tage sprechen kann. Ich möchte zunächst eine kurze Vorbemerkung machen:

Ich habe kürzlich das Buch *Mauerblume* der Ost-Berliner Autorin Rita Kuczynski gelesen. In diesem Buch fragt sich die ausgebildete Philosophin, die über Hegel promoviert hat, wie es eigentlich geschehen konnte, dass sie erst nach der sogenannten Wende, nach dem Umbruch in der DDR, Hannah Arendt entdeckt und dann ihre Schriften verschlungen hat. Und sie stellte verblüfft fest, dass bei Hannah Arendt bereits alles in seinem wissenschaftlichen Duktus abgehandelt wird, worüber sie selbst jahrelang intensiv nachgedacht hat. »Warum habe ich das nicht gelesen?«, so befragt die Autorin ihre eigene Vergangenheit.

Ich erwähne die Stelle dieses ungewöhnlichen Buches, weil ich glaube, dass im Osten ebenso wie im Westen die Begegnung mit Hannah Arendt über Jahrzehnte hinweg zu häufig dem Zeitgeist geopfert und die große politische Bedeutung ihrer Arbeiten unterschätzt wurde. Ich denke, mit vollem Recht gibt es nach dem Zusammenbruch des Kommunismus eine Hannah-Arendt-Renaissance.

Nun will ich aber meinen Blick richten auf jenes Problem der deutschen Geschichte, das der Erinnerung und der Durcharbeitung in besonderer Weise bedarf – den Umgang mit der Vergangenheit. Es ist von herausragender Bedeutung für die Geschichte des Demokratieprojektes. Auch die Berliner Politikwissenschaftlerin Gesine

Hannover, Oktober 2000.

Schwan ist in ihrem Buch *Politik und Schuld* der Frage nachgegangen, wie sich Schuld auf die politische Demokratie auswirkt und welche Möglichkeiten es gibt, in bestimmten politischen und historischen Situationen ihren destruktiven Folgen zu begegnen und sie zu überwinden.

Sicher hätten auch viele bei uns in den Debatten nach 1989 eine Option vorgezogen, die unter Zuhilfenahme des Begriffs der Versöhnung eine kritische Auseinandersetzung mit der Vergangenheit vermieden hätte. Doch es kommt eben sehr genau darauf an, was unter dem Begriff »Versöhnung« verstanden wird und dass nicht legitimiert wird, was der große Theologe und Widerstandskämpfer gegen das NS-Regime, Dietrich Bonhoeffer, als billige Gnade bezeichnen würde. Versöhnung ist zwar etwas, das vielen Deutschen am Herzen liegt. Dass es aber nicht zu einem Schlussstrich gekommen ist, hat nach meiner Auffassung zwei Gründe: einen östlichen Grund und einen westlichen Grund.

Zunächst der östliche Grund: Anders als in Spanien am Ende der Franco-Diktatur und in manchen Ländern des Ostblocks, wie in Polen oder Ungarn, aber auch in Südafrika, hatten wir in Deutschland keine *negotiated revolution*, keine verhandelte Revolution, sondern – obgleich revolutionsungewohnt – am Ende doch so etwas wie eine richtige Revolution, die ein ganzes Regime zu Fall brachte.

Das mögen viele Mehrheitsdeutsche im Westen vielleicht nicht gerne hören, und sie sprechen von »Wende«, ja einige Gebildete auch von Implosion. Der Vorteil dieser Redeweise besteht nach meiner Überzeugung allein darin, dass man dann kein revolutionäres Subjekt mehr hat, dem man dankbar sein müsste für die politischen Aktivitäten, die den Umbruch zustande brachten. Die häufig vorgebrachten Gründe für den Zusammenbruch der DDR – wie zum Beispiel: der Wirtschaft sei es schlecht ergangen, der politischen Elite sei nichts mehr eingefallen, in Moskau habe die Politik der Perestroika von Michail Gorbatschow den Auflösungsprozess beschleunigt und mit einem Schlag sei dann einfach die Mauer gefallen –, all diese Argumente möchten den subjektiven Faktor in der Geschichte ausklammern und ein Weltbild suggerieren, als spielten bei den politischen Umwälzungen die Beteiligung und die Aktivitäten der Bevölkerung kaum eine Rolle.

Deutschland ist gewiss kein Land mit einer großen Tradition von Freiheitsrevolutionen. Doch wurde immerhin eine Macht gestürzt, die vierzig Jahre im imperialen Gestus herrschte. Im Herbst/ Winter 1989 kam es mit der Besetzung der Bastionen der Geheimpolizei der SED am 4., 5. und 6. Dezember 1989 in der Fläche und etwas verspätet in Berlin am 15. Januar 1990 zu einem revolutionären Höhepunkt. Die Erstürmung der Zwingburgen einer Geheimpolizei, wie es sie in dieser Größenordnung in Deutschland vorher noch nicht gegeben hatte, war durchaus ein revolutionärer Akt.

Wenn ich hier mit der Politikwissenschaftlerin Sigrid Meuschel daher bewusst den Begriff der Revolution verwende, dann nicht, um einem falsch verstandenen Heroismus zu frönen. Ich bin mir durchaus im Klaren darüber, dass das Gros der Bevölkerung zunächst einfach in den Westen fahren wollte, um Verwandte zu besuchen oder einzukaufen oder eine neue Konsumwelt zu erleben. Viele der Ostdeutschen wollten ihr Land erst einmal nur schöner machen oder, um in Abwandlung einen Satz unseres ehemaligen Ideologiechefs Kurt Hager zu verwenden, schöne neue Tapeten haben, ähnlich wie in Moskau, nur noch etwas schöner.

Aber es gab zur selben Zeit einen wachsenden Teil der Bevölkerung, der jenseits des Vorstellbaren die Angst vor der Unterdrückung für den Augenblick überwand und zur entschiedenen Aktion schreiten konnte. Gerade diese Überwindung der Angst war eine für beide Seiten – für die Machthaber wie für die Akteure der Befreiung – eine verblüffende Erfahrung.

Denn obwohl diese Angst immer noch so groß sein konnte, dass sich manchmal bei der verabredeten Besetzung der Stasi-Zentralen am Ende keiner traute, tatsächlich mitzugehen, kam es gelegentlich doch zu erregenden Szenen. Ich will Ihnen dazu ein etwas skurriles, aber reales Beispiel aus einer westmecklenburgischen Kleinstadt berichten. Dort war zum verabredeten Zeitpunkt niemand erschienen außer der Theologin Regine Marquardt, der späteren Kultusministerin in Mecklenburg-Vorpommern. Als sie sah, dass die beabsichtigte

Besetzung der MfS-Dienststelle nicht zustande kommen würde, wollte sie der örtlichen Stasi-Führung wenigstens ihre Entmachtung ankündigen. Sie begehrte also Einlass, sagte, sie käme vom »Neuen Forum« und wolle den Chef sprechen. Es war immerhin schon Dezember 1989, auch bei der Stasi fürchtete man sich bereits ein bisschen vor dem Volk und ließ diese Frau zum Verantwortlichen vor. Als sie vor ihm stand, verkündete sie: »Hiermit möchte ich Ihnen mitteilen, dass die Arbeit der Staatssicherheit in unserer Stadt nunmehr beendet ist.« Sie hatte schon befürchtet, unmittelbar danach verhaftet zu werden, aber es passierte genau das Gegenteil. Der völlig verdatterte Offizier nahm seine Dienstwaffe ab und überreichte sie ihr.

Mit ähnlicher Zivilcourage haben zunächst wenige, dann viele Menschen in Ostdeutschland die Gesellschaft verändert. Jene, die uns lange beherrscht hatten, ohne uns jemals in freien, gleichen und geheimen Wahlen nach unserem Willen zu fragen, sollten endlich entmachtet werden. Das wurde in linksprotestantischen Kreisen zuweilen als Grausamkeit ausgelegt, aber man macht schließlich keine Revolution, damit hinterher wieder alle an ihre Plätze zurückkehren und weiterhin tun können, was sie vorher auch gemacht haben – zum Unheil des unterdrückten Volkes.

Und damit komme ich zum zweiten Grund, nämlich dem westlichen Grund, weshalb die Umwälzung der DDR-Gesellschaft nicht bei einer Schuld nivellierenden Lösung stehen bleiben konnte.

Es sollte nicht wieder so sein wie nach dem Ende der Naziherrschaft, als die Unterdrückten und Überlebenden wie Bettler vor verschlossenen Archivtüren standen, weil die Persönlichkeitsrechte der Täter mehr galten als die geraubte Würde, die Freiheits- und Persönlichkeitsrechte der Verfolgten.

Der Bochumer Zeitgeschichtler Norbert Frei hat in seinem Buch *Vergangenheitspolitik* mit aller Gründlichkeit diese Phase der Nachkriegspolitik in Westdeutschland analysiert: Wie abwertend Deutsche über die sogenannte Siegerjustiz der Alliierten urteilten, wie schnell Nationalsozialisten aus der zweiten Reihe wieder in Amt und Würden kamen, mit welcher Nachsicht Nazigrößen in Gerichtsverfahren rechnen konnten.

Damals schien das Vergessen und Verdrängen die angesagte Politikform zu sein, und der Philosoph Hermann Lübbe hat aus seiner Sicht respektable Gründe dafür vorgebracht, dass ein »Beschweigen« bestimmter politischer Fakten auch nützlich sein könne. Denn es steht wohl außer Zweifel, dass die Bundesrepublik einen zwar langsamen, aber doch deutlichen Weg in die Demokratie genommen hat und aus ehemaligen Parteigenossen Bürger einer Demokratie wurden. Nach individueller Verstrickung zu fragen, blieb in den ersten Nachkriegsjahrzehnten eine Sache von Minderheiten.

So schreibt zum Beispiel der antifaschistische Widerstandskämpfer und Emigrant Fritz Bauer, der als hessischer Generalstaatsanwalt insbesondere in den von ihm initiierten Frankfurter Auschwitz-Prozessen Nazitäter zur Verurteilung brachte, in seinen eigenen Justizgebäuden habe er sich gelegentlich wie in Feindesland gefühlt.

Dass die Abwehrfront gegen eine Besichtigung der Vergangenheit bis weit in die sechziger Jahre politisch so stabil und funktionstüchtig bleiben konnte, war einem breiten Bündnis von unterschiedlichsten politischen Lagern geschuldet. Wir können geradezu sagen, dass auf die neurotische Schuldverstrickung der Deutschen eine neurotische Art des Beschweigens folgte. Alexander und Margarete Mitscherlich erklärten die Abwehr mit der großen Selbstentwertung, die die Deutschen erlitten, als Hitler, ihr Ich-Ideal, wegbrach. Statt sich der Realität zu stellen, verdrängten sie Schuld, Scham und Trauer – und eben dies, eine neue Schweigepolitik, durfte es nach 1989 nicht mehr geben. Denn die Verdrängung brach schließlich auf und brachte den Versuch der »Schlussstrich«-Politik zum Scheitern.

Die Achtundsechziger-Bewegung wollte Schuld und Leiden bearbeiten, für die sie selbst nicht Verantwortung trug. Die Nachkommen griffen ein Thema auf, das die Täter und Mitläufer sträflich vernachlässigt hatten. Doch seit den siebziger Jahren herrscht in Deutschland in breiteren Schichten die Einsicht, dass sich Verdrängung der Vergangenheit politisch nur negativ für die Entwicklung des Gemeinwesens auswirken kann.

So kann man für Deutschland zusammenfassend sagen, dass einerseits der revolutionäre Politikansatz der ostdeutschen Demokratiebewegung, andererseits das in langen Auseinandersetzungen gewachsene Bewusstsein der westdeutschen Gesellschaft seit den 1968er Jahren zu einem »deutschen Modell« führte, dessen stärkste Seite sicher darin besteht, vorrangig für die Interessen der Unterdrückten einer Diktatur einzutreten. Gewiss lässt sich dieses Modell nicht nahtlos in Länder mit anderen Konstellationen übertragen. Ich nehme Bischof Desmond Tutus Auffassung ernst, dass es in Südafrika zum Bürgerkrieg oder zu bürgerkriegsähnlichen Zuständen gekommen wäre, hätte sich das Land in der Auseinandersetzung mit der Herrschaft der Apartheid etwa für das deutsche Modell entschieden. Südafrika musste in der Übergangssituation das Bedürfnis der Unterdrückten nach Gerechtigkeit respektieren, gleichzeitig aber die Noch-Herrschenden vor Rache schützen. So entschied sich Südafrika für die Wahrheitskommissionen und bot Amnestie gegen Wahrheit. Für viele Regionen in Südamerika ist dieses südafrikanische Modell zur großen Hoffnung geworden.

In Deutschland hatten wir aber weder nach 1945 noch nach 1989 Gewalt zu befürchten; zudem konnten wir uns auf eine alte geschichts- und politiktheoretische, auch ein Stück weit philosophische Arbeit stützen, die von Karl Jaspers in der Nachkriegszeit geleistet wurde. Ganz früh, unmittelbar nach dem Krieg, hat er den Deutschen in seiner berühmten Vorlesung des Wintersemesters 1945/46 ausführlich die Frage von Schuld und Verantwortung auseinandergesetzt[*] und gefragt, was Schuld im politischen Raum bedeutet. Er stellte in diesem Zusammenhang vier Kategorien der Schuld auf:

Erstens die kriminelle oder strafrechtliche Schuld, die durch eindeutigen Gesetzesbruch entsteht.

Zweitens die politische Schuld, die Staatsmänner tragen, aber auch alle Staatsbürger, insofern sie Mitverantwortung für ihre Regierung tragen.

---

[*] Karl Jaspers, *Die Schuldfrage* (= *Schriften zur Zeit*, Bd. ii), Zürich 1946.

Drittens die moralische Schuld, die hinsichtlich aller Handlungen besteht, selbst wenn sie befohlen wurden.

Viertens die metaphysische Schuld gegenüber Gott oder den engsten Mitmenschen.

Jede dieser verschiedenen Formen von Schuld bedarf nach Jaspers einer eigenen Instanz der Bearbeitung: Bei der moralischen Schuld ist es das eigene Gewissen, bei der strafrechtlichen Schuld das Gericht. Derjenige, der meint, er könne der strafrechtlichen Bearbeitung von Schuld entgehen, weil er zu Gott gebetet und um Vergebung der Sünden gebeten hat, ist damit die »Schuld« im strafrechtlichen Sinne keineswegs los. Und umgekehrt ist derjenige, der seinen Richter gefunden hat und durch Verurteilung oder Freispruch die kriminelle Schuld bearbeitet hat, noch nicht die moralische, politische oder metaphysische Dimension seiner Schuld los.

Es kann sein, dass wir einen Täter nicht vor Gericht bringen können, weil unsere Rechtsnormen eine Verurteilung nicht zulassen. Es muss aber dennoch möglich sein, seine Verantwortung im öffentlichen Diskurs zu benennen. Insofern können auch Personen ohne Verurteilung zur Haftung herangezogen werden.

Wenn wir also den Ansatz von Jaspers berücksichtigen wollen, müssen wir der Mehrdimensionalität von Schuld Rechnung tragen. Dabei bleibt nach meiner Auffassung die strafrechtliche Verfolgung immer eine notwendige und unverzichtbare Bearbeitungsform. Eine Gesellschaft würde sich entmächtigen, wenn sie den Rechtsbruch und die Rechtsbeugung in der Vorgängergesellschaft ungeahndet ließe. Zwar hat bei der strafrechtlichen Ahndung politischer Verbrechen in der Regel der rechtliche Grundsatz des Rückwirkungsverbotes zu gelten. Gleichzeitig aber muss meiner Ansicht nach auch der Auffassung Rechnung getragen werden, wie sie der große sozialdemokratische Rechtslehrer Gustav Radbruch 1946 in Bezug auf die NS-Verbrechen entwickelte.[*] In Fällen, so Radbruch, in denen das geschriebene Recht in allzu eklatantem Widerspruch zur

---

[*] Gustav Radbruch, »Gesetzliches Unrecht und übergesetzliches Recht«, in: *Süddeutsche Juristenzeitung 1946*, S. 105ff.

Gerechtigkeit steht und Gerechtigkeit nicht einmal erstrebt ist, habe das »gesetzliche Unrecht« dem »übergesetzlichen Recht« zu weichen, eine Theorie im Übrigen, die auch in der höchstrichterlichen Rechtsprechung schließlich Anwendung fand.

Obwohl wir nach 1989 auf Karl Jaspers, Gustav Radbruch und andere zurückgreifen konnten, erwies sich unsere Auseinandersetzung mit der Vergangenheit als schwierig und langwierig. Auch ich habe mir über die zeitliche Dimension der Aufarbeitung Illusionen gemacht und geglaubt, sie sei wohl in ein paar Jahren zu bewältigen.

Manchmal gewinne ich den Eindruck, dass jede Generation ihre eigene moralische Selbstgründung vornehmen muss. Wir können uns zwar immer wieder um eine neue rationale Vermittlung von Vergangenem bemühen, dürfen aber die jeweiligen mentalen beziehungsweise Gefühlswelten, auch die Aufnahmefähigkeit oder -bereitschaft einer Gesellschaft nicht unberücksichtigt lassen.

Raul Hilbergs gründliche Rekonstruktion der *Vernichtung der europäischen Juden*, in Amerika schon 1961 erschienen, benötigte über zwanzig Jahre, ehe ein linker Kleinverlag eine deutsche Übersetzung herausbrachte, und weitere Jahre, bis sie zu den Standardwerken gehörte. Eine wirklich breite öffentliche Auseinandersetzung mit dem unfassbaren Verbrechen des Mordes an den Juden begann freilich erst, als die Massenmedien etwa in der Fernsehserie *Holocaust* Millionen von Menschen auch auf einer emotionalen Ebene erreichten.

Eben deshalb sind die politischen und künstlerischen Auseinandersetzungen über Recht und Unrecht, Gut und Böse, über Moral und Interessen so wichtig, weil sie die Haltungs- und Urteilsfähigkeit von Einzelnen befördern – den Willen und die Fähigkeit zur Urteilsbildung im Sinne von Hannah Arendt. Dieses Element der Ermächtigung ist es, dem bei unserem deutschen Modell besondere Bedeutung zukommt.

In meinem früheren Leben ...

In meinem früheren Leben war ich evangelischer Pfarrer in Rostock an der Ostsee, Pfarrer im kommunistischen Herrschaftsgebiet, wo der christliche Glaube und der religiöse Glaube ganz allgemein überhaupt nichts galten. Man billigte uns gerade so eben noch eine Nischenexistenz zu, egal ob wir nun katholisch oder evangelisch oder sonst noch etwas waren. Ich habe damals erleben dürfen, dass Glaube mir in einer ganz anderen Weise begegnet ist als vielleicht Ihnen hier (in Westdeutschland), wo er immer noch eine die Gesellschaft und das Miteinander prägende Kraft hat. Für mich war er so etwas wie die Gegenkultur der Unterdrückten, die sich das Recht nahmen, der Unkultur unserer Unterdrücker und ihrer Vergötzung der Macht eigene Werte entgegenzusetzen. Wir wollten nicht in der Kultur unserer Unterdrücker ersticken. Der Glaube war, wie die Kunst, ein machtvolles Hilfsmittel zum gelingenden Überleben unserer Seelen.

Passau, 24. Juni 2011, Festrede anlässlich der Europäischen Wochen.

Von der Würde der Unterdrückten

Im Frühjahr 1992 will ich selbst fragen, was andere mich fragen: ob das noch angeht, was wir – nun »aktenkundig« – tun. Ob, wenn mich schon Unlust wegen meiner Arbeit ankommt, ich wenigstens sagen kann, dass noch zusammen ist, was einmal zusammenkam, als ich die Aufgabe übernahm, das Erbe der Stasi-Akten zu verwalten. Und zusammengekommen war in der Geschichte meiner persönlichen Entwicklung viel: Erstens die frühe und nie zur Ruhe gekommene Sehnsucht nach Freiheit. Sie entstand, als ich ein Kind war, ältestes unter vier Geschwistern, zeitweilig zur Halbwaise gemacht, weil Stalins Leute den Vater eines Sommers von der Geburtstagsfeier in den Gulag brachten – für fünf Jahre (geplant waren zweimal fünfundzwanzig). Sie wuchs 1953 und 1956, sie war lebendig wie nie im August 1961; sie war 1968 – Prag – noch stärker, in der Ahnung, dass irgendwann das Argument der Panzer nicht mehr wirksam sein würde. Und als meine Sehnsucht sich in konkrete politische Hoffnung wandelte, geschah dies, weil in Polen Freiheitswille zur politischen Macht wurde – Solidarność.

Rebelliert hatte ich in all den Jahren weder als Student noch als Pfarrer. Zum Märtyrer war ich nicht berufen. Ich hatte Glück, denn ich fand einen Beruf, der mich gleichzeitig ganz »hier« und doch deutlich »anders« leben ließ. In meiner Kirche waren mir früh Menschen begegnet, von denen ich dies lernen wollte. Es gab da Leute, die trotz aller lauten Tagesparolen eine Wahrheit suchten, die die ihre sein konnte, die auch schon wussten, was ich noch erst hoffte: dass Sinn in einem Menschenleben sein könne ganz unabhängig davon, wie die Verhältnisse und Lebensumstände sind. Da war noch mehr

Der Beitrag erschien 1992 in »Aktenkundig«.

zu erfahren: Nähe zu und Vertrauen zwischen Menschen, die sich sonst in diesen Jahren eher vorsichtig beäugten und die Technik der dosierten und kalkulierten Zuwendung trainierten (zu Menschen wie zu Themen).

Zweitens mein Beruf also, der mich das realistische Menschenbild der Bibel lehrte und vertreten ließ, der meinen Hoffnungen Tiefe aus dem Glauben gab, der mich lehrte, Zeugnis abzulegen von Befreiung, Aufbrüchen und Auferstehung, der mich erleben ließ, was in der Schrift schon stand (»denn seine Kraft ist in den Schwachen mächtig«), der mir ein altes Wissen über das »Auferstehen« anbot, bis ich endlich ein wenig davon verstehen lernte – und der mich vor allem mit einem segnete: mit der Nähe zu lebendigen, suchenden Menschen. Da wuchs etwas – und ich merkte es noch nicht.

Ein Drittes: 1989, noch bevor der SED die lange geplanten Jubelfeiern des vierzigsten Jahrestages zur Farce gerannen, waren es einige im Osten endgültig satt, nur der öffentlichen oder der privaten Depression zu huldigen: Wo international (Helsinki trug endlich Früchte) Entspannung und etwas Vernunft – bei der Hegemonialmacht gar Glasnost und Perestroika – um sich griffen, sollte in der DDR auch ein Wandel möglich werden. Einige altgediente Liebhaber der Zivilcourage verbündeten sich mit jugendlich-alternativem und christlichem Protestpotential: Menschen- und Freiheitsrechte sollten nicht nur, wenn es um die Dritte Welt ging, sondern ganz speziell für unsere Verhältnisse thematisiert werden.

Da wollten wir mittun, in den Kirchen und auf den Straßen. Meine Kolleginnen und Kollegen der evangelischen Kirche stellten mich damals für die Gestaltung der großen wöchentlichen Gottesdienste frei (in Rostock immer donnerstags), aus denen die Demonstrationen erwuchsen. Aus dieser Zeit stammt der Wunsch meiner politischen Freunde aus dem mecklenburgischen »Neuen Forum«, dass ich für die Wahl zur freien Volkskammer kandidieren solle; und ich fand, dass das richtig sei. Ich wollte nicht fünfzig Jahre in Unfreiheit gelebt haben und bei der ersten Gelegenheit, Freiheit politisch mitzugestalten, passiv bleiben.

Ich wurde gewählt, was damals für Kandidaten aus der Bürgerbewegung recht schwierig war. Als Abgeordneter habe ich im Bereich Innenpolitik gearbeitet, und als es zur Gründung eines Sonderausschusses zur Kontrolle der Stasi-Auflösung kam, haben mich die Abgeordneten dieses Ausschusses zum Vorsitzenden gewählt. Die Abgeordneten der Volkskammer misstrauten der Stasi-Auflösung nach Art des Innenministers Peter-Michael Diestel, so gab es viel zu tun. Eine Hauptaufgabe sollte über die Existenz der Volkskammer hinausweisen: Die Abgeordneten erarbeiteten alternativ zu einem Regierungsentwurf ein Gesetz, das den Umgang mit Stasi-Unterlagen regelte. Es enthielt Grundsätze, die später im Stasi-Unterlagen-Ggesetz des Deutschen Bundestages beachtet wurden.

Lebenswirklichkeit, Sehnsucht und Hoffnungen eines »DDR-Bürgers«, Glaubenshintergrund und Berufsalltag eines mecklenburgischen Pastors, die politischen Aktivitäten der revolutionären Wende und die neuen Möglichkeiten als Mitglied einer obersten Volksvertretung – ich musste all das noch einmal aufrufen. Eins hing unlösbar mit dem anderen zusammen: So war auch der nächste Schritt konsequent: mein Ja, als ich durch die Volkskammer zum Sonderbeauftragten gewählt und anschließend durch den Bundespräsidenten, Bundeskanzler und Bundesinnenminister berufen wurde.

Es war früh vorauszusehen, dass die offene Beschäftigung mit belasteter Vergangenheit eine konfliktreiche öffentliche Debatte auslösen würde. Gegenwärtig, im Frühsommer 1992, steht das Thema »Stasi und Kirchen« im Mittelpunkt öffentlichen Interesses. In diesem Zusammenhang wird auch die Grundentscheidung evangelischer Kirchen thematisiert, sich als »Kirche im Sozialismus« zu definieren.

Mit dem Begriff »Kirche im Sozialismus« verbinde ich, wie die meisten meiner Kollegen, durchaus Zwiespältiges. Wir haben diese Begrifflichkeit oftmals diskutiert, es ist im Grunde nie zu einer kirchenamtlichen Festlegung gekommen, doch man darf davon ausgehen, dass die Pfarrer, je enger sie sich an der Basis orientierten, desto kritischer den Implikationen im Sinne des Staats gegenüberstanden. In meiner Landeskirche ist diese Diskussion durch das Wirken des damaligen Bischofs Dr. Heinrich Rathke geprägt worden, einem überaus engagierten, für viele junge Theologen vorbildhaften Pastor, der im Rostocker Neubaugebiet früh eine Beziehung zur Gemeinde gestaltet hat, die in einer lutherischen Kirche durchaus nicht selbstverständlich war: Verzicht auf liturgische Formen, unbedingte Nähe zu den Sorgen und Problemen der Menschen. Eine Nähe zur Botschaft Dietrich Bonhoeffers zeichnete diesen verehrungswürdigen Mann aus, der in den siebziger Jahren durch wichtige Referate und Diskussionsbeiträge maßgeblich in die Debatte eingegriffen hat. Unter dem Stichwort »Kirche für andere« wollte er zeigen, dass wir nicht im Warteraum der Zeit lebten, sondern uns auch in einem sozialistischen, säkularisierten Staat engagieren und die großen Themen des Glaubens zur Sprache bringen sollten. Damals haben kritische Pfarrer, zu denen ich mich immer zählte, einen gewissen Zugang zu der Formulierung »Kirche im Sozialismus« gefunden. Wir haben sie schlicht als Ortsbeschreibung betrachtet und nicht als Parteinahme *für* den Sozialismus verstanden.

Mit dieser Grundhaltung konnte man auch gut zu Kompromissen stehen. Schon die Wortschöpfung war übrigens ein Produkt von Kompromissdebatten, vermied sie doch die Parteinahme *für* den Sozialismus, ermöglichte dem Staat jedoch zu erkennen, dass die evangelische Kirche »diesseitig«, also nicht einseitig *westlich* orientiert war.

Es gab in der DDR deutliche Unterschiede der einzelnen Landeskirchen. Es gab ja nicht *die* evangelische Kirche, sondern verschiedene eigenständige Landeskirchen. In Thüringen zum Beispiel wurde früh ein Weg der Staatsnähe beschritten, sodass Pfarrer meiner Couleur deutlich in eine Minderheitsposition gerieten, während sie in Mecklenburg in einer Mehrheitsposition waren. In Vorpommern war das zunächst ähnlich; aber von einer gewissen Zeit an suchte auch dort das Kirchenregiment eine deutliche Staatsnähe. In der bedeutenden sächsischen Kirche hat sich immer ein maßgebliches Protestpotential gegen die Allmachtsgebärden des Sozialismus behauptet. Auch in Berlin-Brandenburg hat trotz mancher Nähe zu den Erwartungen des Staates in den letzten Jahren der DDR (insbesondere im Berliner Raum und in manchem Bereich auch in der Landeskirche) an der Basis ein Protestpotential existiert, das in anderen Bereichen der Gesellschaft undenkbar war.

Selbst in solchen Landeskirchen, in denen die Führung das Wort »Kirche im Sozialismus« stärker als Kirche für den Sozialismus verstand, gab es oft eine lebendige Gegenkultur, auch wenn man mit etwas Fairness sagen muss, dass nicht jede dieser Gemeinden bereit war, oppositionellen politischen *pressuregroups* Raum zu gewähren. Aber wo, wenn nicht in der Kirche, konnten diese Gruppen Treffen abhalten? Das Spektrum der Gegenkultur war breit. Zum Beispiel konnten Menschen, die gleichgeschlechtlich orientiert sind, sich zuerst in Kirchen treffen und ihre Gruppen bilden. Auch die Ökologiebewegung fand zuerst unter dem Dach der Kirche Raum.

Pfarrer an der Basis mussten natürlich den Weg des Kompromisses suchen, und in den Synoden wurde oftmals heftig darum gerungen, ob die jeweiligen Kompromisse auch verantwortbar waren. Hier gabelte sich ein Weg: Es gab Leute, denen der Friede mit der Macht wichtiger war als die Authentizität des christlichen Zeugnisses. Und wir erleben heute, auch wenn uns diese Weggabelung damals nicht so bewusst war, dass das für manche Entscheidung eine sehr wichtige Frage ist. Einzelne Personen aus Kirchenleitungen stellen Kontakte mit der Staatssicherheit heute als etwas Gebotenes dar; in meinem Verständnis von Kirche und in dem meiner Landeskirche war diese Auffassung nicht enthalten.

Ich will mir heute nicht von der Minderheit der IM in der Kirche beziehungsweise denen, die auf andere Weise zu verständnisvoll und hilfsbereit waren, erklären und noch nachträglich bestimmen lassen, welche Regeln des Handelns damals geboten waren.

Es gilt aber auch einer Argumentation zu wehren, derzufolge ein realitätsbezogener Ansatz dem politisch und moralisch rigorosen gegenüberstand. Diese Argumentation wird von der Vorstellung beherrscht, die bestimmenden Größen innerhalb der Kirche seien zwei äußerst gegensätzliche Gruppen gewesen: einerseits die von Bärbel Bohley, Friedrich Schorlemmer, Werner Schulz, Ulrike Poppe,

Wolfgang Templin, Freya Klier und anderen Bürgerrechtlern, andererseits eine Führung, die von Personen wie Manfred Stolpe geprägt wurde.

Die Wirklichkeit in der evangelischen Kirche war anders: Nicht die verdienstvollen, damals oft für politisch unrealistisch gehaltenen Basisgruppen waren die bestimmenden Größen, auch nicht die »Diplomaten«, sondern die übergroße Zahl von Gemeinden, Gemeindekreisen, kirchlichen Mitarbeiterinnen und Mitarbeitern mit ihren eigenen Bekenntnis- und Kompromisssituationen. Sie waren es, die im Spannungsfeld zwischen Bekenntnis und Kompromiss die Grundhaltung des Lebens in den Kirchen der DDR prägten. Es gab für sie zwar aktuelle und konkrete Anlässe, mit dem MfS über eine Inhaftierung oder andere Repressionen zu sprechen. Derartiges musste jedoch keinesfalls konspirativ geschehen.

Auch im Lager der politischen Realisten gab es ein klares Wissen über den Auftrag der Stasi und deshalb ein vielfach ausgesprochenes Distanzgebot. So hat beispielsweise die Kirchenleitung der evangelisch-lutherischen Landeskirche Mecklenburg in einer Erklärung vom 20. Mai 1992 eindeutig festgehalten, dass auch bei noch so schwierigen Verhandlungssituationen kein kirchlicher Mitarbeiter berechtigt war, klandestin mit der Stasi zu verhandeln.

Teilhabe an antidemokratischer Macht konnte zwar Lebensräume erweitern, hatte aber einen entscheidenden Verlust an Glaubwürdigkeit zur Folge. Die große Mehrheit der Pfarrerschaft und aller Mitarbeiter der Kirche, hoffentlich auch der Kirchenleitungen, hat dies gewusst.

Und so konnten substantielle Erfahrungen durch diese Minderheitenexistenz gewonnen werden: Es wuchs Vertrauen nicht nur innerhalb der Gemeinden, sondern, 1988/89 erlebbar, darüber hinaus. Aus der Glaubwürdigkeit und Authentizität von Menschen, die ihrem Glauben und ihrer Hoffnung verpflichtet blieben, entstand die enge und breite Zusammenarbeit zwischen Kirche und Bevölkerung. So lernten wir gerade in diesem Teil Deutschlands, dass Ausschluss von Macht gleichzeitig Gewichts- und Bedeutungszuwachs mit sich brachte.

Und die Kirche hat gelernt: Es lohnt, dem eigenen Glauben und der eigenen Hoffnung treu zu bleiben. So hat die gesamte Kirche, indem sie Gegenstrukturen menschlichen Vertrauens lebte und sich intern demokratische Grundsätze zu eigen machte, einen wichtigen Anteil daran, dass sich der Sozialismus erledigt hat. Gott sei Dank. Wenn heute aus politischem Kalkül so getan wird, als habe es eine »Verantwortungsethik« gegeben, aus der heraus alles zu tolerieren war außer nacktem Verrat, dann besteht die Gefahr, sowohl die Würde der Unterdrückten als auch die Kämpfe, Opfer und Einsichten der glaubwürdigen Mehrheiten in der Kirche zu verraten.

Mich soll Tagespolitik nicht dahin bringen.

Meine Beschäftigung mit den Stasi-Akten hat mich mancherlei gelehrt. Erstens erfahren wir heute voller Staunen, dass weit weniger Menschen Akten haben, als sie es vermuten. Grob geschätzt erfahren gegenwärtig fünfzig Prozent der Antragsteller auf Akteneinsicht bei uns, dass keine Akte über sie vorliegt. Oftmals erzeugt das Protest und Verdächtigungen: Dann ist die Akte wohl weggebracht, heißt es, oder gar: *Ihr* habt sie weggebracht. Meine Mitarbeiter in den Außenstellen werden gelegentlich beschimpft. Wir konstatieren also, dass die Staatssicherheit, die ziemlich effektiv war, dennoch in ihrer Effektivität drastisch überschätzt wurde. Dies lehrt ein Doppeltes: wie schnell Unterdrückte dazu neigen, das Maß ihrer Unterdrückung zu überschätzen, und wie tüchtig dieser Teil der Staatsmacht gewirkt hat, wenn er durch das Vorzeigen der Instrumente so viele Menschen in die Angst versetzte, täglich und konkret überwacht zu werden. Das ist ein Effekt, mit dem die Machthaber trefflich arbeiten konnten.

Aus der konkreten Arbeit mit den Stasi-Unterlagen haben wir weiter lernen können, dass teuflische Akten gleichwohl aussagefähige Akten sein können. Das heißt, dass zum Beispiel die Kooperation von Personen mit dem MfS durch Ergebnis- und auch Observierungsberichte mit einem zureichenden Maß an Genauigkeit dokumentiert worden ist. Es gibt auch andere Sorten von Stasi-Akten, in denen nicht eine derartige Genauigkeit walten musste, vielleicht auch nicht walten konnte. Das sind zum Beispiel Planungsdokumente oder Berichte über eigene Erfolge, Einschätzungen von Personen, in denen das neurotisch oder ideologisch bedingte Wahrnehmungsdefizit der Staatssicherheit Unschärfen und Verzeichnungen verursachte. Die Erwartungen, die man etwa in einen Professor oder einen kirchlichen Mitarbeiter setzte, wurden in einer Weise niedergeschrieben, die die Möglichkeiten der Stasi als rundum wirksam darstellt. Wenn man zum Beispiel schrieb, man wolle einen Menschen steuern, dann geschah dies ohne jeden Vorbehalt, dass dieser Mensch möglicherweise ein ganz eigenes Konzept der Kontakte mit der Staatssicherheit hatte oder dass sogenannte Erfolge bei der Disziplinierung eines Menschen unter Umständen einfach den vernünftigen Überlegungen des Betroffenen entsprangen und nicht den Druckmaßnahmen. Kurz, die Beschreibung der Möglichkeiten, die die Stasi bei Menschen zu haben glaubte, die Pläne der Staatssicherheit generell, die Menschenbilder, die sie entwickelte, müssen kritisch betrachtet werden; insofern ist ein Unterschied zwischen den verschiedenen Arten von Stasi-Akten zu machen.

Ein Teil der Presse hat sich darauf verlegt, mich persönlich oder die Behörde der Aktengläubigkeit zu zeihen. Wer so spricht, hat nicht richtig recherchiert; gelegentlich soll wohl auch gezielt Misstrauen gesät werden. Mancher Kritiker hat keinerlei Aktenkenntnis. Grundsätzlich fällt auf, dass das Urteil darüber, wie mit den Stasi-Akten umgegangen werden soll, desto sicherer ausfällt, je weiter man von den Akten und von den Gefilden der Unterdrückung und des Leids entfernt ist.

Die Akten enthalten neben den genannten Plänen auch Ansammlungen von Fakten, die schlicht ernst genommen werden wollen, weil in diesen Teilen Arbeitsergebnisse dargestellt wurden, auf denen weiteres Handeln der Stasi aufgebaut werden sollte. Deshalb durfte die Fantasie der Stasi-Mitarbeiter sich hier schwerlich entfalten.

Derartige Unterlagen bewahren im Übrigen auch ein Wissen um Widerstand und Zivilcourage – manchmal bis zum Heldentum. Es ist ja nicht so, dass die Akten nur ein Zeugnis des Versagens und der Schuld sind; sie sind Zeugnisse der Manipulierung von Menschen durch eine Macht, die sich absolut setzte und die sich mit Menschen alles erlaubte. Sie sind zudem Zeugnisse des Scheiterns, Zeugnisse des Kampfes gegen das Scheitern und schließlich des Unterliegens. Auch im Unterliegen gibt es noch Unterschiede der Kooperation – eine hinhaltende, eine taktierende, eine bereitwillige und eine übererfüllende Kooperation. Daneben gibt es die Zeugnisse des Widerstandes. Zeugnisse sogar dafür, dass auch Genossen, die mit der SED gingen, sich geweigert haben, mit der Staatssicherheit zusammenzuarbeiten.

Hier hat sich im Ganzen ein überaus wichtiges Quellengut erhalten. Und wir wären gut beraten, es zu würdigen. Es gibt eine Vielzahl von Zeitzeugen, die darüber Urteile abgeben können. Und es ist interessant zu sehen, wie sich die Urteile dieser eng mit dem Material vertrauten Zeitzeugen von Aussagen publizistischer oder politischer Einflussnehmer unterscheiden, die dieses Material nicht kennen.

Ich beobachte an mir seit meiner Arbeit in dieser Behörde etwas Merkwürdiges. Ich habe mich zwar zeitlebens als Mecklenburger fühlen wollen, ohne dass ich es durfte, denn Mecklenburg hatten die Kommunisten wie alle anderen Länder abgeschafft. Aber ich habe mich nie bewusst als DDR-Bürger fühlen wollen. Das ließ mein Stolz, das ließen mein Demokratieverständnis und mein Freiheitsbewusstsein nicht zu. So kam es, dass ich, während es die Spaltung gab, mich deutlich als Deutscher fühlte. Seit es aber die Spaltung nicht mehr gibt, fühle ich mich deutlich als Ostdeutscher, obwohl mein politisches Bewusstsein schon zur Zeit der Wende und bis heute die Einheit bejahte.

Das widerspenstige Gefühl hat seine Gründe, die ich zu respektieren lernen musste. Letztlich bestehen sie darin, dass man über die Erkenntnisse der Fakten allein Vergangenheit nicht zureichend vergegenwärtigen und sie schon gar nicht bearbeiten kann. Ich denke, dass zum Ernstnehmen dieser Vergangenheit der kommunistischen Diktatur (wie der Vergangenheit der faschistischen Diktatur) die Dimension des gelebten Lebens gehört. Der Vergangenheit zu begegnen meint doch für den Zeitgenossen auch dies: die Erinnerung an erlebte

Leiden, gehegte Hoffnungen, geführte Kämpfe und das Bewusstsein, in alledem ein besonderes Leben geführt zu haben – ein anderes eben als diejenigen, die vergleichbare Leiden und Entfremdungsprozesse nicht durchgemacht haben.

Das Problem der Debatte zwischen Ost und West besteht also nicht so sehr darin, dass sich die Sachverständigen mit den weniger Sachverständigen zu unterhalten hätten; unzählige Westdeutsche verfügen ja über hinreichenden Sachverstand, um in die aktuelle politische Debatte einzugreifen. Das Problem besteht darin, eine Tiefendimension der Begegnung mit Vergangenheit zuzulassen, in der Schmerz, Leiden oder aber Schuld, Versagen und Gewissensnot an die Oberfläche geholt, quasi aus dem Gefängnis der Verdrängung befreit werden. Und aus diesem Grunde ist es so schwer, Vergangenheit, die nur die Vergangenheit eines Teiles Deutschlands ist, gemeinsam aufzuarbeiten.

Was folgt daraus? Wir sollten versuchen, unsere westdeutschen Gesprächspartner um eine gewisse Zurückhaltung gegenüber unserer Bemühung um die Vergangenheit zu bitten. Wir wollen nicht, dass sie schweigen; sie sollen uns Fragen stellen. Aber sie sollen nicht diejenigen sein, die fern vom Leid und im Grunde fern von den Prägungen speziell östlicher Entfremdung den *mainstream* der Entscheidung bestimmen, wie der Osten die Vergangenheit aufzuarbeiten hat. Sie sollen respektieren, dass es eine Würde der Unterdrückten gibt, die an dieser Stelle eine Zurückhaltung des Urteils gebietet. Die Bearbeitung der Vergangenheit sollte insofern auch als schmerzhafte Begegnungskrise verstanden werden, die intellektuelle Bewältigung kann bestenfalls Teil der Bemühungen sein.

Ich erwarte also insbesondere von der politischen Klasse und von den Gesprächspartnern des kulturellen Westens, dass sie ein strukturell bedingtes Defizit an Wahrnehmungsfähigkeit einräumen, das nicht schuldhaft ist, sondern sich aus dem unterschiedlich gelebten Leben herleitet. Wir Bewohner des ehemaligen Ostens haben im Übrigen ein vergleichbares Unvermögen, Entfremdungserfahrungen, die der westliche *way of life* bewirkt hat, nachzuvollziehen. Wir sind eben noch nicht eins, seit wir eins wurden. Und wie sich bei Menschen, die sich lieben, aus der Liebe allein nicht eine gleich fühlende Partnerschaft ergibt, so ergibt sich aus der Euphorie und Geneigtheit der Deutschen zueinander, die sich im Herbst und Winter 1989/90 zeigte, noch nicht eine wirklich gleich schwingende Nähe. Wir müssen respektieren, dass es Lebensbereiche gibt, in denen der andere nicht dieselbe authentische Erfahrung besitzt. Wir werden sicher erst nach einer Generation jenes Maß an innerer Einheit haben, das ein umkomplizierteres gegenseitiges Verstehen ermöglicht.

Dass ich stolz darauf wäre, ein DDR-Bürger zu sein, so etwas kam mir nie über die Lippen. Aber ich entdecke heute in mir so etwas wie ein gelassenes Selbstbewusstsein. Ich möchte zu dem Leben, das ich gelebt habe, stehen. Wolf Biermann hat in einem spöttischen Lied gesungen: »Die Stasi ist mein Eckermann«. So weit wird man in der Regel nicht gehen können. Aber dass auch in einer perfiden Buchführung etwas aufgehoben ist von einem ernsten Willen großer Bevölkerungsgruppen, Anstand zu bewahren, Widerstandsgesinnung und Zivilcourage zu leben, das ist deutlich.

Freilich ist in den Stasi-Unterlagen auch evident, wie in diesem deutschen Volk der vorauseilende Gehorsam funktioniert. Und wahrscheinlich ist es in Deutschland leichter gewesen, einen Stasi-Mitarbeiter zu rekrutieren, als in unserem polnischen Nachbarland, wo der Geist der Auflehnung allemal früher weht als in Deutschland. Oftmals erstaunlich schnell gelang es Stasi-Agenten sogar, Alt-Bundesbürger anzuwerben, nicht nur durch Geld, was im Westen häufiger passierte als im Osten: Bundesbürger waren gelegentlich sehr einfühlsam, manchmal gar devot. Offensichtlich ist ein starkes demokratisches Selbstbewusstsein auch nach Jahrzehnten nicht selbstverständlich in einem Land, in dem der Untertanengeist Tradition hatte. Vielleicht sind die Holländer, die Amerikaner oder die Briten resistenter gegen den vorauseilenden Gehorsam, den sich ein Geheimdienst immer zunutze macht. Aber sicher bin ich mir auch da nicht.

Heute begegnen uns gelegentlich Journalisten, manchmal auch Literaten, die in Bezug auf die Arbeit der Behörde für die Stasi-Unterlagen von einer neuen Inquisition sprechen. Ich lasse diejenigen aus, die in der Nähe der SED ihre ehemalig vorzügliche Alimentierung als etwas Normales hinstellen möchten und keine Lust haben, im Nachhinein die Wirklichkeit kennenzulernen. Aber es gibt eine Gruppe von Menschen, die sich dafür rächen will, dass ihre Ideale oder Träume, die sie vermeintlich in der DDR verwirklicht sahen, ruiniert worden sind. Sie halten diejenigen, die heute die Topographie des alltäglichen Stalinismus nachzeichnen, für die eigentlichen Sünder und nicht diejenigen, die die Verhältnisse geschaffen haben.

Hier gibt es eine groteske Bundesgenossenschaft bestimmter Journalisten, die den Zeitgeist befriedigen wollen, mit PDS-nahen Teilen der Bevölkerung, natürlich massiv unterstützt von Mitgliedern der früheren Machtapparate.

Wer heute so vor einer neuen Inquisition warnt, teilt oftmals nicht mit, dass die Behörde für die Stasi-Unterlagen überhaupt keine Entscheidungen zu fällen hat, sondern dass sie nur zwischen dem Aktengut und den Antragstellern vermittelt. In der Behörde wird also der Daumen weder gehoben noch gesenkt. Die sogenannten Vorverurteilungen dieser Behörde erweisen sich beim näheren Hinsehen als reine Sachaussagen und keineswegs als Urteile, schon gar nicht als Vorurteile. Was die Presse daraus macht, ist teilweise ein völlig anderes Thema.

Ferner möchten einige Leute, die in der Regel im Westen wohnen und sich mit den ehemaligen Verantwortungsträgern im Osten verbünden, gern den Eindruck erwecken, dass es eine kollektive Bereitschaft zur Kollaboration gegeben habe und diese überdies normal gewesen sei. Das Gegenteil ist der Fall: Weniger als ein Prozent der DDR-Bürger hat inoffiziell mit der Stasi zusammengearbeitet, zwei Prozent wären es, wenn wir die Hauptamtlichen der Stasi mitrechneten. Es gilt, die Relationen im Blick zu behalten. Wir waren kein Volk von Spitzeln, und die wohlwollende Entschuldigung ist genauso wenig angebracht wie die diffamierende Verurteilung.

Beendeten wir die Beschäftigung mit der Vergangenheit, würde uns dies in eine zweite Schuld stürzen. Nach dem Zweiten Weltkrieg war das Maß an Schuld, das Unmaß an Verbrechen so groß, dass es vielleicht eine psychische Überforderung bedeutet hätte, wenn die breite Masse des Volkes schon sofort hätte bereit sein sollen, sich der Schuld zu stellen. Zwar hat auch der Kommunismus insgesamt große Schuld auf sich geladen. Wir Deutschen aber haben hauptsächlich das dürre Gerippe mangelnder Zivilcourage in unserem Schrank, und wir müssen die Begegnung mit der Vergangenheit nicht ängstlich der nachfolgenden Generation überlassen. Wer meint, sich vor der Vergangenheit drücken zu sollen, entweder weil es aktuell politisch wichtigere Themen gibt oder weil es bestimmten Sympathiepersonen der Öffentlichkeit im Moment schlecht geht, der wäre wirklich falsch beraten. Die Vergangenheitsbearbeitung als Luxus darzustellen bedeutet, sehenden Auges die zweite Schuld einer Vergangenheitsverdrängung auf sich zu laden.

Bürger haben mit dem Gesetz über die Stasi-Unterlagen eine ganz neue Möglichkeit, früher streng geschütztes Material eigenständig und subjektorientiert zu nutzen. Wir erfahren, dass das Recht, mit vormals geschütztem Material umzugehen, ein Element von Freiheit enthält. Schlimm wäre es, wenn wir den Einflüssen folgten, die, in merkwürdigen Koalitionen auftretend, den Bürgern sagen, dass der Befreiungsprozess zu gefährlich sei. Und heilsam wäre es, den Einladungen der Freiheit zu folgen, der eigenen Vergangenheit, dem Schatten eigener Schuld zu begegnen und der eigenen Courage bei der Gestaltung von Gegenwart und Zukunft zu trauen.

Wut und Schmerz der Opfer

In der Diskussion, die sich jetzt auf den Begriff »Amnestie« konzentriert, wird häufig mit unscharfen Begriffen gearbeitet. Ein »Schlussstrich« erschien Marion Gräfin Dönhoff schon in ihrem »Versöhnungsmanifest« 1993 (*Die Zeit* Nr. 37/93) als Weisheit, die sie den Deutschen anempfahl; auch jüngst verwies sie wieder auf Osteuropäer und Spanier, die keinerlei Aufarbeitung der Vergangenheit praktizierten. Ein »Schlussgesetz« forderte Egon Bahr, Manfred Stolpe arbeitet an einer breiten Koalition für eine »Generalamnestie«.

Vordergründig geht es um Verjährung, juristische Bewältigung, Amnestie. Dahinter verbirgt sich aber der generelle Wunsch, »Vergangenheit ruhen zu lassen«, als sei dies die beste Voraussetzung, die Zukunft zu bauen, den inneren Frieden zu erreichen.

Um es vorweg zu sagen: Ich bin nicht gegen eine Debatte über die Korrektur der Strafvorschriften für minderschwere Delikte. Aber der Vorschlag, alles bis auf schwere Menschenrechtsverletzungen zu amnestieren, erscheint mir als wenig hilfreich. Denn es sind durchaus nicht nur die Gefühle der Opfer, die einer Amnestie entgegenstehen können. Zu frühes und zu weitgehendes Amnestieren kann auch zu einer Art gesellschaftlicher Amnesie anstelle des Rechtsfriedens führen.

Inzwischen gibt es sehr viele Ermittlungsverfahren gegen Belastete aus der DDR, und die hohe Quote der Verfahrenseinstellungen wird als Erfahrungswert in die Amnestiedebatte eingebracht. Doch diese hohe Zahl der Verfahrenseinstellungen ist keineswegs ein zwingendes Sachargument zugunsten einer Amnestie. Denn der Bürger kann über die Ermittlungsverfahren erkennen, ob Taten, die

Der Artikel erschien im Januar 1995 in der Wochenzeitung »Die Zeit«.

er in der Vergangenheit für politisch verwerflich und unmoralisch hielt, auch strafrechtlich relevant waren. Wenn zahlreiche Verfahren eingestellt werden, so verdeutlicht dies, dass eben keinesfalls »Siegerjustiz« waltet, dass Urteil und Strafe eben nicht der einzige Sinn justizieller Bemühung sind.

Verfahrenseinstellungen und Freisprüche erzeugen zwar auch Schmerz oder Wut bei manchen Opfern, aber letztlich lehren sie Respekt vor dem Recht. Wichtiger, als allzu eilfertig eine Minderheit von Unrechtstätern zu integrieren, erscheint mir, den Bürgern zu zeigen, dass der Rechtsstaat ihre Bedenken sorgfältig prüft. Die Verfolgung minderschwerer Delikte wird ohnehin durch die Verjährung begrenzt. Auch von den ungefähr neunzigtausend Ermittlungsverfahren wegen Naziverbrechen führten nur rund sechstausend Verfahren zu Verurteilungen.

Was nun die Überprüfungen für den öffentlichen Dienst betrifft, gilt grundsätzlich: Das Stasi-Unterlagen-Gesetz hat seinen von den Ostdeutschen 1990 definierten Zweck erfüllt. Wolfgang Schnur oder Ibrahim Böhme wurden nicht Ministerpräsidenten. Die Stasi-Offiziere konnten keine »demokratischen« Geheimdienste errichten. Sie und zahlreiche inoffizielle Mitarbeiter wurden gehindert, Richter, Polizeioffizier oder Professor zu werden. Wer allerdings behauptet, ein belastender Bescheid ziehe automatisch die Entlassung nach sich, kennt weder das Gesetz noch die Praxis. Was zumutbar für eine Weiterbeschäftigung ist, wird in den Bundesländern selbstständig (und zum Teil unterschiedlich) definiert.

Der Presse war zu entnehmen, dass zum Beispiel die Staatskanzlei in Potsdam eine normale Überprüfung ihrer Bediensteten nicht durchgeführt hat. Im Bereich des dortigen Innenministeriums schieden von 1404 Belasteten 598 aus. In Berlin ergab die Lehrer- und Erzieherüberprüfung (Stand Oktober 1994) nach Angaben des Landesbeauftragten bei 18 608 Anfragen in 4,7 Prozent der Fälle eine Belastung, aber Kündigungen erfolgten nur bei 0,99 Prozent.

In der Regel fallen die Personalentscheidungen also nach der Überprüfung des Einzelfalls. Wer behauptet, Existenzen würden massenweise vernichtet, fällt Propagandaklischees zum Opfer. Es gibt zweifellos Härten, die unbillig sind und die unnötig wären. Gelegentlich ist die Entscheidung nicht sorgfältig genug abgewogen worden, aber vor Gericht haben solchermaßen Entlassene gute Chancen auf Wiedereinstellung.

Unsere Behörde hat auf Antrag alle Informationen über eine frühere IM-Tätigkeit herauszugeben, auch wenn diese sehr lange zurückliegt oder äußerst geringfügig war. Hier ist eine Korrektur des Gesetzes denkbar, die entweder eine Art Verjährungsfrist benennt oder Kriterien für unbedeutende IM-Tätigkeit definiert. Nach einer entsprechenden Gesetzesänderung würden geringfügige Stasi-Verstrickungen nicht mehr mitgeteilt. Es zeigt sich, dass bei der Diskussion um Einzelfälle Befürworter und Gegner eines Schlussstriches nicht immer weit auseinanderliegen.

Warum also die Aufregung?

Deutschland hat sich relativ großzügig vom Kommunismus verabschiedet. Anders als nach dem Krieg wird nicht nach früherer Parteimitgliedschaft gefragt. Eine »Entkommunisierung« – entsprechend der Entnazifizierung – erfolgte nicht. Schon als die Volkskammer 1990 darauf verzichtete, brachten die Opfer von SED und Stasi emotionale Vorleistungen. Der friedlichen Revolution folgte ein friedfertiger Umgang mit den ehemaligen Stützen der Gesellschaft. Dass für Stasi-Mitarbeiter eine besondere Überprüfung geschaffen wurde, lag darin begründet, dass diese Personen konspirativ gegen die Bevölkerung agierten; sie war wehrlos gegen die unsichtbaren Gegner.

Im Normalverhalten der Bevölkerung war Stasi-Mitarbeit diskreditiert – weniger als ein Prozent der Ex-DDR-Bevölkerung wurde zum Schluss als IM geführt. Warum also unterstellt Marion Gräfin Dönhoff in ihrem »Manifest«, man wolle ein ganzes Volk durchleuchten? Die Hauptamtlichen zog es nach 1989 zudem nur selten in den öffentlichen Dienst, nicht nur wegen der Überprüfungen, sondern vor allem, weil sie in der freien Wirtschaft, oft gestützt auf ein Beziehungsnetzwerk, wesentlich besser verdienen können. Natürlich gibt es arbeitslose MfS-Offiziere und IM, aber diese teilen das Schicksal breiter Kreise schon früher am Aufstieg gehinderter »Normalbürger«! Wer meint, die Stasi-Überprüfungen seien eine besondere Last für die Ostdeutschen, sollte gelegentlich die einstigen ostdeutschen Industriezentren besuchen: Dort dominieren andere Sorgen.

Ganz offensichtlich ist die Diskussion über Amnestie und Schlussstrich nur ein Teil einer größeren Revisionsdebatte im linksliberalen Spektrum seit 1989. Ich werde den Verdacht nicht los, dass gerade westliche Protagonisten dem Schlussstrich zuneigen, um alte Fehleinschätzungen nicht revidieren zu müssen.

Einige derer, die auf dem linken Auge blind waren, sind immer noch geprägt durch ihre einstige Unterschätzung des repressiv-totalitären Charakters des realen Sozialismus. Fundamentale Distanzierung blieb aus, das Regime in der DDR wurde als links und nicht als totalitär rezipiert. Fritz J. Raddatz bekannte in der *Zeit* vom 14. September 1990: »Wir wollten nicht antisowjetisch denken«, und fragt dann selbstkritisch, ob es »links« gewesen sei, zu schweigen, und »reaktionär«, offenbare Realitäten zu kritisieren. Sein Ergebnis: »Schweigen kann Lüge sein.«

Systemkritische Ansätze wie die Totalitarismustheorie wurden ignoriert oder modisch verworfen. Die Bücher derer, die aus bitterer Erfahrung gelernt hatten, wurden in ihrer Dimension verkannt: »Renegatenliteratur«. Dies gilt speziell für den deutschen intellektuellen Diskurs der Nach-Achtundsechziger-Zeit. Wahrnehmungsverweigerung und Blendung waren nicht auf Politik und Journalismus beschränkt. Zeitgeschichtliche, politologische, soziologische und theologische Schulen waren im Blick auf den Osten wie gebannt. War man bei der Analyse des eigenen Systems von schneidender Schärfe, so billigte man den »linken« Ostgesellschaften mildernde Umstände zu.

Eine kritische Theorie zur Entlarvung der östlichen Diktatur fehlte. Kam sie von konservativer Seite, wurde sie, kaum geprüft, verworfen. Kam sie aus antifaschistischer Grundhaltung (Eugen Kogon) oder sozialismuskritischer Position (Leszek Kołakowski), wurde sie marginalisiert. Die Angst davor, als Antikommunist gebrandmarkt zu werden, untergrub den Einsatz für Menschen- und Bürgerrechte im real existierenden »linken« Totalitarismus in Ostdeutschland. Selbst aufgeklärter Antikommunismus war und blieb inakzeptabel für viele Intellektuelle, obwohl er ein Bruder des Antifaschismus hätte sein müssen – ein Plädoyer für universale Freiheits- und Menschenrechte. Stattdessen gab es eine weitgehende Solidaritätsverweigerung denen gegenüber, die innerhalb des Sozialismus Kritik übten oder gar rebellierten. Sie störten den gepflegten Dialog des Westens mit der alten Herrschaftselite des Ostens.

Ohne substantielle Selbstkorrektur setzt sich diese Haltung bei Teilen bis heute fort (eben nicht nur der Osten, auch der Westen hat umzudenken!), wenn der Psyche und den Interessen der einst privilegierten Schicht mehr Verständnis und Nachsicht entgegengebracht werden als der Masse der einst Unterdrückten. In der Amnestiedebatte fordert dann der Rechtshistoriker Uwe Wesel von den Opfern die Bereitschaft zur Versöhnung, bevor die Täter auch nur ansatzweise die Anerkennung von Schuld und Übernahme von Verantwortung signalisiert hätten.

Und wie groß muss die Befangenheit eines Egon Bahr sein, wenn sein Wunsch nach einem Schlussgesetz dazu führt, noch einmal den Umgang der jungen Bundesrepublik/West mit der NS-Vergangenheit zu rechtfertigen? Die Berufung Hans Globkes, des Kommentators der Nürnberger Rassengesetze, in das Amt des Staatssekretärs im Kanzleramt gilt ihm als rühmenswerte Integrationsleistung Adenauers – ausgerechnet von Globke, dem, wie Ralph Giordano formulierte, »manischen Symbol für bundesdeutsche Restauration«. Soll jetzt nicht mehr richtig sein, was nach 1968 als gemeinsame Überzeugung galt: dass der »große Frieden mit den Tätern« (Ralph Giordano) eine fatale Fehlentscheidung jener Ära war? Dass Verdrängung, Verweigerung von Trauer und billige Gnade eben nicht zur Einkehr und Umkehr führen? Sollen wir also wirklich aus alten Fehlern nicht gelernt haben dürfen?

Wenn diese Schieflage nicht korrigiert wird, kann kein innerer Friede wachsen.

Gerade weil in den fünfziger Jahren die Integration von NS-Richtern, NS-Studienräten, NS-Medizinern erfolgte, rebellierten in den Sechzigern große Teile der jungen Generation gegen das eigene demokratische Gemeinwesen. Wie viel überbordender Protest, wie viel innere Zerrissenheit wären dem Land erspart geblieben ohne jenen frühen faulen Frieden? Dieser Friede ist moralisch, politisch und materiell teuer erkauft. Die Beschädigungen des Deutschlandbildes im Ausland will ich gar nicht erwähnen.

Wenn also die nüchterne Prüfung der heute durchgeführten strafrechtlichen Verfahrensweise das Verdikt Siegerjustiz nicht rechtfertigt, wenn die Überprüfungen im öffentlichen Dienst keineswegs zur angeblich massenhaften Vernichtung von Existenzen führen, wenn dabei in der Regel allenfalls der Verlust einer hervorgehobenen Position, nicht aber der Verlust von Arbeitsmöglichkeiten im privaten Bereich verbunden ist, dann zeigt sich, dass »Vergeltung« weder beabsichtigt noch praktiziert wurde. Für eine grundsätzliche Revision von Gesetz und Verfahrensweisen besteht also kein Anlass.

Wenn da nicht die Gefahr der Müdigkeit wäre, die Verlockung zum wohlfeilen Vergessen und zur billigen Gnade. Die Psyche der Massen als schwer kalkulierbares Element bleibt uns als Dauerproblem. Was tun, falls das Meinungsforschungsinstitut Allensbach heute mit ähnlichen Ergebnissen aufwartet wie 1948, als die erwachsenen Westdeutschen auf die Frage: »Halten Sie den Nationalsozialismus für eine gute Idee, die schlecht ausgeführt wurde?«, zu siebenundfünfzig Prozent mit Ja, zu achtundzwanzig Prozent mit Nein antworteten? Was tun? Erinnern, was wir unter Schmerzen gelernt haben! Nicht schweigen von dem, was wir so gelernt haben! Nicht dem Zeitgeist opfern, was bewahrt bleiben muss. Der Verlust wäre dreifach: intellektuell, politisch und moralisch.

Man kann vergeben

Ich hatte Besuch von einem Freund aus der ehemaligen Kirchenszene, welcher mich 1991 – ich war Bundesbeauftragter für die Stasi-Unterlagen – in Berlin besuchte und sagte: »Jochen, du kennst mich aus meinen Akten.« »Nein«, sagte ich, »ich kenne dich, weil du mein Freund bist seit zwanzig Jahren.« Da erzählte er mir, dass er eine Zeit lang IM war. Er hätte mir das schon während der DDR erzählen können. Aber: »Ich hatte solche Angst vor dir, und ich habe mich so geschämt.« Dabei traten ihm Tränen in die Augen. Als ich das sah, habe ich gar nicht überlegt, ich habe ihm sofort die Hand gegeben und ihn gedrückt. Ich habe ihm ohne ein Wort vergeben, und er hat es verstanden.

Eine ähnliche Situation erlebte ich in der letzten Sitzung der DDR-Volkskammer, als einer von vielen Überprüften seine inoffizielle Mitarbeit nicht leugnete, sie auch nicht schönredete, sondern bekannte: »Es stimmt. Ich war Klubhausleiter und habe berichtet. Ich wünschte, es wäre anders gewesen, aber es war so. Es tut mir leid.« Ich bin durch das ganze Parlament gegangen und habe dem Abgeordneten die Hand gegeben und gesagt: »Kollege, nicht wegen damals, aber wegen eben!« Ich habe erfahren, was viele andere auch erlebt haben. Man kann vergeben, wenn man weiß, dass der andere nicht leugnet, was geschehen ist, und zu den Geschehnissen und seiner Schuld eine neue Beziehung hat. Die Verfolgten von einst wären viel generöser, wenn sie die Wahrheit der Täter von einst hören würden. Aus dieser Wahrheit heraus wächst echte Versöhnung. Nostalgie hingegen ist eine Erinnerungsform, die ohne Schmerz auskommt, ohne Scham, ohne Trauer und ohne Reue.

Dresden, 17. Juni 2009, anlässlich der Gedenkveranstaltung zum 17. Juni 1953.

Der lange Schatten der Ohnmacht

Zur Freiheit geboren

Eine Rostocker Familie macht einen Sonntagsspaziergang, tief in DDR-Zeiten. Sie stehen in Warnemünde auf der Mole, zwei Jungen an der Hand ihrer Eltern. Ein großes, weißes Schiff fährt aus dem Hafen hinaus auf das Meer. Die Jungen zum Papa: »Wie schön! Da wollen wir auch drauf!« Der Vater: »Das geht nicht. Die Fähre fährt nach Dänemark.« Die Kinder lassen nicht locker. »Aber da sind doch Menschen drauf.« Der Vater: »Da dürfen nur Menschen aus dem Westen mitfahren.« Die Kinder sind empört.

Ihr Vater könnte jetzt sagen, auch er finde es falsch, sogar widerlich, eingesperrt zu sein. Aber er wird versuchen, die Kinder vor Traurigkeit zu bewahren. Sie sollen nicht denken und fühlen, dass sie Gefangene sind. Deshalb wird er ihnen erklären, dass sie noch zu klein sind, um das zu verstehen. Und dass das Eis am Strand von Warnemünde viel besser schmeckt als in Dänemark.

So haben wir das Unnormale oft zur Normalität erklärt, nicht nur für die Kinder, auch für uns. Indem wir uns Schmerz, Wut und Zorn ersparten, machten wir uns lebensfähig. Aber auch hart. Wir verloren die Fähigkeit, spontan auf Unrecht, auf Gefangenschaft und Unfreiheit zu reagieren, so wie ein Kind reagieren kann. Doch vergessen wir nie: Wir alle sind zur Freiheit geboren und nicht zur Gefangenschaft.

Aus der 3. Berliner Rede zur Freiheit, 21. April 2009.

Ohnmacht

Welche Orte hat die Erinnerung an die Ohnmacht? Walter Kempowski oder Erich Loest würden wohl Bautzen* nennen. Mein Vater einen Ort in Sibirien oder das Justizgebäude am Demmlerplatz in Schwerin, in dem ihn ein sowjetisches Militärtribunal 1951 zu fünfundzwanzig Jahren Zwangsarbeit verurteilte, weil er der Kollege eines Mannes war, der sich in den Westen abgesetzt hatte.

Jeder in der DDR konnte Orte aufzählen überall im Land, überall im sozialistischen Lager, die für Einschüchterung und Entmächtigung durch Repression standen: die »Runde Ecke«, den Sitz der Staatssicherheit in Leipzig; den »Roten Ochsen«, das Gefängnis in Halle. Orte nackter stalinistischer Repression, in deren Folge Menschen in die Speziallager weiter genutzter NS-Lager in Buchenwald und Sachsenhausen, in Mühlberg und Fünfeichen/Neubrandenburg gebracht, nach Sibirien und an den Polarkreis zur Zwangsarbeit deportiert oder – wie die Studenten Arno Esch und Karl-Alfred Gedowski – in Moskau erschossen wurden. Gedowski kam aus Güstrow, wo er dieselbe Schule wie Uwe Johnson besucht hatte, jene John-Brinckman-Oberschule, in der – wie Uwe Johnson es in seinem Roman *Ingrid Babendererde* festgehalten hat – Christen aus der Jungen Gemeinde an den Pranger gestellt und der Schule verwiesen wurden.

In denselben frühen fünfziger Jahren sehe ich mich als Schuljungen in der Rostocker Langen Straße. In sämtlichen Schaufenstern des Warenhauses hängen riesige Fotos von Mitbürgern, die Mangel-

---

* Im berüchtigten Zuchthaus von Bautzen saßen Verurteilte der sowjetischen Militärtribunale sowie Gefangene der DDR-Justiz.
** Die Rostocker Studenten Arno Esch und Karl-Alfred Gedowski wurden 1951 wegen angeblicher Spionage zum Tode verurteilt.

Der Beitrag erschien 2009.

ware »gehamstert«, als Handwerker angeblich ihre Steuern nicht bezahlt oder sich abfällig über die DDR geäußert haben. So drang bis in den Alltag, bis in die Schulen und Betriebe, was richtig und was falsch, wer ein fortschrittlicher Mensch und wer ein Schädling war. Und wir? Protestierten wir oder solidarisierten wir uns? Ballten wir vor Wut die Faust in der Tasche, oder blendeten wir die Ereignisse so schnell wie möglich aus dem Bewusstsein aus, weil man ja sowieso nichts machen konnte? Distanzierten wir uns gar von den Verfolgten, den Angeprangerten, die ja irgendetwas auf dem Kerbholz haben mussten, weil sie sonst nicht bestraft worden wären?

Als individuelle Erfahrung ist uns allen vertraut, wenn wir uns gegenüber einer überwältigenden Außenwelt hilflos fühlen. Wenn uns Ohnmacht überfällt angesichts zu großer Herausforderungen, die bedrohlich scheinen und Angst auslösen; wenn wir keine Möglichkeiten mehr sehen, die inneren oder äußeren Schranken überwinden, etwas aktiv verändern oder andere beeinflussen zu können.

Wortlos aber ist die Ohnmacht, die ein totalitäres System im Menschen verursacht. Sie beschneidet seine Grundrechte und setzt ihm Grenzen für sein Denken und Handeln, lange bevor er seine intellektuellen, physischen und psychischen Möglichkeiten ausgeschöpft hat. Sie nimmt ihm die Macht, über sein Schicksal zu verfügen. Sie lähmt seine Kräfte, stutzt seine Fantasie, begrenzt seinen Radius. Dann droht, besonders wenn die Konstellation dauerhaft scheint, zur Konfliktvermeidung eine Internalisierung: Die äußeren Normen werden in die innere Welt übernommen, die Ratio des Mächtigen wird auch die Ratio des Ohnmächtigen.

Im Stalinismus war es oft die nackte Gewalt, die die Unterordnung des Individuums erzwang. Zwar »zivilisierte« sich das System seit den fünfziger Jahren; in den achtziger Jahren legte sich die Diktatur Ärmelschoner an. Doch die Struktur des Systems, seine Institutionen blieben über all die Jahrzehnte gleich. Überwachung und Kontrolle wurden umfassender und effizienter – waren allerdings unauffälliger und nicht mehr gekennzeichnet von brachialer Gewalt. Es gab sogar die Tendenz zur Verrechtlichung – allerdings in einem System, das seinen Unrechtscharakter nicht verlor.

Es gab keine offene Gesellschaft, in der der Einzelne politische Ziele hätte definieren, in einen Meinungsstreit eintreten und Einfluss als Bürger ausüben können. Stattdessen entwickelte die SED-Führung ein Ensemble von Instrumenten, die das Individuum »entmächtigten«. In der ganzen DDR-Zeit blieb es beim Vorrang der Partei- vor den Staatsinstanzen, die Regierung war abhängig von den Direktiven des Zentralkomitees der Partei. Es gab keine Gewaltenteilung – besonders deutlich zu erkennen an dem eingeschränkten Handlungsspielraum des Parlaments und an der Abhängigkeit der Justiz. Es gab weder Verwaltungsgerichte noch ein Verfassungsgericht. Nicht nur in den politischen Prozessen, selbst im Arbeitsrecht oder bei privatrechtlichen Auseinandersetzungen (etwa um Grundstücke und Häuser) war der Primat der Politik gegen das Recht jederzeit durchsetzbar, wenn es der Macht erforderlich schien.

Zusätzlich wurde eine Kaderpolitik betrieben, die Aufstieg an Systemtreue und die allermeisten Führungsfunktionen an die Mitgliedschaft in der SED band. Die Arbeiter, im »Arbeiter-und-Bauern-Staat« fortwährend als »herrschende Klasse« bezeichnet, verloren neben ihren Bürgerrechten auch noch ihre Arbeiterrechte. Zwar waren fast alle Mitglied im Freien Deutschen Gewerkschaftsbund, aber von einer Interessenvertretung etwa durch Protestaktionen oder Streiks wurden sie abgehalten. So wollte beispielsweise der Vorsitzende der IG Bau-Holz die Bauarbeiter unmittelbar vor Beginn der Demonstrationen im Juni 1953 davon überzeugen, dass an eine Rücknahme der Normerhöhung, den Anlass ihres Protests, nicht zu denken sei.

Die Zensur im Bereich von Medien und Verlagswesen gab vor, was auf welche Weise zu interpretieren war und was erinnert und was nicht erinnert werden durfte. Nicht erwähnt werden durften beispielsweise die Untaten der Sowjetsoldaten bei Kriegsende, die rigorose Eintreibung von Reparationen für die Sowjetunion und die massenhaften und in der Regel unbegründeten und willkürlichen Inhaftierungen. Nicht erwähnt werden durfte auch die »Aktion Ungeziefer«, bei der über zehntausend »politisch unzuverlässige« Bewohner der Grenzgebiete zwangsweise ins Landesinnere umgesiedelt wurden.

Eine wahre Regulierungswut suchte das Individuum noch im Alltag bis ins Kleinste zu bestimmen und zu kontrollieren. Um von der Stadt auf das Land oder umgekehrt zu ziehen, war die Entscheidung der »Wohnraumvergabe« einzuholen. Wer längere und – im Fall von Westdeutschen – auch kürzere Besuche empfing, musste sie in einem »Hausbuch« eintragen lassen, das in jedem Haus geführt wurde. Außerdem existierte ein überdimensionierter Sicherheitsapparat, der trotz Entspannungspolitik bis zum Ende der DDR ausgebaut wurde,* und das bei einer Bevölkerungszahl, die der des Bundeslandes Nordrhein-Westfalen entsprach. Kein Wunder, dass sich fast jeder überwacht fühlte, wozu natürlich selbst der überdimensionierte Überwachungsapparat nicht fähig war.

Aufseiten der Entmächtigten gab es allerdings auffällige und auf den ersten Blick paradoxe Verhaltensunterschiede in den verschiedenen Phasen der DDR. Trotz des Terrors existierte in den fünfziger Jahren eine nicht nur systemkritische, sondern prinzipielle, systemfeindliche Opposition. Es gab auch nicht nur konspirativ, sondern offen agierende Oppositionelle, erstaunlich viele Menschen riskierten selbstbestimmtes Handeln in politischen Aktionen: In Altenburg und Werdau verteilten Schüler Flugblätter an den Oberschulen; an den Universitäten Leipzig und Dresden agitierten Studenten wie Wolfgang Natonek und Werner Ihmels** gegen die SED-Diktatur. Schließlich verwandelten am 17. Juni 1953 Hunderttausende in Berlin, Halle, Schkopau, Jena und etwa siebenhundert weiteren Orten ihre »ohnmächtige Wut« in Streiks und Demonstrationen.

Der 17. Juni war beides: das Abwerfen der Ohnmacht und die vertiefte Ohnmacht nach der Niederlage. Damals begann eine ver-

---

* Zuletzt hatte das MfS über neunzigtausend hauptamtliche Mitarbeiter, unterstützt von weit über hunderttausend »inoffiziellen« Mitarbeitern.

** Wolfgang Natonek wurde 1949 von einem sowjetischen Militärtribunal zu fünfundzwanzig Jahren Zwangsarbeit verurteilt. Werner Ihmels wurde 1947 vom NKWD verhaftet und zu fünfundzwanzig Jahren Besserungshaft verurteilt. Er starb 1949 in Bautzen.

hängnisvolle Erfahrungskette. Denn auf den 17. Juni 1953 folgten die Niederschlagung der Aufstände in Budapest und in Posen 1956, der Bau der Mauer 1961, die gewaltsame Beendigung des »Sozialismus mit menschlichem Antlitz« in Prag 1968. Bei den einen grub sich eine tiefe Resignation in die Seelen ein: »Wut und Widerstand lohnen sich nicht – sie rufen nur noch stärkere Repression hervor. Es hat keinen Sinn, gegen die Wand zu rennen, wenn ich kein Märtyrer oder kein Michael Kohlhaas werden will.« Für die anderen bedeutete die Erfahrung der Niederlagen: »In diesem System kann und will ich nicht leben. Ich will mich nicht verbiegen, um beruflich aufzusteigen. Ich möchte nicht lügen und meine Kinder nicht zum Lügen erziehen.« Ihr Bedürfnis nach Freiheit war entscheidender als die Angst vor dem Verlust der Heimat, von Eltern, Freunden und Verwandten. Fast 2,7 Millionen Menschen sind in den fünfziger Jahren aus der DDR geflohen, eine Million von ihnen war erst wenige Jahre zuvor durch Flucht oder Vertreibung bei Kriegsende schon einmal entwurzelt worden.

Bis zum 13. August 1961 waren viele DDR-Bewohner – wie auch ich – längere oder kürzere Zeit im Westen gewesen. Einfach mal rüber, sich frei fühlen, offen sprechen, Freunde sehen, Verwandte, andere Kinos, Bücher, Zeitungen, eine bunte, reiche Welt. Dann, zurückgekehrt, vermisste man vieles, aber: Sollte es zu schlimm werden in der Schule, der Uni, dem Betrieb, der Gewerkschaft, der Partei, auf dem Bauernhof – man konnte doch gehen. Viele wären zwar nie gegangen, aber sie konnten sich wenigstens einbilden, dass ihnen das Schlupfloch offen stand. Der 13. August 1961 machte selbst diese Fantasie zunichte.

Nach dem 13. August war die Flucht versperrt und das Leben hinter der Mauer wurde um die Hoffnung des letzten Auswegs ärmer. Der 13. August wurde so etwas wie das zweite Gründungsdatum der DDR. Nicht die offizielle Proklamation des Staates am 7. Oktober 1949, sondern der 13. August 1961 sollte Haltung und Mentalität der Menschen im Land besonders nachhaltig prägen. Nach 1961 verstärkte sich, was bereits vorher begonnen hatte: Aus objektiver Machtlosigkeit, die vom übermächtigen Staatsapparat erzwungen worden war, wurde endgültig subjektive Ohnmacht. Nicht nur, dass den Menschen die institutionellen Möglichkeiten einer Partizipation an der Macht genommen waren; sie verloren das Vertrauen in ihre individuelle Potenz, sie zweifelten an ihrer Fähigkeit, sich unter diesen Bedingungen verwirklichen und überhaupt noch Einfluss ausüben zu können.

Weil man nicht permanent mit einem schizophrenen Bewusstsein leben kann und das Leben in der DDR auf Dauer angelegt schien, haben sich die meisten Menschen mit der Mauer arrangiert. Sehr viele übernahmen die Mauer auch im Kopf und reduzierten ihr Leben auf das ihnen aufgezwungene Maß. Nicht wenigen war dieser Prozess der Selbstaufgabe gar nicht mehr bewusst. Sie hatten ein Stadium erreicht, in dem sie – wie Günter de Bruyn schrieb – die Fähigkeit, Eigenes zu denken, nicht nur verloren hatten, sondern auch nicht mehr vermissten.[*]

Die Ohnmacht zeigte sich in verschiedenen Formen. Am weitesten verbreitet war eine Haltung, die ich als unüberzeugte Minimalloyalität bezeichnen möchte. Menschen dieses Typus passten sich ohne jede innere Bindung an. Rein äußerlich wurden die Kinder durch die Mitgliedschaft in den Kinder- und Jugendorganisationen konditioniert, die Erwachsenen wurden Mitglied des Freien Deutschen Gewerkschaftsbundes oder in der Gesellschaft für Deutsch-Sowjetische Freundschaf. Die Ideologie des Systems lehnten sie ab, sie glaubten den Herrschenden kein Wort, aber ein Aufbegehren hätte die Karriere, die Sicherheit der Familie und die Ausbildung der Kinder gefährdet. Diese Menschen versuchten, ihre Ohnmachtsgefühle dadurch zu unterlaufen, dass sie sich formal den Normen anpassten, nicht ausscherten, nicht auffällig wurden. Sie gaben die Differenz zwischen der eigenen Person und der Außenwelt auf, wollten so sein wie alle, identisch mit ihrer Umgebung, auch wenn sie die Aufgehobenheit im Kollektiv mit dem weitgehenden Verlust des Ichs bezahlten.

Wenn eine DDR-Bewohnerin bei der Hausversammlung vom Hausvertrauensmann mit dem Vorschlag konfrontiert wurde, Geld

---

[*] Günter de Bruyn, *Vierzig Jahre. Ein Lebensbericht*, Frankfurt am Main 1996.

für eine große rote Fahne am Hausgiebel zu spenden, lehnte sie nicht ab, sondern entrichtete, und sei es zähneknirschend, ihren Obolus. Wenn sie zu einer Elternversammlung gerufen wurde, beschwerte sie sich nicht über den Wehrkundeunterricht in der Klasse ihres Sohnes, sondern schwieg einfach nur, nachdem die Genossen ihre vorbereiteten Diskussionsbeiträge vorgetragen hatten.

Es war ein Hineingleiten und Hineinleben in eine Welt, die »nun einmal so ist« und in der folglich gut beraten ist, wer tut, was alle tun. Das war die neue »Normalität«. »Wenn man inmitten von Ungeheuerlichkeiten aufwächst«, analysierte die Psychotherapeutin Annette Simon, »die die meisten Menschen, die für einen maßgeblich sind, nicht für ungeheuerlich halten, richtet man arglos und unbedacht sein Leben damit ein.«[*]

Aufgrund ausgeklügelter Mechanismen war es nicht einmal nur der Staat, der die Menschen zu dieser Anpassung anhielt. Die Angepassten selbst setzten Unangepasste unter Druck: »Kollege, willst du nicht in die Gesellschaft für Deutsch-Sowjetische Freundschaft eintreten? Im Rahmen des ›Titelkampfes‹[**] haben wir uns doch alle zur Mitgliedschaft verpflichtet. Wenn du nicht mitziehst, ist unser Titel gefährdet und damit auch unsere Prämie. Willst du das?« In der Regel weigerte sich der Unangepasste dann nicht mehr, sich einzureihen. Warum sollte er den Kollegen schaden? Den Ausgleich für die partielle Selbstaufgabe in der Außenwelt suchten diese Menschen in Rückzugsmöglichkeiten in der Familie und im Freundeskreis, im Leben auf der Datsche, in oft hausbackener Kleinbürgerlichkeit, in Nischen, die Wärme durch symbiotische Beziehungen spendeten.

Die Ideologie der Herrschenden konnten diese Menschen abweisen, ihren Herrschaftsinstrumenten im öffentlichen Raum jedoch nicht völlig ausweichen. Mochten sie laut oder leise die Macht delegitimieren – sie blieben ihrem Zugriff ausgesetzt. Der systemkritische Bauer, der in die Landwirtschaftliche Produktionsgenossenschaft

---

[*] Annette Simon, *Versuch, mir und anderen die ostdeutsche Moral zu erklären*, Gießen 1995, S. 58.

[**] Als »Titelkampf« wurden Wettbewerbe bezeichnet, die in den Betrieben zur Erlangung des Titels »Brigade der sozialistischen Arbeit« organisiert wurden.

gepresst worden war, der Handwerker, der seine Selbstständigkeit verloren hatte, als er seinen alten Familienbetrieb in die Produktionsgenossenschaft des Handwerks (PGH) überführen musste, der Arzt, der nicht in einer Privatpraxis, sondern als abhängig Beschäftigter in der Poliklinik arbeitete – sie haben sich, sobald sie eingebunden waren, oft Handlungen und offene Worte verboten, die ihnen zuvor selbstverständlich gewesen waren. So existierte eine enorme Distanz zwischen der großen Menge derer, die nur im kleinen, privaten Kreis teilweise sogar radikale Ansichten vertraten, und der sehr überschaubaren Zahl von Menschen, die sich als Oppositionelle in der Öffentlichkeit zeigten. So mancher Oppositionelle empfand die Trägheit und den Abstand dieser »privaten Systemgegner« zu den Engagierten entmutigender als die Gegnerschaft des Staates. Er hätte sich die Solidarität der Unterdrückten gewünscht, um die Arroganz der Unterdrücker besser aushalten zu können. Er hätte ihre moralische Unterstützung gebraucht, wo er schon, wenn er sein Recht gegen Behörden, Polizei und Staat durchzusetzen versuchte, nicht auf Recht, auf Gerechtigkeit und Fairness hoffen konnte.

Ein anderer Verhaltenstyp praktizierte eine Loyalität aus »Einsicht in die Notwendigkeit«. Er war erfolgs- und aufstiegsorientiert und musste aus diesem Grund mehr Zugeständnisse an ein System machen, das Willfährigkeit honorierte. Mochte er seine Ohnmacht anfänglich noch schmerzlich gespürt haben, suchte er bald nach Gründen, seine für ihn selbst schwer zu ertragende Gefügigkeit oder Feigheit nicht als solche benennen zu müssen. Folgte er zunächst rein pragmatisch den ideologischen Vorgaben der Macht, so übernahm er später Rationalisierungen, um den Sozialismus zu legitimieren, blendete ideologische Widersprüche aus oder erklärte sie zu »Übergangsschwierigkeiten«. »Der eigentliche Sozialismus ist das nicht!« Er trat in die SED ein, weil er im Prinzip nichts gegen den Sozialismus hatte. Er war überzeugt: »Wenn ich etwas ändern kann, dann nur als Teil des Systems, nicht als sein Gegner.« Da die Freiheit, von der andere sprachen, unter den gegebenen Umständen unerreichbar war, richtete er sein Handeln danach aus, für sich und die Seinen möglichst viele kleine Freiheiten und materiellen Wohlstand zu erlangen.

Das Verhalten dieses Typus konnte sehr unterschiedlich aussehen. War der eine zynisch bereit, klandestine Beziehungen zur Stasi zu pflegen, so kultivierte ein anderer – zum Beispiel ein Universitätsprofessor oder Verlagsleiter – sogar eine gewisse Distanz zu sozialistisch genormten Lebensformen. Bei Personen, die sich durch Leistungswillen, Kompetenz und Führungsstärke heraushoben, stieg mit der Übernahme von Führungspositionen in der Regel auch der Grad ihrer Loyalität. Ihre ursprünglich rein zweckrationale Anpassung verwandelte sich in eine Loyalität aus innerer Bindung, die dazu führte, dass sie sich stärker für das Ganze verantwortlich fühlten.

Damit entstand ein fließender Übergang zu einem weiteren Typus – dem Typus des Überzeugten. Die Gruppe der ideologisch tatsächlich Überzeugten war zahlenmäßig klein. Zu ihnen gehörten zum Beispiel Menschen, die eine tiefe moralische Loyalität gegenüber dem Sozialismus und seinem Staat empfanden, weil Kommunisten dem Faschismus widerstanden hatten und weil sie einem antifaschistischen System trotz seiner Mängel eindeutig den Vorzug gaben vor dem »kapitalistischen und reaktionären« Westdeutschland. Je deutlicher die Differenz zwischen ursprünglicher Intention der Herrschenden und Realität im Laufe der Jahre jedoch hervortrat, desto stärker konnte diese Loyalität irrationale, quasireligiöse Züge annehmen, sodass systemkritische Sachargumente an einer oft borniertem Gläubigkeit abprallten.

Kurz gefasst lässt sich feststellen: Die erste Gruppe wollte nicht an ihre Ohnmacht denken, die zweite Gruppe wollte sie nicht sehen, und die dritte deutete sie um. Allen gemeinsam war, dass sie sich, einem »freiwilligen Zwang« folgend, mit der Einschränkung ihrer Rechte und individuellen Entwicklungsmöglichkeiten abgefunden hatten.

Daneben gab es selbstverständlich – auch nach der Ausreise von Systemgegnern – weiter eigen-mächtige Menschen in der DDR, die ihren Lebensstil, ihre Einstellungen und Verhaltensnormen selbst festlegten, auch wenn sie mit Karriereeinschränkungen, Maßregelungen, gelegentlich auch mit Berufsverboten und Gefängnis zu bezahlen hatten: »Frauen für den Frieden«, Punker, Schwule, Hausbesetzer, die Kunstszene vom Prenzlauer Berg, Unterstützer der Ökologiebewegung und der Bewegung »Schwerter zu Pflugscharen« sowie Mitglieder aktiver evangelischer und katholischer Jugend- oder Gemeindegruppen.

Allerdings konnte zwischen dem Bewusstwerden der Ohnmacht und dem Gewinnen von Handlungsfähigkeit ein langer, manchmal jahrelanger Weg liegen. In einer demokratischen Gesellschaft vollzieht sich der Prozess der Selbstverwirklichung schrittweise und von Kindesbeinen an. Der Mensch kann ein eigenes Maß an Anpassung entwickeln, indem er sich über Regeln hinwegsetzt, Verbote übertritt, Erwartungen enttäuscht, ohne permanent mit Ausgrenzung und Bestrafung konfrontiert zu werden beziehungsweise ohne sie als zerstörerisch erleben zu müssen. In einer totalitären Gesellschaft hingegen, die auch den Erwachsenen noch in kindlicher Abhängigkeit zu halten sucht, speisen sich die Ängste vor der Individuation nicht nur aus der Furcht vor einer weitgehend imaginierten, sondern einer ganz realen Gefahr. Wer nicht mehr tut, »was man sollte«, kann bedroht, verfolgt, aus seiner Gruppe ausgeschlossen und womöglich sogar heimatlos werden.

Der erste Schritt zur inneren Loslösung vom Kollektiv war in der Regel der schwerste. Weil der Betreffende dabei aber auch das beglückende Gefühl von innerer Freiheit erfuhr, konnte der weitere Weg hin zum eigenständigen, »abständigen« und oppositionellen Handeln oft leichter fallen und zügiger erfolgen, doch frei von Ängsten und Ohnmachtsgefühlen war er nie. Wobei es immer verschiedene Formen gab, wie weit Menschen in ihrer Selbstverwirklichung gingen oder wie weit sie ihre Ohnmacht überwanden. Da war beispielsweise der Schriftsteller, der die Streichungen und Kürzungen der Zensur in seinem Roman hingenommen hat und zum ersten Mal die Erlaubnis erhält, im Westen an einer Podiumsdiskussion teilzunehmen. Soll er dort das Regime, das ihm zu Hause zur Last geworden ist, beschimpfen, soll er über das Westmikrofon seine wahre Meinung über die Mauer sagen? Er entschließt sich, zu schweigen oder gekonnt um die Fragen herumzureden. Die eine Seite in ihm wird ihn auf der Heimreise für sein Verhalten als feige beschimpfen und verachten. Die andere Seite wird respektable Gründe für seine Zurückhaltung aufzählen: »Meine Mutter lebt in der DDR, meine Leser leben in der DDR, meine Heimat ist in der DDR. Lohnt es sich nicht, die wahre Überzeugung zu verbergen, um die Lesergemeinschaft zu Hause nicht zu verlieren, die auf meine Botschaft und meine Zwischentöne wartet und mich versteht wie niemand sonst?« Ein anderer Schriftsteller formuliert seine Ansichten offen, veröffentlicht sie zudem im Westen und verhöhnt, was ihm an der DDR missfällt. Kein DDR-Verlag druckt ihn. Er überlebt kläglich und sucht sich vom »Luxus« der inneren Freiheit zu nähren.

Hier stießen nicht nur verschiedene Charaktere, sondern auch verschiedene Taktiken, Strategien und moralische Auffassungen aufeinander. In allen Gruppen fanden permanent Debatten über die »richtige« Moral und die angemessene Taktik statt.

Die Selbst-Ermächtigung dieser Gruppen konnte den repressiven gesellschaftlichen Rahmen nicht brechen, aber mit dem Verlust der lähmenden Angst wuchs in ihnen ein Potential veränderungsbereiter Menschen heran, die das System weiter in Krisen treiben und in den später heraufziehenden grundsätzlichen Auseinandersetzungen Widerstand leisten würden. Der inneren Ermächtigung folgte das politische Handeln nach außen, sodass von diesen Kreisen 1989 der Protest auf den Straßen ausging. Die Ermächtigten bestaunten und begleiteten den revolutionären Umbruch nicht nur, sondern gestalteten ihn und zogen Hunderttausende ehemaliger Zaungäste mit hinein. Bevor dies allerdings geschah, war lange und beständig der Widerspruch auszuhalten, dass sich innerlich freie Menschen im politischen Leben teilweise den Zwängen des Systems beugen mussten, wenn sie nicht vollständig in eine Randexistenz abgleiten wollten. Sie versuchten nichts weniger, als die Existenz eines freien Gefängnisinsassen zu führen.

Verständlich, dass unter vielen, bei denen sich im Laufe des DDR-Lebens eine Ohnmachtserfahrung auf die andere schichtete, ein Wunsch übermächtig wurde: sich dem Ganzen durch Ausreise zu entziehen. Der Staat demütigte diese Menschen bis zum Schluss. Selbst den letzten Schritt über die Grenze durften sie erst tun mit behördlicher Erlaubnis, mit dem Siegel und der Entlassungsurkunde aus der Staatsbürgerschaft.

Jene aber, die blieben, standen immer wieder vor der Güterabwägung: Lohnt sich das alles? Ihre Telefone wurden abgehört, ihre Briefe geöffnet, ihre Westkontakte überwacht; sie hatten mit Observierung, »Zersetzung« durch die Stasi und Entlassung zu rechnen, und sie mussten hinnehmen, dass ihre Familienangehörigen in Sippenhaft genommen wurden. Wer ursprünglich nur für sich die Entscheidung getroffen hatte, um der Sache willen auf eigene Karrierewünsche zu verzichten, musste später gewärtigen, dass die Kinder kein Abitur machen und keine Universität besuchen durften. Er sah sich daher auch immer wieder von der bohrenden Frage bedrängt: Kann und will ich verantworten, dass meine ganze Familie durch mein politisches Engagement leidet? Werde ich nicht schuldig gegenüber meinen Nächsten?

Wenn wir von heute aus, zwanzig Jahre nach dem revolutionären Umbruch, nach den Folgen fragen, die fast sechs Jahrzehnte eines derartigen Lebens in Unfreiheit nach sich ziehen, so stoßen wir auf einen bitteren Befund. Wir erkennen, dass die Ohnmacht nicht nur infolge von äußerer Begrenzung entstanden ist. Der Unterdrücker hatte sich quasi Wohnrecht in den Seelen der Individuen verschafft. Mochte er auch ungeliebt sein, so war er doch präsent – als Verursacher von Angst, von Vorsicht und vorauseilendem Gehorsam, der lange vor tatsächlicher Strafe ein Verhalten unterband, das Repression hätte auslösen können. So kam es zu dem scheinbar paradoxen Phänomen, dass wir internalisierten, was wir eigentlich ablehnten und fürchteten.

So wie sich das Kind in der autoritären Familie über »Liebsein« Sicherheit und Zuwendung erhofft, sich damit aber das Erwachsenwerden erschwert, wirkten die Anpassung und Unselbstständigkeit in der DDR infantilisierend: Der Einzelne entwickelte seine Potenzen nicht, er trainierte seine Verantwortlichkeit nicht, jedenfalls nicht seine Fähigkeit zur Eigenverantwortung. Dadurch brachte er sich nicht nur um das eigenständige Handeln im politischen Raum; der Kern seiner Persönlichkeit wurde beeinträchtigt.

Inzwischen sind die Ruinen von einst beseitigt, die Herrschaft des Rechts ist zurückgekehrt, die demokratischen Strukturen sind fest etabliert dort, wo einst die DDR war. Viele haben, zum Teil freudig, zum Teil unter Schmerzen gelernt, in Freiheit selbstbestimmte Schritte zu gehen. Aber bei einem Teil der Bevölkerung nistet die Ohnmacht noch immer in den Seelen. Einige Menschen haben neue Rationalisierungen gefunden: Nun hat vor allem »der Kapitalismus« die Rolle der übermächtigen Instanz übernommen, die Eigenständigkeit und Eigenverantwortung angeblich verhindert.

»Wir sind«, konstatierte Václav Havel im Jahre 1990, »wie Gefangene, die sich an das Gefängnis gewöhnt hatten, und, aus heiterem Himmel in die ersehnte Freiheit entlassen, nicht wissen, wie sie mit ihr umgehen sollen, und verzweifelt sind, weil sie sich ständig entscheiden müssen.«*

Unsere Ohnmacht in der DDR ist leider kein bloßer Erinnerungsort, sondern ein noch fortwirkendes Lebensgefühl. So gern wir auf ein derartiges Erbe verzichten würden, so sicher ist aber auch, dass diese Muster niemals allein durch einen Willensakt überwunden werden können. Nur indem wir erinnern, besprechen und – wo nötig – betrauern, was unsere Ohnmacht war, treten wir heraus aus dem dunklen Schatten einstiger Prägung.

* Václav Havel, *Angst vor der Freiheit*, Hamburg 1991, S. 105.

Noch lange fremd

Ulm an der Donau. Der allerprächtigste Blick auf Altstadt und Münster an einem wunderschönen Septembernachmittag. Ich soll in einer Runde wissbegieriger, gebildeter und politisch engagierter Menschen einen Wessi-Witz erzählen – einen Wessi-Witz wenige Tage vor dem Ende des verflixten siebten Jahres nach der Vereinigung. Einen der Witze, in denen der Wessi als solcher in einer Mischung aus Ostfriese und Blondine – aber meist gefährlicher als jene – als absonderliches Zerrbild auftritt. Ich fühle mich plötzlich unbehaglich an diesem schönen Ort. Mir fällt kein Witz ein, obwohl ich schon Dutzende gehört habe. Mir fällt wahrscheinlich keiner ein, weil es mich ärgert, dass es solche Witze gibt.

Als wir im Osten noch teils dumpf, teils aufmüpfig, aber allesamt ohnmächtig dahinlebten, als alles seinen sozialistischen Gang ging und allzu viele das Gefühl hatten, sie seien schlicht überflüssig, da gab es die DDR-Witze. Das waren unsere verkrampften Versuche, es »denen da oben« heimzuzahlen, es waren auch Betäubungspillen. Jetzt haben wir Ossis unsere Witze über die Wessis. Und sie erfreuen sich wachsender Beliebtheit.

Wo liegt der Grund für den Erfolg solcher bösen Scherze? Ist das Ausdruck einer mysteriösen ostdeutschen »Befindlichkeit«, die jetzt allenthalben hochstilisiert wird zum Wert an sich und die allerhöchstens teilen darf, wer ihrer für würdig befunden wird? Dazu zählen trotz der Wessi-Witze auch so manche Wessis. Allen voran die Intellektuellen, die – mit den letzten Resten überkommener Glaubenssicherheit ausgestattet – den Ossis noch einmal die Welt erklären, die Schlechtigkeit des Westens im Allgemeinen und

Der Artikel erschien im September 1997 im Magazin »Der Spiegel«.

die Bösartigkeit des Kapitalismus im Besonderen – mithin die ganze Ausweglosigkeit unserer Existenz. Ich nenne sie gern unsere »Verständnis-Wessis«.

Sie nützen uns aber wenig, weil ihre selektive Wahrnehmung unserer eigenen selektiven Wahrnehmung nicht abhilft. Und letztlich reagieren die Verständnis-Wessis so viel anders auch nicht als die Besser-Wessis aus den Witzen: Die Menschen im Osten werden zu Objekten ihres missionarischen Treibens – sei es nun in der Geste des zupackenden, erdrückenden Helfers oder in der des sensiblen Trösters. Der eine liefert die Vorlage für den Wessi-Witz, der andere lacht mit. Was in solchen Witzen wieder hochkommt, ist altbekannt: Der durchschnittliche Westdeutsche ist höchst mittelmäßig, unmoralisch und geldgierig. Das glaubte zu DDR-Zeiten trotz pausenloser propagandistischer Berieselung bald keiner mehr. Jetzt wird es plötzlich bedeutungsvoll für viele. Der Kapitalismus klingt wieder bedrohlich.

Eben noch konnte es uns nicht schnell genug gehen mit dem harten Geld, der D-Mark. Eben noch waren wir die Bewunderer eines westlichen Lebensrezepts, das allen bessere Zeiten versprach und die Bundesrepublik so stark und stabil gemacht hatte. Eben noch konnte man sich umworben fühlen von Volksvertretern, die sich auch zu richtigen Wahlen stellten.

Jetzt, wo Zuspruch, Solidarität und Anerkennung so nötig wären, macht so mancher dieser westdeutschen Repräsentanten einen Bogen um ostdeutsche Gefilde. Dafür huldigen die Verständnis-Wessis einer »Befindlichkeit«, die besser hinterfragt werden sollte. Denn wenn sie dem Osten die Lage erklären, werden insbesondere jene Ossi-Köpfchen gekrault, die besonders unaufgeklärt und – dies ist noch schlimmer – besonders aufklärungsresistent sind.

Vor drei oder vier Jahren wurde die Ostalgie langsam, aber sicher ein unübersehbares Phänomen. Immer häufiger hörte ich einen Satz, den ich aus den fünfziger Jahren von Oma und allerhand Onkeln und Tanten kannte:»Es ist aber auch nicht alles schlecht gewesen beim Führer!« Es lohnt sich also, sich zu erinnern an das Erinnern. Wer alt genug ist, kennt drei Schlüsselworte für die zwölf braunen

Jahre: »Autobahnen, keine Arbeitslosen, geringe Kriminalität«. Es war eben nicht alles schlecht.

Mein Déjà-vu-Erlebnis setzte bei einem bis in die Worte ähnlichem Erinnerungsgut ein: »Kindergärten, Vollbeschäftigung, geringe Kriminalität«. Hätte die SED auch nur eine Autobahn mehr gebaut – wir hätten möglicherweise dieselbe Trias wie nach dem Krieg. Ich habe mich und andere in diesen Jahren oft gefragt, was geschah. Erst kurz war doch der Abstand zu jener Zeit, als jedermann die ganze DDR samt Ideologie und Lebensalltag so gründlich satt hatte, dass wenige revolutionäre Wochen genügten, um das ganze System nach unserem Willen auf den Abfallhaufen der Geschichte zu befördern.

Wir wollten das bewährte Neue – das funktionierende westliche Politik- und Wirtschaftsmodell, das manchen Westlern bereits recht alt erschien. Aber gleichzeitig hat diese Umgestaltung in Umfang und Tempo die Seelen sehr, sehr vieler überfordert. Mit dem Weststaat und dem Westgeld und den Westregeln kamen eben nur bei Minderheiten Westgefühle. Schritt für Schritt wurde das Ja zur Einheit und zum freiheitlichen Gemeinwesen ergänzt und manchmal auch verdrängt durch Gefühle der Fremdheit und Unsicherheit. Menschen, die zwar frei, aber arbeitslos sind, müssen unzufrieden werden.

Aber warum geben dann bei diversen Meinungsumfragen regelmäßig Mehrheiten zu Protokoll, dass es ihnen so schlecht nicht geht? Nur was die allgemeine Entwicklung betrifft, so sei man eher unzufrieden – Ausdruck dessen sind die stetig sinkenden Zustimmungsraten zu zentralen Werten der Demokratie. Der Demokratie geht es in der öffentlichen Meinung des Ostens ähnlich wie dem Urteil über den Westler: Der Daumen senkt sich. Das sei natürlich, sagen seriöse Politiker der Opposition, PDS-Anhänger und politische Randgruppen gleichermaßen. Das sei die Folge der fehlerhaften und mangelhaften Strukturpolitik, der unzureichenden Führungsfähigkeit der Bundesregierung.

Ich traue dieser Analyse nicht über den Weg. Ich glaube, dass neben den tatsächlichen oder unterstellten Fehlern der Bundesregierung viel ältere und grundsätzlichere Ursachen für das gegenwärtige

Lebensgefühl ostdeutscher Menschen existieren. Unsere Vergangenheit unter totalitärer Herrschaft war zu lang, als dass die nachhaltige Fremdheit, die Distanz vieler Ostdeutscher einfach verschwinden könnten. Bitter spüre ich ihre Spuren selbst bei Jungen.

Kurz nach der letzten Bundestagswahl treffe ich Sabine, die in Wirklichkeit natürlich anders heißt. Ich habe die siebenundzwanzigjährige Frau einige Jahre nicht gesehen. Wir sitzen in einer Berliner Kneipe, sprechen über die zurückliegende Wahl und unsere eigene Entscheidung. Und zu meinem größten Erstaunen erzählt Sabine, sie habe PDS* gewählt. Es verschlägt mir die Sprache. Sabine gehörte zu den erklärten Gegnern der SED. Ausgehalten in der DDR hatte sie es nur, weil sie einen Beruf in der Kirche ergriffen hatte. Ich kannte sie schon als Kind, und später war sie eine der oppositionellen jungen Frauen in einer meiner Jugendgruppen. Nach 1990 hat sie noch mal ein Studium begonnen – sie gehört jetzt objektiv zu den Gewinnern der Einheit.

Ich frage sie – mehr als verwundert –, wo denn ihre politischen Gründe gewesen seien.

Sie habe keine politischen Gründe dafür gehabt, meint Sabine. »Aber ich fühlte mich so heimatlos.«

Als ich Stunden später nach Hause gehe, fällt mir ihr Satz schwer aufs Gemüt. Plötzlich reizen mich nostalgische Ossis nicht mehr nur zum Zorn. Gerade hat mir eine Frau, die ich so lange kenne, eine Spur gezeigt, die ich verfolgen muss. Meine besserwisserische Munterkeit wandelt sich schlagartig in Erschrecken und Traurigkeit. Sabine benennt etwas, das einen Schlüssel zum Verstehen jener enthält, die ich bislang nicht verstehen konnte: Fremdheit.

Deswegen also wählt sie eine Partei, die die Diktatur schönredet, sich fast schon liebevoll daran erinnert. Eine Partei, in der so viele sitzen, die einst diese Diktatur repräsentierten. Sie wählt nicht PDS, weil diese nunmehr ein neues, vielleicht sogar interessantes Programm hat, sondern weil allein die Existenz dieser Partei einen Impuls von Vertrautheit auslöst.

* Partei des Demokratischen Sozialismus, Nachfolgepartei der SED (1989 – 2007).

Nicht die alte Ideologie, so scheint mir jetzt, veranlasst viele Menschen zur verklärten Rückschau. Schlechte Lebensgefühle, die aus Fremdheit, Unvertrautheit und Unbehagen entstehen, suchen vielmehr nach Rückbindung. Mehr als rationale Gründe zählt die *eine* Gemeinsamkeit, etwas, das eben nur wir haben – die in der DDR entstandene Mentalität. Es geht in diesem Zusammenhang weniger darum, solch eine Haltung zu bewerten. Wichtig ist, sich ihrer bewusst zu werden, sie verstehen zu lernen. Mentalität verwandelt sich offensichtlich erheblich langsamer als Wissen und Intellekt.

Wenn wir die Geschichte der frühen Bundesrepublik und die Jahre zwischen 1945 und 1949 im Westen anschauen, so begegnen uns vielfältige Belege für diese Langsamkeit des Mentalitätswandels. Nicht aus bösem Willen oder ideologiegeleitet, sondern einem eher natürlichen Beharrungsvermögen folgend, behaupten sich trotz oder gerade wegen aller möglichen Umbrüche lebensgeschichtliche Prägungen länger, als es die jeweiligen Lehren vermögen. Dieses Beharrungsvermögen hat seine schlechten wie auch seine guten Seiten. Jahrzehnte der Diktaturen und ihrer Bespitzelungssysteme haben es beispielsweise nicht geschafft, den Menschen einzurichten, es sei normal, den eigenen Arbeitskollegen oder gar den Freund zu verraten. Selbst in den späten Jahren der DDR sagte noch die Mehrheit Nein, wenn sie als Spitzel geworben werden sollte. Da hatte der schlichte menschliche Anstand überlebt.

Andererseits zeigte die Diktatur auch Wirkung: Wie etwa sollen Menschen rasch vergessen können, was sie über Jahre oder gar Jahrzehnte hinweg als ihre wesentliche Botschaft verinnerlicht hatten: Passe dich an, und es wird dir gutgehen.

Für viele, mich eingeschlossen, ist es inzwischen relativ gleichgültig, mit welcher Ideologie die Diktatoren ihre Macht begründen. Als Folge totalitärer Herrschaft fällt uns die außerordentliche Ähnlichkeit der Unterdrückten auf.

Diktatur macht krank. Sicher, jede Diktatur bringt auch höchst imponierende Widerstandskämpfer, gelegentlich gar Heilige hervor. Sicher, es entsteht neben pseudoreligiösen Politikinszenierungen höchst subtile Kunst.

Doch selbst wenn uns auch noch mehr Gutes aus schlechten Zeiten einfällt, das Grundübel totalitärer Herrschaft können wir nicht übersehen. Totalitäre Herrschaft lässt den Menschen nicht zu sich selbst kommen. Wo Individualität und Selbstbestimmung verwehrt werden, wo die Teilnahme an der Macht verweigert ist, wird der Staatsbürger zurückverwandelt in den Untertan. Deshalb also verdienen jene, die mit der Ideologie des Sozialismus die Ohnmacht der Ohnmächtigen organisiert haben, keine mildernden Umstände. Wenn man dem Mittelalter die Inquisition vorwirft, wie sollte man jene, die als Zeitgenossen der Moderne ihre Macht auf Entmündigung, Zersetzung, Unterdrückung gründen, freisprechen? Müssten nicht gerade Sozialisten und linke Liberale mit besonderer Verbitterung den Verrat ihrer Ideale durch eine schonungslose Kritik des einst real existierenden Staatssozialismus beantworten?

Zum Glück ist dies für viele aufgeklärte Linke im Westen inzwischen selbstverständlich. Aber gerade in Deutschland missbrauchen Milieulinke immer noch einen rituellen Antifaschismus, um sich vor der Auseinandersetzung mit der zweiten deutschen Diktatur zu drücken.

Wenn dieser Gesellschaft in ihrer Neigung, alte Lagersicherheiten immer wieder neu zu beleben, nur Altes einfällt, bleibt der demokratische, antitotalitäre Grundkonsens auf der Strecke. Altlinke in purem Antifaschismus und Altkonservative und Rechte in sturem Antikommunismus ergänzen sich eben nicht, sie blockieren nur die Diskussion. Dabei sind wir ganz gut aus den Startlöchern gekommen vor nunmehr acht Jahren. Im Herbst 1989 haben wir nach langem Gehorsam die Zivilcourage wiederentdeckt. Warum glauben wir uns unsere eigene Revolution nicht mehr? Hat uns die Courage verlassen, weil die eigenen Verdienste angesichts westlicher Dominanz bedeutungslos erscheinen? Oder waren wir nach der langen Entwöhnung von selbstbestimmtem Handeln einfach zu kurzatmig?

Wahrscheinlich stimmt beides. Und wir enden in der Beschwörung alter Zeiten und Werte – und bei den Wessi-Witzen.

Eine Zukunft hat eine solche Haltung nicht. In der Nachkriegszeit im Westen gab es auch Parteien und Gruppen, die ihre Gefolgschaft aus nationalem Frust, Minderwertigkeitsgefühlen und politischem Trotz rekrutierten. Damals beschädigten sie nur den sowieso schon ramponierten Ruf des Landes und trugen zu einem Klima bei, das die Täter der NS-Zeit begünstigte. Heute sind sie alle vergessen. Ich bin froh, dass ich nicht politisch handeln musste in der frühen Zeit der Bundesrepublik. Gnadenfieber, Schlussstrichneigung und Versöhnungsmetaphorik versperrten den Deutschen den Weg zur Selbstbefreiung durch Anerkennung von Verantwortlichkeit und Schuld. Wir im Osten haben uns nach dem Ende des Stasi-Sozialismus keinen Schlussstrich verordnet, und wir können darauf stolz sein. Wir haben uns dafür entschieden, den Fakten nicht aus dem Weg zu gehen. Wir haben die Archive geöffnet – nicht nur das der Stasi, auch das der Partei und die der Regierung. Wir haben dies selbst entschieden noch im Sommer 1990 vor der Einheit.

Dennoch leben wir mit der Erblast all dieser Jahrzehnte politischer Ohnmacht, die unserer Haltung geschadet hat und die tief in unsere Mentalität eindrang. Sie wird uns noch lange drücken.

Wie gehen wir damit um? Kriechen wir in unsere Wagenburg, unser Zelt und beschnuppern uns dort immer wieder aufs Neue, um uns von der Nähe des Bekannten trösten zu lassen? Oder testen wir das fremde, unbekannte Terrain? Brechen wir mit all unseren Ängsten noch einmal auf – wohl wissend, dass wir angstfrei nicht mehr werden? Und wie oft probieren wir es? Ein-, zwei- oder dreimal?

Die Freiheit lässt uns sicher freier atmen als der alte Mief – sie ist für uns, denen Befreiung doch so wichtig war, weiterhin von entscheidender Bedeutung. Aber im Osten glauben noch zu viele, dass sie mehr Risiken als Chancen der Freiheit präsentiert bekommen. Ich bin nicht dieser Ansicht – nur: Zu viele empfinden dies so.

Wir können uns in der Demokratie nicht schweigend und erschöpft einfach still hinsetzen, als wären wir am Ziel. So haben beispielsweise allzu viele junge Leute keinen Ausbildungsplatz. Dabei könnten gerade diese jungen Menschen viel schneller in der freien Gesellschaft ankommen – sie sind frei von den Lähmungserscheinungen durch langjährige Prägung. Gerade sie könnten und würden die Freiheit, in der man sich etwas getraut, gern ausprobieren. Sie dürfen von den Älteren nicht in das Gefängnis der Nostalgie geholt werden. Sie erwarten vom neuen Deutschland, dass Handlungsräume geöffnet werden und nicht nur die Türen der Arbeitsämter offen stehen.

Wir haben uns 1989/90 mutig geschworen, uns der Wahrheit zu stellen. Wie und warum sollten wir jetzt damit aufhören? Wir lernen dabei auch, den Politikern beim schwierigen Umgang mit heute noch real existierenden Diktaturen genauer auf die Finger zu schauen – vom kommunistischen China bis zum fundamentalistischen Iran der Ajatollahs.

Zum Schluss: Etwas Nostalgie muss sein! »Es war ja auch nicht alles schlecht in der DDR« – wohl wahr. Gut war, dass so viele Nein zum Verrat gesagt haben, Feinde wie Freunde der DDR. Gut war, dass es so unterschiedliche Formen von Opposition gab über alle Jahrzehnte und dass wir – im Land des Gehorsams aufgewachsen – unsere Freiheit selber schufen. Das vor allem war nicht schlecht!

Nach sieben Jahren Einheit scheint mir wichtig: Wir brauchen noch länger Zeit, die Trümmerlandschaft, die die Diktatur in uns hinterließ, zu verwandeln. Den meisten kann dies gelingen. Nur: Von Trümmern, Fehlern und besonders eigener Schuld kann man sich nicht befreien, wenn man die Fehler und die Schuld der anderen thematisiert. Es half nach dem Krieg auch nichts, immer wieder auf die Fehler der Sieger hinzuweisen. Irgendwann kamen wir bei eigener Schuld an und haben sie bearbeitet.

Das hat das Land dann wirklich verändert. Unter anderem deshalb konnten ostdeutsche Demokraten mit Freude auf die Vereinigung mit diesem (West-)Deutschland zugehen.

Der sozialistische Gang

Die Erinnerungslandschaft Ost ist gespalten. Da gibt es den Trotz der roten Reaktionäre, Ex-Stasi-Leute und einstigen SED-Eliten, die den diktatorischen Charakter ihres Systems leugnen. Weil sie sich geistig nicht befreien wollen, denunzieren sie die Freiheit und beschwören deren Mängel. Das soll sie schützen vor den Schmerzen der Aufklärung. An dieser Kälte reiben sich viele der einstigen Opfer auf. Ihre Verbände greifen zum stärksten Mittel, die DDR im Nachhinein zu delegitimieren: Stasi-Terror, politische Justiz und Zuchthäuser sollen im Mittelpunkt des Erinnerns stehen. Sie suchen Erinnerungswaffen, an denen jeder Widerstand abprallt.

Aber Überwältigungspädagogik überzeugt nicht immer. Wichtiger als das ständige Zeigen auf den Stasi-Terror ist das Reden über den Alltag in einer Diktatur: über den Schulalltag, die Kaderpolitik der SED, über Geschichten des vorauseilenden Gehorsams, über Fahnen und Resolutionen. So taucht eine formierte Alltagswelt auf, die noch bei der Generation meiner Enkel nur Erschrecken auslöst – und Freude an der Freiheit.

Der Artikel erschien im Juni 2006 im Magazin »Der Spiegel«.

Von Staatsinsassen und Einäugigen
Beobachtungen in einer Übergangsgesellschaft

Frühe Erfahrungen –
die Geschichte von der kleinen Marie

Wenn ich den Wessis erkläre, wie man ein Ossi wird, spreche ich nicht in erster Linie von der Stasi. Ich fange ganz sachte an und erzähle vom Leben, wenn es sechs Jahre jung ist und man in die Schule kommt. Und erzähle ganz konkret von einem bestimmten Menschen, zum Beispiel einem kleinen Mädchen. Ich würde sie »die kleine Marie« nennen. Und ich würde sagen, wir befinden uns in Bautzen in Sachsen.

Wir werden also eingeschult, bekommen eine Schultüte. Und eilen nach sechs Wochen nach Hause: »Mami, Mami, wir werden Jungpioniere! Wir bekommen ein blaues Halstuch und ein Röckchen, und wir sagen: Seid bereit! Immer bereit!« In diesem unschuldigen Alter denkt man sich noch nichts bei so einem Gruß. »Also weißt du denn schon, was das ist, Marie?«, fragt die Mama. Marie weiß es noch nicht genau, aber: »Das wird schön, wir singen und basteln und wandern.« – »Wir sind doch in der Kirche«, antwortet die Mama, »das brauchen wir doch alles nicht.« In dem Moment stellt sich die kleine Marie vor, wie es nächste Woche in der Schule sein wird. Wo wird sie stehen, wenn die anderen ihr blaues Halstuch tragen und ihr Röckchen anhaben? Ist sie in der Ecke, ist sie draußen? Die Vorstellung, dass sie etwas anders machen muss als alle anderen in der Klasse, verwirrt das kleine Mädchen so sehr, dass es anfängt zu weinen. Und wie es da steht und weint, sagt die Mutter: »Also mach's in Gottes Namen, aber beschwer dich hinterher nicht,

Der Beitrag erschien 2006.

dass es dir nicht gefällt.« Marie strahlt, sie ist glücklich, sie wird Jungpionier.

Den nächsten Einschnitt mache ich in der vierten Klasse. Marie ist zehn, sie kommt nach Hause:»Mami, Mami, wir werden jetzt Thälmann-Pioniere.« Ach Gott, denkt die Mama, aber sie hält sich zurück. Sie erinnert sich nur an jenen unglückseligen Tag am Ende des ersten Schuljahrs, als sie zum Elterngespräch bestellt wurde. Die nichtsahnende Marie hatte in der Klasse einen Witz über Honecker erzählt, den sie zu Hause aufgeschnappt hatte. »Wissen Sie eigentlich, dass das ein Straftatbestand ist?«, fragt die Lehrerin. »Wenn das Kind erwachsen wäre, würde es vor Gericht stehen.« Die Mutter sagt, das sei sicher ein Missverständnis; doch die Lehrerin will es nicht gelten lassen. »Kinder können noch nicht unterscheiden, die wiederholen immer alles eins zu eins. Erzählen Sie mir bloß nichts von Missverständnissen.« Die Mutter hält den Mund, und abends bei der Familienkonferenz zwischen Mann und Frau fällt ein Beschluss: Wenn Marie im Zimmer ist, sprechen wir nicht mehr über Politik. Man will das Kind nicht in Schwierigkeiten bringen.

Kalkül der Anpassung

Wenn wir uns einen Augenblick aus der Geschichte hinausbewegen und die Situation von oben anschauen, dann würden wir sagen: Zwei Menschen verabreden sich gerade, dem Menschen, der ihnen am liebsten ist auf der ganzen Welt, nicht mehr das zu sagen, was sie wirklich denken.

Wir sehen, schon in der ersten Klasse kann uns eine Art pragmatischer Vernunft begegnen, die sich arrangiert, die nie die Zivilcourage anspornt, sondern immer der Anpassung dient. Kluge Leute haben formuliert, es gebe Situationen, da diene die Ratio der Unterwerfung. Selbst in unserem kleinen Beispiel sehen wir, wie nicht besondere Bosheit, sondern ein ganz nüchternes Kalkül dazu führt, dass einem kleinen Mädchen nicht mehr gesagt wird, wie es wirklich ist in der Welt.

So also sagt die Mutter kaum etwas, als Mariechen in der vierten Klasse begeistert ist von dem großen Kommunisten Ernst Thälmann, den die Faschisten umgebracht haben, und als sie Gruppenratssekretärin werden will. »Nun mal langsam«, sagt die Mutter, »versuch's doch lieber erst mal mit Kassiererin oder Kultur.« Aber die Kleine ist ganz wild, sie will natürlich Chefin sein. Alle sollen sie bewundern. Dass sie dann nicht Gruppenratssekretärin wird, weil irgendwie dafür gesorgt wird, dass das ein Junge wird, der aus einem »besseren« Elternhaus kommt, wird sie erst später mitbekommen.

Dann kommt die achte Klasse, jetzt heißt es nicht mehr: »Seid bereit! Immer bereit«, jetzt heißt es: »Freundschaft!« Jetzt muss die Mama, als Marie kommt und sagt, wir werden jetzt FDJler,* schon nicht mehr viel sagen. Denn irgendwie kennt Marie jetzt Jugendliche, die ihr Platten gebracht haben mit ganz heißer Musik. Sie hört auch im Radio und im Fernsehen die Westtitel. Und sie hat eine Oma in Hamburg, die jedes Jahr wichtiger wird. Denn Oma ist die Lieferantin von Jeans, und Oma ist frech, die schmuggelt in der Unterwäsche die *Bravo* rüber. Und wenn Marie die *Bravo* liest und die Mama den *Otto-Katalog*, dann haben sie ein bisschen Rüstzeug gegen den tristen Alltag. Marie ist nun ziemlich gespalten.

Schon Ende der vierten Klasse war sie eine kleine Diplomatin geworden. Sie hatte begriffen, was man zu Hause und im Freundeskreis sagen kann, in der Schule aber besser verschweigt. In der achten Klasse hat sie einen perfekten »Doppelsprech« drauf. Sie weiß, wie man beim Pastor oder im Konfirmandenunterricht reden darf – falls man da überhaupt noch hingeht – und was man in der Staatsbürgerkunde oder auf der Gruppenversammlung sagen muss. Wenn man aufwächst in diesem Staat, dann weiß man, wie die Schule ist: Dass man aufsteht, wenn der Lehrer reinkommt. Dass einer vortritt und sagt, Herr Soundso, ich melde, Klasse 7b vollständig zum Chemieunterricht angetreten. Und dass man natürlich an jedem Montag vor Schulbeginn antritt zum Fahnenappell: Blaue Fahne des Jugendverbandes, Republikfahne, Rote Fahne, manchmal muss auch gesungen

* Die FDJ (Freie Deutsche Jugend) war die Jugendorganisation der DDR.

werden zum Entsetzen der älteren Schüler, nachher werden die Lieder vom Tonband abgespielt, von der Arbeitermacht, von der großen Sowjetunion, von Hans Beimler* und wie sie alle heißen. Die Hälfte der älteren Schüler lässt das über sich ergehen oder macht Witze. Die Kleinen sind brav und andächtig.

Militarisierung der Lebenswelt

Nun sind wir in der zehnten Klasse. Und jetzt wollen wir einen Aspekt hervorheben, der die ganze Zeit noch nicht erwähnt wurde. Seit dem Kindergarten sind die Schüler damit vertraut gemacht worden, dass da, wo wir wohnen, die Guten leben. Und dass die Guten sich schützen müssen. Der Friede muss bewaffnet sein. Deshalb haben wir schon in unserem Kindergarten Kriegsspielzeug, viele Soldaten, Panzer, Gewehre. Das muss man den Westmenschen heute ausdrücklich erzählen, die glauben das nämlich nicht, denn das gab es nicht in ihren Kindergärten. Aber wir wuchsen ganz früh mit *Bummi* auf, dem Heft für Vorschulkinder, in dem ein Soldat am Kasernentor abgebildet ist. »Spiele du nur«, sagt er dem Kind, »ich wache.«

Später wird es ein bisschen ernster. Erinnert sei an das »Manöver Schneeflocke«. Wir gehen in den Wald, es ist meistens Winter, wir werfen mit Schneebällen, es wird auch gemessen, wie weit wir werfen. Später verwandeln sich die Schneebälle in Schlagbälle oder auch handgranatenähnliche Gegenstände. Wenn man heute nach Schulerinnerungen fragt, kann man oft hören, es sei eigentlich ganz lustig gewesen. So ähnlich haben Oma und Opa aus der NS-Zeit erzählt. Vom Bund deutscher Mädel und von der Hitlerjugend. Von den Lagerfeuern und den Liedern und der Kameradschaft. Und wenn man ihn in Ruhe lässt, schaut sich auch der ehemalige DDR-Mensch seine Nostalgiefilme an mit Katharina Witt in Blauhemd oder in Pionierkluft. Das »Manöver Schneeflocke« ist aber nur der Anfang.

---

* Hans Beimler (1895–1936) kämpfte als politischer Kommissar des Thälmann-Bataillons im Spanischen Bürgerkrieg gegen General Franco.

Ab der zehnten Klasse werden die Jungs vierzehn Tage vor den Sommerferien mit einer Uniform ausgestattet, sie erhalten Waffen – es sind noch Kleinkalibergewehre –, lernen exerzieren, schießen und werden auf die Rolle als Soldat vorbereitet. Unsere Mädchen bekommen einen kleidsamen Drillich und lernen, die Verwundeten zu versorgen. Die frühe DDR, als niemand mehr eine Waffe in die Hand nehmen sollte, ist längst vergessen, Pazifismus ist überholt.

Dann kommen die ernsthaften Übungen. Die Hälfte einer Kreisstadt kann abgesperrt werden bei einer Atomübung. Denn wir wissen ja, es gibt eine ständige Bedrohung. Um uns an die Gefahr zu erinnern, gehen jeden Mittwoch um ein Uhr im ganzen Land die Sirenen, von der größten Stadt bis zum kleinsten Dorf. Sie erinnern uns daran, dass wir Feinde haben, die bald mit ihren Flugzeugen über uns herfallen und den Sozialismus angreifen werden. Die Kapitalisten werden den Erfolg des Sozialismus, der sich unweigerlich auf der ganzen Welt fortsetzen wird, nicht dulden!

Und dann? Dann sucht man sich ein paar Menschen, auch ein paar Rentner, die werden weiß gekalkt, auf die Erde gelegt, und unsere Mädels müssen diese Opfer des heimtückischen Atomangriffs bergen. Übrigens sind sie darauf vorbereitet, denn im Lehrbuch zum Wehrunterricht gibt es genaue Anweisungen für einen Atomschlag. Also zum Beispiel sitzt du in der Klasse, wenn der Angriff erfolgt. Was machst du? Du stehst ganz schnell auf und legst dich unter die Fenster. Wenn du aber unterwegs bist, zum Beispiel im Trabant nach Berlin, und der Atomschlag kommt von vorne, hältst du an und duckst dich hinter das Lenkrad.

Was ich hier erzähle, klingt wie Kabarett, aber das denkt man ja manchmal, wenn man von damals erzählt. Leider war das völliger Ernst. Für einige dieser Ratschläge gab es sogar Abbildungen im Lehrbuch, das im Übrigen nicht mit nach Hause genommen werden durfte. Es verblieb in der Schule und wurde im Schrank eingeschlossen. Pastor Gauck, der ich damals war, hatte das Glück, es dennoch einmal zu sehen. Ein Junge aus meiner Jungen Gemeinde hatte es »hochgezogen«. Das entsprach zwar nicht den Zehn Geboten, war aber in diesem Fall eine lässliche Sünde; ich glaube, er hat es auch wieder mitgenommen. Dieses Buch hat viel zu meiner Aufklärung beigetragen, da ich nun wusste, was in den Schulen vorgeht, in die auch meine eigenen Kinder gingen.

Die Geschichte von Paul

Wir lassen jetzt das Fach Wehrkunde und wenden uns einmal dem Freund von Marie zu. Denn Marie ist in die Jahre gekommen und hat einen Freund. Er heißt Paul und mag das Lernen nicht. Doch wie es so ist in diesen Schulen, ab der siebten Klasse kommt regelmäßig, einmal im Jahr mindestens, ein Major vom Wehrkreiskommando.

Die Schüler sind jetzt dreizehn, vierzehn oder noch älter, also in einem Alter, in dem man nicht mehr so reagiert wie die kleine Marie in der ersten und vierten Klasse. Sie denken an alle möglichen Musikbands, aber weniger an das Abitur und an die anschließende Wehrpflicht. Das findet der Major nicht gut; er betont, wie dankbar sie dem Arbeiter-und-Bauern-Staat zu sein hätten, wenn er sie auf die Erweiterte Oberschule schicke, und drängt sie dazu, nach dem Abitur statt der obligatorischen achtzehnmonatigen Wehrpflicht mindestens drei Jahre in der Nationalen Volksarmee (NVA) zu dienen.

Nun, was macht man in dem Fall? Man kratzt sich am Kopf und sagt, ich muss das erst einmal mit den Eltern besprechen.

Pauls Vater ist Arzt, und er möchte, dass auch sein Sohn Arzt wird. »Wir sollen unterschreiben, dass wir drei, besser zehn oder am liebsten fünfundzwanzig Jahre in die Armee gehen nach dem Abi«, sagt Paul im Elternhaus, »aber ich mache das auf keinen Fall!« Der Vater hat allerdings eine Frage: »Sag mal, mein Lieber, wie ist eigentlich dein Leistungsdurchschnitt?« Da kommt heraus: Paul hat einen Notendurchschnitt von 2,8. Also 2,8 und Medizin studieren, das geht nicht. Für den Vater ist die Sache klar: »Morgen gehst du hin und unterschreibst!«

Als Paul unterschrieben hat, sind seine Freunde Peter und Frank schlecht dran. Denn wenn sie nicht unterschreiben, was dann? Sie stehen auch nur 2,3 und 2,4 und wollen auch studieren. Also unterschreiben auch sie. Paul tröstet sie so, wie ihn seine Mutter getröstet hat: »Wir sind ja noch minderjährig. Das bindet uns nicht.« Doch kurz vor dem Abi, Paul ist bereits achtzehn Jahre alt, kommt der Genosse Major vom Wehrkreiskommando noch einmal. »Na, meine Herren, wollen wir uns ein bisschen unterhalten?«

Paul fällt nichts ein, wie er einen Rückzieher begründen könnte. Er ist auch erschreckend gesund – und so geht er drei Jahre.

Er hat Glück, man gibt ihm nach der NVA ein anständiges Stipendium, er kann Medizin studieren.

Einen Augenblick bleibe ich noch bei Paul. Wir treffen ihn nach einigen Jahren wieder, er hat studiert, eine gute Doktorarbeit abgeliefert, er ist junger Assistenzarzt an einer Universitätsklinik. Beobachten wir ihn bei einem Kadergespräch – im Westen heißt das Personalgespräch. Der Anlass ist erfreulich, der junge Doktor bekommt ein Angebot. Sein Vorgesetzter, der Institutsleiter und ehemalige Doktorvater: »Sie haben so eine wunderbare Doktorarbeit geschrieben. Forschen Sie mal weiter, habilitieren Sie sich mit dem Thema, und in sechs Jahren, wenn der Kollege X in Ruhestand geht, wartet eine Professur auf Sie!«

Paul ist glücklich. Ein junger und ein alter Mediziner sind sich ganz nahegekommen. Das will er unbedingt seiner Frau erzählen. Es ist Mittagspause, Paul darf mal kurz nach Hause. Aber an der Tür wird er noch mal zurückgerufen. »Ach, junger Freund, ich vergaß noch eine Frage: Sind Sie eigentlich schon Mitglied in unserer Partei?«

Ein Westmensch kann sich nicht vorstellen, dass in der Verfassung der Bundesrepublik steht: Die Sozialdemokratische (oder Christdemokratische) Partei Deutschlands ist die führende politische Kraft der Bundesrepublik Deutschland. Aber in dem Land, in dem wir lebten, war ein entsprechender Passus über die Sozialistische Einheitspartei Deutschlands (SED) enthalten. Paul war der Partei nie beigetreten und wusste sofort, was in einer solch kritischen Situation zu machen ist. Feindschaft darfst du nicht zeigen, Ablehnung auch nicht. Und so setzte er blitzschnell sein erprobtes DDR-Allerweltslächeln auf, schaute den Direktor des Instituts unschuldig an und bekannte: »Ach wissen Sie, Herr Professor, für diese wichtige Frage fühlte ich mich bisher noch nicht reif genug.«

In diesem Moment war es vorbei mit der eben aufgeblühten Nähe zwischen Jung und Alt. Der Alte verabschiedet den jungen Doktor kühl. Er findet ihn unerträglich arrogant, bereut fast, ihm das Angebot zur Habilitation gemacht zu haben. Was soll er denn in der Parteiversammlung sagen, wenn sein Zögling kein Parteimitglied ist?

Der junge Doktor hingegen geht nach Hause zu seiner jungen Gattin. Man hat ein bisschen Geld gespart, vor sieben Jahren einen höherwertigen Pkw Marke »Wartburg« bestellt. In sieben weiteren Jahren würde dieses Auto wahrscheinlich geliefert; man denkt schon an ein Eigenheim. Wenn er Professor wäre, käme Paul schneller dahin, diese schönen Dinge zu kaufen.

Was hat Paul gemacht? Hat er klein beigegeben, zum Professor gesagt, ich war gestern verwirrt, wo ist der Antrag? Oder hat er dem Druck widerstanden und auf seine Professur verzichtet? Die Menschen, denen es gelungen ist, in den Westen zu gehen und dort ihre Karriere zu machen, hatten das Glück, diese Fragen nicht ständig mit sich schleppen zu müssen. Im Osten hingegen konnte man gehen, wohin man wollte, irgendwo waren diese Fragen immer nah, sogar bei den Künstlern. Das ganze Land war voller Pauls und Mariechens.

Leben in der Doppelexistenz

Normalerweise nennt man Bewohner eines politischen Gemeinwesens Bürger. Ein Bürger wird man dadurch, dass man Bürgerrechte hat und diese Bürgerrechte auch ausüben kann. Bürger nannte uns zwar der Volkspolizist, aber Bürger im Sinne von *citoyen* waren wir nicht. Was waren wir denn eigentlich? Früher habe ich immer gesagt, eine Untertanengesellschaft wie zu Großmutters Zeiten. Wir Mecklenburger hatten zwar keinen König wie die Sachsen, aber wir hatten immerhin einen Großherzog. Wenn Oma an die Zeit dachte, als ihre Eltern Untertanen waren, war das für sie gar nicht weiter belastend. Verglichen mit dem, was wir in der braunen und roten

Diktatur erlebt haben, waren die Untertanengesellschaften der politischen Vormoderne tatsächlich oft weniger schlimm. Kein Königreich und auch kein Zarenreich waren so durchherrscht wie die Gesellschaft nach 1933 bis 1989.

Wie nennen wir aber nun diese Bürger, die schon in der modernen Zeit leben, aber nicht in einer modernen Politikwelt? Wie müssen wir die Paulchens und Mariechens als Erwachsene nennen? Ich habe sie einmal, um einen neutralen Begriff zu verwenden, Staatsbewohner genannt. Bis mir der fatale Fehler dieses Begriffs aufging. Der Bewohner eines Hauses kann in dasselbe hinein- und wieder aus ihm hinausgehen. Er kann nicht nur aus dem Fenster schauen, sondern er kann auch die Tür aufmachen und das Haus verlassen. Das aber konnte ich als DDR-Bürger nicht. Was war ich aber dann, wenn ich kein Bewohner war? Schließlich kam ich darauf: Ich war ein Insasse. Ein Staatsinsasse.

Das hören meine Landsleute im Osten gar nicht gerne, denn sie verstehen darunter eine persönliche Denunzierung. Sie wollen, auch wenn sie keine Anhänger der SED waren, nicht delegitimiert sehen, was sie gelebt haben. Leute wie ich, die das so scharf sagen, gehören zu einer Minderheit. Doch das, was wir miteinander kollektiv erlebt haben, waren Geschichten von Menschen, die ihr ganzes Leben nicht das Recht hatten, ihre Regierung zu wählen, ihr Land zu verlassen, ihr Land zu verändern, einen Verein zu gründen, eine Partei, eine Zeitung nach ihrem Gusto. Was die Generation meiner Urgroßeltern in den Niederlanden schon durfte, war mir im 20. Jahrhundert versagt.

Nun kann man nicht ständig in einem Land leben und sagen, ich bin ein Sklave, ich bin ein Untertan, ich bin ein Staatsinsasse. Vielmehr fördert das Land die Doppelexistenz eines eher gefühllosen Menschen, der so tut, als sei dies ganz normal und tue ihm nicht weh. Nur wenn jemand zu Besuch kommt, dem er vertraut, oder wenn er betrunken ist, dann bemerkt er, dass es ihn drückt. Um diese Bedrückung nicht zu spüren, kann man das Psychopharmakon *Faustan* nehmen. Alkohol hilft noch mehr, auch Sex lenkt ab. Sex war sehr beliebt in der DDR. So gab es eine Nebenkultur, die sich die Nischen hübsch ausbaute. Der eine hatte in der Dübener Heide ein reizendes kleines Unterkommen, der andere an der Ostsee, oder er kannte jemanden an der Ostsee, bei dem man im Ziegenstall wohnen konnte. Ein anderer hatte einen Bekannten in Ungarn, da traf er seine Westler. Ohne die Westler hätte er entweder nur leben oder nur essen oder nur reisen können – wir durften ja nur eine bestimmte Menge Geld umtauschen –, mit Westlern konnte er alles.

Unsere westlichen Besucher und Freunde redeten uns angesichts dieser Zustände noch gut zu. Das habe ich in meiner evangelischen Kirche oft erlebt. Viele von den evangelischen Pastoren im Westen gehörten zu einer Gruppe, die der Schriftsteller Ralph Giordano die »Internationale der Einäugigen« nannte. Die sehen immer, was von rechts oder von den Konservativen an Übel über die Welt kommt, doch das, was von links kommt, haben sie selten bemerkt. Nach dem Essen auf einer großen Tagung in Ost-Berlin belehrte beispielsweise ein bayerischer Theologe eine kleine Clique von uns: Ich sehe, es ist nicht toll, was ihr hier mit dem Honecker durchmachen müsst. Aber wir haben den Franz Josef Strauß. Stellt euch vor, was wir mit dem durchmachen müssen! Natürlich musste man Strauß nicht mögen, ich mochte ihn auch nicht. Aber war er nicht ein frei gewählter Ministerpräsident in einem demokratischen Gemeinwesen? Ein Hamburger Theologe riet mir auf derselben Tagung: Schimpft doch nicht so auf den Sozialismus, ganz Afrika wartet doch schon darauf!

Dann verschwanden unsere Kollegen nach Hamburg und Bayern und ließen uns mit unserem Sozialismus alleine.

»Gezinktes« Erinnern

Es gibt drei Gruppen von Leuten für den Normal-Ossi: Der beste und normalste ist der, der schon immer im Osten war und hier geblieben ist. Der Zweitbeste ist der Original-Wessi. Er ist dumm, aber er kann nichts dafür. Der Schlechteste ist der Ossi, der weggegangen ist, seiner Freiheit wegen, und nach 1989 zurückkommt. Das ist der problematische Typ, der kein Recht hat mitzureden, denn er weiß ja gar nicht, wie es gewesen ist. Mag er auch acht Jahre in Bautzen oder fünf Jahre in Brandenburg gesessen haben.

Selbstverständlich wollen wir die DDR nicht wieder haben. Aber wie bereits gesagt: »Es war auch nicht alles schlecht im Sozialismus«. Das musste ich mir sogar von meinem antikommunistischen Vater anhören, der fünf Jahre in einem sowjetischen Lager gesessen hatte! Es gab keine Arbeitslosigkeit, eine alte Frau konnte abends mit der Handtasche über die Straße gehen, und überhaupt »das Soziale«. Da wurde ich natürlich hellhörig.

»Was meinst du genau? Omas Rente? Zweihundert Ostmark, all die Zeit ihres Lebens.« Nein, das meinte er eigentlich nicht.

»Meinst du, wie der Arbeiter-und-Bauern-Staat mit unseren Behinderten umgegangen ist?« Nein, das meinte er auch nicht.

»Ja, was meinst du denn?«

»Na irgendwie fühlten wir uns anders! Wie wir zusammengehalten haben!«

Und dann erzähle ich ihm von Frau B. aus Rostock. Das war eine Frau, die ich bei einer Beerdigung kennengelernt hatte. Sie verkaufte Autoreifen. Man musste auf Autoreifen in der DDR zwar nicht vierzehn Jahre warten wie auf ein Auto, aber schon gerne mal vierzehn Monate. Es war für einen Normalbürger also überaus nützlich, eine Frau zu kennen, die Autoreifen verkaufte. Bei einer Tasse Kaffee erzählte sie mir, arbeiten müsste sie nicht, ihr Mann verdiene genug Geld, aber ganz Rostock sei voller Freunde. Sie bekam zum Beispiel Aale. Ich hatte Aale bei einer Besuchsreise im Westen in einem Aquarium des KaDeWe in West-Berlin gesehen, aber in meiner Heimatstadt wurden sie mir seit vielen Jahren nicht mehr angeboten. Sie bekam auch verchromte Wasserhähne. Das übertraf den Aal noch. Sie bekam natürlich auch Fliesen für ihr Bad – mein Bad war einfach weiß angestrichen. Und sie kannte die Blumenfrau – Blumen waren zu einer Zeit in der DDR ebenfalls Mangelware. Sie kannte auch die Verkäuferin in unserer Feinkostladenkette *Delikat*, wo es Dosen mit Ananasstücken gab. Ich glaube, neun Mark kosteten die. Oder die Verkäuferin im *Exquisit*-Laden. Dort gab es die Pullover, die im sächsischen Oberlungwitz gewirkt wurden. Drüben bei C&A kosteten sie

28,40 DM. Aber bei uns im Arbeiter-und-Bauern-Staat kosteten sie 228,40 Mark, das halbe Monatsgehalt einer Krankenschwester. Das war natürlich nützlich, solche Leute zu kennen. Die ganze Stadt Rostock war ein Netzwerk der Freundschaft für Frau B.

Mein Vater war natürlich schlau genug, um zu merken, warum ich ihm von Frau B. erzähle. »Also du meinst, unser soziales Netzwerk war so groß, weil wir Beziehungen brauchten?« Man musste es immerhin mal bedenken. Ich ließ nicht locker. War nicht vielleicht diese Solidarität der Menschen, die es ja tatsächlich gab, auch eine Gegenstrategie gegen die Mangelwirtschaft und das Zu-kurz-gehalten-Werden durch die Staatsmacht? Hatte es vielleicht weniger mit Sozialismus als mit Hilfsbereitschaft unter Nachbarn oder auch Nützlichkeitserwägungen zu tun?

Angenehm waren meinem Vater diese Schlussfolgerungen nicht. Und ich merkte, sobald ich weg war, würde er wieder zurückfallen in sein altes Spruchgut.

Vielleicht redet Frau B. heute genauso wie er. Wenn man heute an jeder Tankstelle Reifen kaufen kann, braucht man Frau B. nämlich nicht mehr. Und wenn man sie ansprächte, würde sie vielleicht sagen: »Was für eine Ellenbogengesellschaft!« Über die Ellenbogengesellschaft reden heute besonders die, die früher oben oder irgendwie privilegiert waren. Als sie in der DDR selbst ihre Ellenbogen eingesetzt haben, war von einer unbarmherzigen Gesellschaft nicht die Rede.

Wenn ich heute unter meinen Ossis Klagen gegen »die Ellenbogengesellschaft« höre, dann sage ich: »Klar, es gibt im Westen solche Menschen, die haben Hornhaut auf den Ellenbogen, das ist widerlich, das kommt vor. Aber ich rede erst dann mit euch weiter über die Hornhaut auf den Ellenbogen der Wessis, wenn ihr vorher eure Knie geprüft habt, ob sich nicht auch dort Hornhaut befindet.« Denn die Ellenbogengesellschaft, die wir in der DDR hatten, war eine Gesellschaft, in der man nur durch Gehorsam weiter und durch forcierten Gehorsam nach oben kam – wenn man sich hinkniete.

Das Anpassungssyndrom

Was ich bislang anhand von Beispielen darzustellen versucht habe, möchte ich noch einmal ins Grundsätzliche wenden. Gab es denn in diesem Land, in dem wir lebten, in dem Land der Staatsinsassen, überhaupt keine Partizipation, keine Mitbeteiligung der Bürger an den Staatsdingen, an den Herrschaftsdingen? Ja, es gab sie. Doch nicht wie in den Demokratien als Einladung an die breite Bevölkerung, sich über Parteien und Interessengruppen von Etage zu Etage auf der Mitwirkungsebene zu bewegen. Sie wurde vielmehr gehandhabt wie in vordemokratischen Zeiten, zum Beispiel in den alten, vormodernen Adelsgesellschaften. Der Lehnsherr belehnte den Untertan, der ihm dafür Gehorsam versprach: Teilhabe und Aufstieg durch Demut und Gehorsam.

In den modernen Diktaturen haben wir eine andere Begrifflichkeit. Die Rede ist nicht mehr von Demut und Gehorsam, sondern von »Einsicht in die Notwendigkeit« oder »entschlossenem Eintreten für den Fortschritt«. Und in dem Maße, in dem jemand den jeweils als »Fortschritt« ausgegebenen politischen Leitduktus nachvollzieht, wird er berücksichtigt. So wird das ganze Land durchzogen von Verhaltensweisen der Anpassung. Wie Mehltau liegt sie über dem Land. Wir könnten von einem Angst-Anpassungs-Syndrom sprechen.

Diktatur kann offensichtlich auch überleben, wenn die in ihr Wohnenden das unerlässliche Maß an Loyalität ohne echte Überzeugung anbieten. Ein eigenartiger Zustand: Obwohl sehr viele Menschen durchaus einen »eigenen Kopf« haben, ist durch die Gewöhnung an ihre Ohnmacht und durch den praktizierten Gehorsam ein System entstanden, in dem Teilhabe nur existiert um den Preis des Verzichts auf die eigene Autonomie, das eigene Gewissen, die eigene Entscheidungsfreiheit.

Mentalitätsunterschiede

Im Osten musste man sich, um erfolgreich zu sein, um Gehorsam und Anpassungsbereitschaft bemühen. Im Westen musste man Durchsetzungsfähigkeit, ein starkes Ich, einen starken Willen entwickeln und debattieren lernen, um in einer Partei oder Gruppe mehrheitsfähig zu werden. Und so klafft zwischen beiden Bevölkerungsteilen bis heute ein Mentalitätsunterschied. Das ist keine Abwertung der Ostdeutschen, sondern eine Beschreibung der minderen Chancen, die die Bewohner der DDR hatten. Wir müssen sie eigentlich an unser Herz drücken und ihnen helfen, sich zu ermächtigen und zu ermutigen.

Es sind noch nicht gleich Demokraten da, sondern es sind ehemalige Leibeigene, die es lernen, Bürger zu sein. *Learning by doing*, im Vollzug des Tuns. Bürger sein ist wie Fußballspielen! Du musst raus auf den Platz, du musst spielen, laufen, Taktik erlernen und mit dem Ball trainieren, dann kannst du bald Fußball spielen. Bürger sein kommt vom Ausfüllen der Rolle eines Bürgers und nicht vom Zuschauen. Deshalb leben wir in den neuen Bundesländern in einer Übergangsgesellschaft.

Nach dem Krieg hat es viele Jahre gedauert, bis die Menschen in Westdeutschland stärker an das Neue gebunden waren als an das Alte und bis sie eine neue demokratische Kultur erlernten. Dabei existierte die Nazidiktatur nur zwölf Jahre. Wie lange werden wir Ostdeutschen dann wohl brauchen, wo die Diktatur zwölf plus vierundvierzig Jahre gedauert hat? Fast ein ganzes Menschenleben?

Die Fähigkeit, Bürger zu sein

Auch von den Westdeutschen wissen viele nicht, was ein Bürger ist. Die Freiheit, die sie schon so lange haben, können viele von ihnen nicht mehr achten. Sie gehen nicht wählen, erklären die Politiker alle für korrupt, betrügen selbst aber die Steuer nach Strich und Faden. Es gibt zwei Möglichkeiten: Sie sind entweder Konsumenten oder

Zuschauer. Ich habe nichts gegen Konsum, ich finde es auch besser, dass die Läden voll sind und nicht leer. Doch es gibt außer dem Konsum noch etwas anderes im öffentlichen Leben. Viele haben aber kein Interesse daran, sich als Bürger zu verstehen und sich zu engagieren. Spaßgesellschaft nennen einige das. Und wir sehen: Nicht nur Diktatoren binden uns, man kann sich auch selber Ketten anlegen. Einige der Ketten sind aus Handtaschenriemen geflochten, andere sind aus Gold – der Effekt ist ähnlich, und zwar so, dass sich die Demokratie selber verlieren kann. Nicht nur Diktatoren sind Feinde der Demokratie, sondern auch wir selber. Die Freiheit geht in Deutschland im Bettelkleid.

Wir haben in den letzten Jahren Wunderbares in Deutschland gesehen. Im Westen ist eine Zivilgesellschaft gewachsen – sechzig Jahre ohne Krieg, mit Bürgerrechten und Menschenrechten. Das hat die deutsche Nation in ihrer Geschichte noch nie erlebt. Im Osten haben sich die Bürger die Freiheit nicht auf dem Tablett servieren lassen, sondern sie für sich erkämpft.

Wo sind eigentlich der Stolz und die Dankbarkeit für diese Entwicklung der jüngsten deutschen Geschichte?

Wann wird all das weichen?
Laudatio auf Herta Müller

Manchmal, wenn wir mit dem Leben im Bett liegen und nicht aufwachen möchten, denn wir sind jung und lebenssüchtig, und es ist Frühling in Nitzkydorf wie sonst auf der Erde, manchmal dann, wenn es tagt, ist uns das Leben ein Nachtleben, so als würden die nächtlichen Albträume den hellen Tag trüben. Etwa wie in den dunklen Goyas, jenen Bildern des Meisters, die nicht hell sein können, weil die menschliche Kreatur gemartert, vergewaltigt, getötet wird.

Bevor ich eine Zeile über Herta Müller schreiben konnte, stellte meine Seele diese Bilder aus einem anderen Jahrhundert neben die sehr gegenwärtige Autorin. Und gleich daneben stellte sich ein anderes Dunkel, das eines Dichters, auch aus einer anderen Zeit.

> Denn diese Nacht, in der so vieles schrie,
> in der sich Tiere rufen und zerreißen,
> ist sie uns nicht entsetzlich fremd? Und wie:
> was draußen langsam anhebt, Tag geheißen,
> ist das uns denn verständlicher als sie?

So schreibt Rainer Maria Rilke im »Östlichen Taglied«. In der ersten Strophe beginnt die Szene im Bett – »hohe Brüste« erzeugen entsprechende Gefühle. Und dann der eben gehörte Vers. Und so endet das Gedicht:

> Doch während wir uns aneinander drücken,
> um nicht zu sehen, wie es ringsum naht,
> kann es aus dir, kann es aus mir sich zücken:
> denn unsre Seelen leben von Verrat.

Weimar, 16. Mai 2004, anlässlich der Verleihung des Literaturpreises der Konrad-Adenauer-Stiftung.

Im »Östlichen Taglied« sind lange vor der Existenz eines Ostens – wie Herta Müller ihn erlebt und beschreibt – Leben, Liebe und Verrat so miteinander verwoben und verwachsen, dass wir es gar nicht hören möchten. Die Schönheit der Sprache und der Vers sind das einzig Tröstende. Sie legen sich um eine verdammte Wirklichkeit – so als zöge man einer Todgeweihten noch einmal ihr schönes Brautkleid von einst an.

Merkwürdig, dass ich auf Rilke komme bei einer Laudatio auf Herta Müller, ähnlich wie auf die dunklen Bilder Goyas. Ich liebe und fürchte auch seine vierundzwanzig Wörter aus dem *Schlussstück*, die zu einem so einfachen wie magischen Wort werden, über das Leben. Manchmal wünsche ich mir, dem Gedicht nie begegnet zu sein. Aber die Begegnung hat stattgefunden, und nun muss ich aushalten, dass ich seine Wahrheit und Schönheit nur haben kann, wenn ich diese Mischung aus Furcht und Liebe ertrage.

Der Tod ist groß.
Wir sind die Seinen
Lachenden Munds.
Wenn wir uns mitten im Leben meinen,
wagt er zu weinen
mitten in uns.

Ich weiß nicht, wie nah die Bilder Goyas und diese Gedichte der Seele unserer Preisträgerin sind.

Aber ich wollte Ihnen, verehrte Zuhörerinnen und Zuhörer, ich wollte vor allem dir, liebe Herta, ein Leitmotiv dieser Laudatio sagen, das aus meiner Seele stammt, anstatt zu referieren, was ich bei gelehrten Germanisten und Literaturfachleuten gelesen habe. Sie spüren es schon, nicht das Aufzählen von Lebensstationen und Büchern der Autorin ist beabsichtigt. Vielmehr begegnet ein Zeitgenosse einer Zeitgenossin. Bei beiden hat das Dunkel des Ostens wesentliche Prägemale hinterlassen.

Wir ehren heute eine Vielgeehrte. Neben dem Kleistpreis sind ihr zahlreiche literarische Auszeichnungen zuteil geworden. Wir ehren Herta Müller nicht in erster Linie wegen ihres Mutes, sondern wegen der literarischen Qualität ihres bisherigen Schaffens. In ihren Romanen, in ihren Essays und Interviews, in ihren Debattenbeiträgen begegnen uns starke Literatur und ein starker Mensch.

An prominenten Stellen taucht bei Herta Müller der Satz auf: »Wenn wir schweigen, werden wir unangenehm, (...) wenn wir reden, werden wir lächerlich.«

Das Erste also ist unser Dank dafür, dass Herta Müller nicht geschwiegen hat oder verstummt ist. Selbstverständlich war das nicht!

Das Kind wächst auf mit Vater und Mutter. Es ist auf dem Lande – und im Banat. Also auch in Rumänien, einer Spezialdiktatur. Schöne Welt in schlechter Zeit.

So sieht dann eine Erwachsene das Kind, aus dem sie herauswuchs:

Ein Vater hackt den Sommer im Garten. Ein Kind steht neben dem Beet und denkt sich: Der Vater weiß vom Leben. Denn der Vater steckt sein schlechtes Gewissen in die dümmsten Pflanzen und hackt sie ab. Kurz davor hat das Kind sich gewünscht, daß die dümmsten Pflanzen vor der Hacke fliehen und den Sommer überleben. Doch sie können nicht fliehen, weil sie erst im Herbst weiße Federn bekommen. Erst dann lernen sie fliegen.

Der Vater mußte nie fliehen. Er war singend in die Welt marschiert. Er hatte in der Welt Friedhöfe gemacht und die Orte schnell verlassen. Ein verlorener Krieg, ein heimgekehrter SS-Soldat, ein frischgebügeltes Sommerhemd lag im Schrank, und auf dem Kopf des Vaters wuchs noch kein graues Haar.

(...)

Die Friedhöfe hält der Vater unten im Hals, wo zwischen Hemdkragen und Kinn der Kehlkopf steht. Der Kehlkopf ist spitz und verriegelt. So können die Friedhöfe nie hinauf über seine Lippen gehen. Sein Mund trinkt Schnaps aus den dunkelsten Pflaumen, und seine Lieder sind schwer und besoffen für den Führer.

Die Hacke hat einen Schatten im Beet, der hackt nicht mit, der Schatten steht still und sieht in den Gartenweg. Da pflückt ein Kind sich die Taschen voll mit grünen Pflaumen.

Zwischen den abgehackten dümmsten Pflanzen sagt der Vater: Grüne Pflaumen soll man nicht essen, der Stein ist noch weich, und man beißt auf den Tod. Niemand kann helfen, man stirbt. Am hellen Fieber brennt dir von innen das Herz aus.

Die Augen des Vaters sind verschwommen, und das Kind sieht, dass der Vater es liebt wie eine Sucht. Dass er sich in seiner Liebe nicht halten kann. Dass er, der Friedhöfe gemacht hat, dem Kind den Tod wünscht.

Darum ißt das Kind die Taschen mit den Pflaumen später leer. Alle Tage, wenn der Vater das Kind nicht sieht, versteckt es im Bauch halbe Bäume. Das Kind ißt und denkt sich, dies ist zum Sterben.

Aber der Vater sieht das nicht, und das Kind muß nicht sterben.

Die dümmsten Pflanzen waren Milchdisteln. Der Vater wußte was vom Leben. So wie jeder, der was vom Tod sagt, weiß, wie es im Leben weitergeht.

Als sie das in ihrem Roman *Herztier* schrieb, hatte sie die Niederungen, die ihr zum Leben zugewiesen waren, schon verlassen. In *Niederungen* schreibt sie sich frei von einer Einbindung in Heimatidylle aus Vergessen und Beschwörung deutscher Besonderheit. Sie hat es geahnt, sie wird sich verhasst machen bei vielen Landsleuten, weil sie sich *so* erinnert und nicht anders, wie sie es tun, weil sie *so* spricht und nicht anders, wie sie es tun. Das größere System Staat wird sie hassen, weil sie sich nicht »erziehen« lässt, andere Freunde hat, als sie haben sollte, andere Ideen, andere Haltungen.

Ob Herta Müller sich jemals diesen weichzeichnenden Blick auf die Diktatur gestattet hat, der so »normal« ist bei den vielen – schwer vorstellbar. Zu oft sind selbst die Orte und Handlungen des einfach normalen Lebens geradezu durchwoben vom Verfall. Angst, Verrat, Tod durch fremde oder eigene Hand, allüberall. Die

Schule, der Betrieb, die Liebeslager, der Wald, die Stadt, der Fluss, das Land.

Wie bei den Romantikern die Sterne und Blumen das Leben feiern – so öffnen sich in Herta Müllers Welt an allen Orten und mitten in den Menschen schwarze Löcher. Sie sind dem Sein dort eingeprägt und immer wieder da oder sind mit ihrer negativen Schwerkraft fähig, dem Normalen die Normalität, dem Schönen den Glanz zu nehmen. Das Maisfeld, der Baum, das Tierfell, das Augenlid, alles und mehr öffnen der Angst Räume in die Wirklichkeit. Selbst Licht von Sonne oder Lampe erscheint hier bedrohlich. Alles eigentlich. Der Tod schafft sich in diesen »schwarzen Löchern« seine Lebensräume. Er sagt, das sei normal.

Es ist ein verstörendes *Memento mori*, es ist so anders als in der Kunst des Barock. Dort gesellt sich der Tod sichtbar den Lebenden zu. Schädel schauen uns an, Gerippe tanzen mit im Reigen. Bei Herta Müller ist Tod aber nicht (nur) der natürliche Begrenzer der irdischen Existenz des Menschen. In den Welten der Ohnmacht, die die Tyrannen und Diktatoren den Unterdrückten zuweisen, spielt der Tod eine Doppelrolle. Wie eh und je sanft oder brutal unter die tretend, die sich »mitten im Leben meinen« – das ist eine Gestalt, die nicht geliebt, aber vertraut. Die andere: ein Büttel der Macht, ein »Diensthabender«, dessen Dienste unter freien Bürgern nicht benötigt werden. Aber wo Staatsinsassen gezüchtet werden, wird »der König« töten, mag er sich andernorts noch so galant »verneigen«.

Weniger poetisch gesprochen: Die zweite Gestalt des Todes ist eine Funktion jener Herrschaft, die sich ihre Herrschaft stiehlt, statt sie sich von ihren Bürgern auf Zeit geben zu lassen. Wer aber Macht nimmt wie einen Raub, wird sich fürchten, das geraubte Gut zu verlieren. Und wer sich fürchtet, muss anderen Angst machen. Dazu benötigt man Boten der Angst, je länger, je mehr.

Ganze Heere und nicht nur Bataillone müssen da Dienst tun – denn es gilt, der Angst in jedem Lebensort und eigentlich in jedem Bürger eine Residenz zu errichten. Nicht nur die große Lebensangst wird gebraucht, auch die kleineren Ängste, Furcht vor Not, Abstieg, Isolation, die Sorge um das zum Leben Notwendige – alles wird gebraucht, um die Menschen in der Ohnmacht zu halten. Sie müssen sich fürchten, um zu gehorchen. Wenn die Armee der Angstbereiter groß und differenziert genug ist, muss der König nicht jeden Tag töten – nur wenige der Angstboten sind Henker; viele sind einfach nur Ordnungshüter als Polizisten oder Geheimpolizisten. Sie haben als Lehnsmänner dessen, der tötet, das Recht, den Tod portionsweise unter die Lebenden zu tragen. Sie beseitigen Feinde, Ungeziefer, Unrat seltener, indem sie töten oder körperliche Folter anwenden (auch wenn sie beides können und trainieren). Sie bringen die Angst wie eine Vorspeise oder eine Ouvertüre. Ist der nächste Gang gefällig?

Häufig »erziehen« sie nur. Dazu müssen sie wissen, wie die Menschen sind. Dieses Wissen muss erlangt, aufgeschrieben und archiviert werden. Die das tun, sind eher ganz normale Männer und Frauen, die sich die Finger nicht blutig machen müssen. Sie müssen nur tun, was »von oben« verlangt wird, zum Beispiel sehen, horchen, melden. Aber Boten und Bedienstete des Prinzips Angst sind dann noch effizienter, wenn sie nicht als Geheimdienstler auftreten.

Wenn zum Beispiel die vielen Lehrer eines Landes nichts weiter tun, als nur das Wissen zu begrenzen, die Gewissen zu manipulieren und den Gehorsam einzuüben, haben sie bedeutende Schlachten für den blutigen König geschlagen. Wer in den Zwangskollektiven sein Ich weitgehend verloren hat, wer so die eigene Ohnmacht für normal und unveränderlich hält, dem braucht man geheimpolizeiliche Zwangsmittel nicht mehr anzutun – er funktioniert, wie »von oben« gewünscht. Den anderen widerfährt, was die früher Genannten können. Wie lange erträgt ein Mensch es, ausgespäht, isoliert, gejagt, verunsichert und zersetzt zu werden? Bis er flieht, sich tötet, sich in den Alkohol verliert oder – eine eher seltene Variante – Widerstand übt. Meistens nicht lange – der häufigste Ausweg ist die Anpassung, erst ein wenig, später mehr, oftmals total.

Wenn in der Lebenswelt, über die wir sprachen, dann auch die Richter des Landes nicht Recht schaffen können, so also ihrerseits Boten der Angst sind, wenn die Gelehrten des Landes nur so viel lehren, wie »von oben« für richtig gehalten wird, die Philosophen das »Prinzip Hoffnung« in das Prinzip Anpassung verwandeln, wenn die Dichter das Ungereimte reimen und dafür belohnt werden, die Musiker und Maler dem Schönen huldigen, während der Schrecken zum Himmel schreit, wenn so die schöne neue Welt der Diktatoren von oben bis unten von »Ordnung« durchzogen ist, und wenn das alles seit Jahrzehnten so ist, dann, bevor die Steine schreien, geschehen gelegentlich Wunder.

So geschehen, wenn der Ordnung die zersetzenden kindlichen Fragen gestellt werden, wenn ein naives Sehen und Nennen der Wirklichkeit gewagt wird. Wenn die Sehnsucht nach Freiheit Menschen zusammenbringt, die sich helfen, ihre Individualität zu wahren, sich beistehen. Wenn Worte der Wahrheit gesucht und aufgeschrieben werden, auch wenn die »da oben« nichts davon je drucken werden.

Wenn die Boten der Angst, die als Verräter den Kollegen, Freund, Liebsten im engsten Lebenskreis ausspionieren, auch scheitern, weil in den Verratenen schon Selbstvertrauen, Kraft und Mut gewachsen sind, dann ist ein Wunder geschehen. Und ein Wunder ist geschehen, wenn ein Landkind aus einfachen Verhältnissen – es gab kein Buch in ihrem Elternhaus, und »das Schreiben von Büchern war gefährlicher als eine Krankheit« (»Einmal anfassen – zweimal loslassen«, in: *Der König verneigt sich und tötet*, 2003) –, wenn ein solches Menschenkind einer schlimmen Gegenwart und einer noch schlimmeren Vergangenheit Überlebenswillen und Überlebensworte abgewinnt. Und wenn dabei eine Poesie wird, die die Wirklichkeit nicht ausschließen oder umfärben muss.

Repression erzeugt bei denen, die nicht unterworfen werden, sehr oft Trotz, Verbitterung und neurotische Fixierung auf das Trauma. Bei Herta Müller haben manche Kritiker Derartiges auch ausgemacht. Aber was ich am deutlichsten sehe, ist *Kraft*. Ein imaginativer Realismus findet eine neue Sprache, in der sich Wörter der Unterklasse, Dorfsprache, Heimatsprache für Blume, Tier, Lebenssituation und artifizielle Hochsprache mischen. Manchmal erlebe ich beim Lesen, dass dem komplizierten Geflecht von persönlichen Lebensläufen, Herrschaftsmustern, Flucht- oder Überlebensstrategien mit einer kunstvoll einfachen Sprache die eigentliche Botschaft abgerungen wird. Wenn die Dichterin mich dann so gefangen hat, geschieht es, dass ich ihr glaube und folge. In den Hass und den Zorn, der die mächtigen Meister des Tötens straft; in das Erstaunen über die Größe der Angst, deren so schwarze wie offensichtliche Magie unsere Zeit geprägt hat, vor allem aber in die Liebe zur Freiheit – ganz gleich, ob man sich dadurch unter den Deutschen verdächtig macht oder nicht.

Herta Müller hat dem Dunkel des Ostens viele Melodien abgelauscht. Die dissonanten fallen uns schwer auf die Seele, weil sie an das Geräusch der Ketten erinnern, die uns gebunden hatten. Aber die unterschiedlichen Melodien ergeben doch ein Ganzes, dessen Botschaft klar ist wie die eines Hymnus. Die Totenklage über die Zerstörten beschwört das Lebensrecht und die Würde aller Bedrohten. Ohnmacht ist wandelbar und – Freiheit kann und wird in Seelen wie Länder Einzug halten.

Herta Müller wohnt in Berlin sehr nah, in einem Stadtteil, der an meinen grenzt. Sehr selten sehen wir uns, obwohl keine Grenze uns trennt. Ich könnte öfter hingehen – wollte ich noch mehr wissen darüber, was sie weiß. Ich gehe nicht – mir reicht, was ich weiß. Wo ich herkomme, war sechsundfünfzig Jahre lang Diktatur. Ihre Schatten liegen noch schwer über dem Land. Manchmal reichen sie in meine eigene Seele. Ich mag das nicht, ich will frei sein.

Näher noch als die Autorin wohnen ihre Bücher bei mir. Jeden Tag gehe ich daran vorbei, selten schlage ich sie auf – obwohl ich Ja sagte, Ja, Ja! als ich sie las. Aber ich will nicht schon wieder die Schatten sehen, die Angst spüren und zu alledem noch wissen, dass das, was mir Schatten, an anderen Orten noch Leben ist und Bedrohung.

Aber wenn ich dann doch ein Buch aufschlage und das poetische Wort die wirkliche Wahrheit bannt, rücken mein Herz und mein Verstand einander näher – Furcht und Liebe begleiten diesen Vorgang.

In dem Kapitel »Gesicht ohne Gesicht« von Herta Müllers Roman *Der Fuchs war immer schon der Jäger* (1992) heißt es:

Das Tonbandgerät läuft. Aus dem Lautsprecher auf dem Schreibtisch sagt eine tiefe Stimme, also KASCHOLI, wie liest man das. KARACZOLNY; sagt eine leise Stimme. (...) Vorname, sagt die tiefe Stimme. ALBERT, sagt die leise Stimme. Und ABI, fragt die tiefe Stimme. Die leise Stimme sagt, meine Freunde nennen mich so. Und dein Vater, sagt die tiefe Stimme. Er hat mich auch ABI genannt, er lebt nicht mehr, sagt die leise Stimme. Und die tiefe Stimme wird wie die leise Stimme und sagt, ach so. Wann ist er gestorben? Und die leise Stimme wird wie die tiefe Stimme und sagt, das wissen Sie genau. Die tiefe Stimme fragt, wieso. Und die leise Stimme sagt, weil Sie fragen. Umgekehrt, sagt die tiefe Stimme, was wir wissen, das fragen wir nicht. Ein Feuerzeug klickt im Lautsprecher. Damals war ich noch im Kindergarten, sagt die tiefe Stimme, wie Sie. Ihr Vater hieß auch ALBERT, wie Sie. Können Sie sich an Ihren Vater noch erinnern? Nein, sagt die leise Stimme. Sie haben gesagt, Ihr Vater hat Sie ABI genannt, sagt die tiefe Stimme, und danach haben Sie gesagt, Sie können sich nicht mehr an ihn erinnern. Das ist ein Widerspruch. Das ist kein Widerspruch, sagt die leise Stimme, meine Mutter nennt mich ABI. Was wollen Sie von mir.

(...)

Das ist kein Widerspruch, denkt Abi, daß dieses Fenster draußen auf der nassen Straße nur ein Fenster ist. Daß jeder Tag und jede Nacht und die Welt sich teilt in solche, die horchen und quälen, und solche, die schweigen und schweigen. Und ein Widerspruch ist es, wenn ein Kind im Sommer, vor der durchrosteten Badewanne, in der Geranien wachsen, neben dem Bienenhaus, im Hof seine Mutter nach dem Vater fragt. Wenn die Mutter den Arm des Kindes hochhebt, dann seine Hand in ihre nimmt und die Finger an der kleinen Hand biegt und den Zeigefinger streckt und nach oben hebt. Wenn sie ihre Hand zurückzieht und sagt: siehst du, da oben. Und wenn das Kind nur kurz den Kopf hebt und nur Himmel sieht, und die Mutter auf die Geranien in der Badewanne schaut. Wenn das Kind den ausgestreckten Zeigefinger in die engen Schlitze des Bienenhauses steckt, bis die Mutter sagt, geh weg, du weckst die Königin. Wenn das Kind fragt, warum schläft die Königin, bis die Mutter sagt, weil sie so müde ist. Das ist ein Widerspruch, wenn ein Kind den Zeigefinger einzieht, weil es die müde Königin nicht wecken will und fragt, wie heißt er. Und wenn die Mutter sagt: er hieß ALBERT.

Wann wird all das weichen? Wann wird uns das verlassen, wann werden *wir* verlassen, was uns so ohnmächtig machte? Wie lange kann ich jetzt noch weiterlesen – in dem Buch der verstörenden Wahrheiten. Will ich etwa diesen Blick haben, soll er aus der Romanfigur auf mich übergehen?

Herta Müller schreibt: »(…) ihre Augen sind aufgerissen, ihr Blick ist der Jäger, springt aus den Augen und trifft. Was der nasse Mund schreit, ist Glut auf der Zunge. Ihr Zorn ist Hass, so schwarz wie ihr Mantel.« Wie lange soll dieses weibliche Roman-Ich meine männliche Lebensbewältigungstechnik noch hindern am Abschied von den Schatten? Ich werde das Buch jetzt zuschlagen. Ich werde ins Nebenzimmer gehen und den Fernseher einschalten, hoffentlich gibt es Fußball. Fußball ist gut für die Männerseele. Auch schöne Musik wäre gut. Sie ist gut für alle Seelen. Kein Fußball, keine Musik. Zurück in das Buch gehe ich jetzt auch nicht mehr. Ich wäre verstört und voller Unruhe, wenn ich weiterlesen würde. Was tun – schlafen? Aber kann ein Flüchtender schlafen? Ich fliehe nach draußen, dort sind frische Luft und ein dunkler Park. Es ist Mai, ich gehe nur wenige Schritte, merkwürdige Töne, ich kenne sie eigentlich, aber hier? Hier singt die Nachtigall. Nichts ist, wie es im Tageslicht ist. Nichts ist, wie es ist, während sie singt. Sie singt, sage ich zu mir, wenn es dunkel ist – merkwürdig, die anderen singen, wenn das Licht kommt.

Verstünde ich, was ich fühle, so hörte ich vielleicht eine Botschaft: Zwar singe ich, wenn es dunkel ist, aber ich singe, *weil* es dunkel ist.

Erinnern an zwei Diktaturen

Zum Gedenken an die Opfer
des Nationalsozialismus

Herr Präsident des Landtags, Herr Ministerpräsident, verehrte Mitbürgerinnen und Mitbürger!
Mein Nachdenken und meine Begegnung mit Ihnen hier in diesem hohen Haus stehen unter dem Thema »Ja – erinnern«.

Auschwitz, unsere zentrale Metapher für das Grauen, das Menschen über andere Menschen bringen, Auschwitz, so lese ich, stand verzeichnet in den Fahrplänen der Deutschen Reichsbahn. Es war kein Ort in irgendeinem östlichen Nirgendwo, sondern eine Stadt, die nach der Besetzung Polens dem Deutschen Reich zugeschlagen worden war. Eine Stadt, in die jene verfrachtet wurden, die nach der Würde auch noch ihr Leben verlieren sollten. Kein Grund dafür, nirgends. Aber das Töten wird nun von diesem Ort aus in der Geschichte der organisierten Menschheit in eine neue Dimension eintreten.

Im September 1941 werden in einem »Versuch« neunhundert sowjetische Kriegsgefangene und kranke Häftlinge mit Zyklon B getötet. Als drei Jahre und gut vier Monate später die Befreiung des Vernichtungslagers Auschwitz durch die sowjetische Armee erfolgt, werden 1,1 Millionen Menschen umgekommen sein – in den Gaskammern, durch Hunger, Krankheit oder Misshandlungen. Ihre Leichen wurden verbrannt, ihre Asche zerstreut.

Die übergroße Mehrheit der Getöteten waren Juden. Dazu kamen hundertvierzigtausend Polen – wir vergessen sie leicht als Opfergruppe bei unseren Feiern zum Gedenken an die Opfer des NS-Regimes. Dann Sinti und Roma, die als Zigeuner verfolgt wurden. Nicht zu vergessen die sowjetischen Soldaten und Kommissare.

Gedenkveranstaltung des Hessischen Landtags, Wiesbaden, 27. Januar 2005.

Viele haben gesagt, die einzig angemessene Reaktion angesichts dieses unvorstellbaren Mordens sei Schweigen. Als Nachkriegskind muss ich ehrlicherweise sagen: Meine Generation erinnert sich mehr an das Schweigen als an das Erzählen. An die Schweigestrategien, an die Schweigespiralen, an die selektive Erinnerung in unseren Familientraditionen. Wir sehen: Schweigen kann ebenso falsch sein wie Reden. Es gibt so falsches Schweigen, wie es falsches Reden gibt. Und deshalb: Wir können nicht einfach schweigen. Gerade wenn das Schweigen die Verbrechen verdecken soll.

»Ja – erinnern«. Das heißt, dass wir uns weiter mit unserer Sprache verständigen müssen, die wir nun einmal haben. Es wäre allerdings gut, wenn unser Herz unserem Verstand zu Hilfe käme, damit wir vielleicht eine Sprache finden, die uns hilft, zu reden von dem, was uns eigentlich stumm macht.

Wir haben unter Schmerzen gelernt – das ist eine der ganz wesentlichen politisch-kulturellen Leistungen der alten Bundesrepublik. Wir haben gelernt, dass die Anerkennung von Schuld, auch das Bezeugen von Scham, das Ja zu einer eigenen Geschichte, und sei sie noch so schmerzhaft, eine Gesellschaft nicht schwächer, sondern stärker macht. Sich der Vergangenheit stellen ist das bessere Programm, und wir wünschten dieses Programm all jenen Gesellschaften, die sich schwertun und in einem vorschnellen Schlussstrich und im Schweigen über das Dunkel von Unmenschlichkeit und Ungerechtigkeit den geeigneten Weg in eine politische Zukunft sehen.

Ich weiß, dass der Meinungsstreit manchmal heftig war, oft giftig und vergiftet, und Auschwitz auch als Moralkeule benutzt wurde, wo eine schlichte innenpolitische Sachdebatte angezeigt gewesen wäre. Trotzdem waren diese Zeiten, als wir uns neu und zu unserer Schuld hin orientierten, Wachstumszeiten für diese Republik. Sie hat sich ihr ziviles Gesicht unter Kämpfen und Streit errungen; das wollen wir heute auch würdigen.

Wir haben gelernt, dass es, um ein altes Bibelwort zu zitieren, etwas gibt, das uns frei macht. Es ist die Wahrheit. Geistig und politisch gewinnt derjenige die Zukunft, der nicht vor der Wahrheit wegläuft. Der Jurist Fritz Bauer beispielsweise, der nach seiner Rückkehr aus der Emigration gar nicht weit entfernt von hier als hessischer Generalstaatsanwalt große Prozesse gegen die SS-Besatzung von Auschwitz anstieß, hat sich noch fremd gefühlt in Westdeutschland. »Wenn ich mein (Dienst-)Zimmer verlasse«, so sagte er, »betrete ich feindliches Ausland.« Er erhielt in den fünfziger und sechziger Jahren kaum gesellschaftliche Anerkennung für seine Aufarbeitung des NS-Unrechts und die Rehabilitierung der Widerstandskämpfer vom 20. Juli 1944. Seitdem hat sich allerdings vieles verändert.

Da ist etwas gewachsen in dieser Nation von einem sicheren Wissen, dass nationale Bindung nicht den höchsten Wert darstellen kann. Nein, ich werde nicht »mein Land« zu einem Land sagen, das das Unrecht und die Ungerechtigkeit zum Staatsprogramm und zum Kern der eigenen Politik macht. Wir wollen keinem »negativen Nationalismus« das Wort reden. Aber wir glauben nicht, dass wir Freiheit, Offenheit und Gestaltungsfähigkeit gewinnen, wenn wir über das hinwegsehen, was diese Nation ruiniert hat. Wir wollen im politischen Diskurs nicht verfahren wie in Freundes- und Familienkreisen, wo man, um Konflikten aus dem Wege zu gehen, sich manchmal einfach auf die Schulter klopft und meint: »Schwamm drüber!«

Im politischen Diskurs gilt vielmehr ein Prinzip, das wir aus der Arbeit von Menschen in psychotherapeutischen Berufen kennen. Therapeuten gehen zu frühen Verletzungen und Traumata zurück, die Menschen beschädigt haben – nicht um sie zu quälen, sondern um sie sehen, wissen und fühlen zu lassen, was sie einst schwach, krank und kaputt gemacht hat. Um in Auseinandersetzung mit dem, was sie entmächtigte und entwürdigte, die Möglichkeit und die Kraft zum Abschied von diesen Prägungen in ihnen wachzurufen.

Ja, meine Damen und Herren, wenn sich unser Land durch die Generationenfolge, aber auch durch die Vernunft der demokratischen Kräfte geändert hat, so wollen wir uns freuen. Aber wir übersehen nicht, dass wir mit unserem »Ja – erinnern« einem schwierigen Programm verpflichtet sind.

Ich bin als ein 1940 Geborener zwar keineswegs schuldig an dem, was die Nazis angerichtet haben, obwohl ich fälschlicherweise

in meinem früheren Leben als Pfarrer versucht habe, selbst noch
junge Menschen mit Schuld anzustecken. Das war gut gemeint, aber
töricht gehandelt, denn Schuld ist eine personale Dimension. Ich
hätte ihnen die Augen öffnen können, ohne sie schuldig machen zu
müssen.

Wenn wir es ernst meinen mit der Bereitschaft, das Gewesene
anzuschauen, dann fördert dieser Vorgang für uns Nachgeborene
auch zutiefst Verstörendes an die Oberfläche. Wenn wir denn wollen, erkennen wir nämlich, dass das Unmaß staatlich verordneten
Mordens eben nicht einfach ein Ergebnis des Handelns von Appa-
raten war, sondern dass hinter diesem staatlichen Handeln Namen
stehen, ganz konkrete Menschen, die Befehle erteilt und ausgeführt
haben. Keineswegs war das nur eine Handvoll Schuldiger aus dem
Reichssicherheitshauptamt oder der Reichskanzlei – »Adolf Hitler
war es, ich bin es nicht gewesen« –, häufig waren es Menschen aus
unserer Nähe.

Nach den Großmeistern des Bösen kommen die Technokraten
der Macht, der mittlere Apparat, und zuletzt in der Aktionskette die,
die das Mörderhandwerk tatsächlich betreiben. Das sind keineswegs
nur brutale SS-Typen, die man aus einigen Filmen kennt, sondern
mitunter ganz einfache Wehrmachtsangehörige und Hilfspolizis-
ten – »ganz normale Männer«, um einen berühmten Buchtitel des
amerikanischen Historikers Christopher R. Browning zu zitieren.[*]

Christopher Brownings Ausführungen, die mich sehr berührt
haben, beziehen sich auf den 13. Juli 1942 – jenen Kriegstag im besetzten Polen, an dem Bataillonschef Major Trapp den fünfhundert
Männern seines Reservepolizeibataillons 101 aus Hamburg den Auftrag zur Deportation und Ermordung der Juden aus der Stadt Józe-
fów erteilt. Erwachsene männliche Juden sollen deportiert, Frauen
und Kinder sowie Alte erschossen werden. Und obwohl Major
Trapp den Männern zusichert, wer sich der Aufgabe nicht gewachsen fühle, werde davon entbunden, treten nicht einmal zwölf Männer

---

[*] Christopher R. Browning, *Ganz normale Männer: Das Reserve-Polizeibataillon 101
und die »Endlösung« in Polen*, Hamburg 1993.

vor. Nicht einmal zwölf von knapp fünfhundert! Und ganz merkwürdig: Niemand von denen, die sich nach dem Krieg vor dem Hamburger Landgericht verantworten müssen, kann sich erinnern, jemals vor dieser Wahl gestanden zu haben. Gäbe es nicht die Personen, die sich geweigert hatten – sie haben übrigens alle überlebt, keiner von ihnen ist bestraft worden –, würden wir als Nachgeborene vermutlich alle meinen: Verweigerung war undenkbar, an der Front galt unbedingter Gehorsam.

Es ist richtig, dass wir nicht immer *jede* Wahl haben; aber häufiger, als wir denken, können wir zwischen besser und schlechter wählen. Es ist nicht sicher, dass wir das Unrecht insgesamt aus dieser Welt schaffen können; das ist sogar sehr unwahrscheinlich. Aber es ist ziemlich sicher, dass, würden wir unsere Fähigkeit wahrnehmen, das Gute oder das Bessere zu wählen, diese Welt humaner und lebenswerter wäre und wir einige Opfer weniger auf der Erde hätten.

Es hat weitreichende Folgen, wenn wir den Tätern auf unteren Ebenen ein Gesicht geben. Denn wir begreifen, dass Totalitarismus, dass das Böse überhaupt sehr nahe bei uns wohnen, dass es unter dem eigenen Dach vorkommen kann.

Wenn beispielsweise ein Dorflehrer sich aufmacht und die alten Zeitungen aufschlägt, um eine Dorfchronik zu schreiben, dann sieht er, dass Bauer Meier sen. der Ortsbauernführer war, der Vater respektive Großvater des jetzigen Bauern Meier, seines Nachbarn. Und wenn der Dorfchronist weiter gute Nachbarschaft halten und im Dorf gut angesehen sein will, wird er sich fragen, ob er den Namen »Meier« mit Funktion in die Dorfgeschichte hineinschreibt oder ob er es lieber sein lässt.

Wenn Sie in die Kreisstadt gehen, stellt sich dasselbe Problem: Wer war dort eigentlich Regierungspräsident in der NS-Zeit, oder wer hat dem Gericht präsidiert, usw. usf.? Sowie der Name fällt, sowie die Wahrheit konkret wird, tut sie weh, und dann wird sie leicht weggeschoben.

Erschreckend selbst noch für uns Nachgeborene ist es, wenn wir uns mit der Ratio der vergangenen Diktatur konfrontieren. Als Eugen Kogon sein berühmtes, Epoche machendes Werk *Der SS-Staat* veröffentlichte, fragte er sich, ob er diese »dunkle Last« wirklich schriftlich festhalten solle.

»Manchmal kam es mir in den Sinn, ob ich nicht der sei, der das System, von dem Kunde gebracht wird, nun eigentlich erst rationalisiere, indem [ich] die Stärken und die Schwächen zugleich aufzeig[e], sodass es für einen künftigen Tyrannen sozusagen vollwirksam und gebrauchsfertig werde. Ich war infolgedessen mehrmals während der Abfassung des Manuskripts versucht, es zu verbrennen.«

Und noch etwas quälte ihn. Selbst Opfer können unter den unmenschlichen Bedingungen der Tyrannei unmenschlich und zum Teil des Bösen werden. Im Kampf um die nackte Existenz und das Überdauern, schreibt Eugen Kogon, hätten sich die sittlichen Wertmaßstäbe der vergewaltigten, der kranken, der pervertierten, der blind gewordenen Gefangenenseelen bis zum Zerbrechen gebogen. Ein Dschungel der Verwilderung habe in den Konzentrationslagern geherrscht, der die *tragoedia humana* in absonderlichster Weise exemplifiziert habe. Soll man auch davon Zeugnis ablegen?

Ich kannte das Werk von Eugen Kogon lange. Dass ein Mann wie er sich fragt, ob auch die dunklen Seiten der Opfer erwähnt werden müssen, zeigt uns, dass nicht jeder Versuch, etwas durch Vergessen zu bannen, einfach moralisch zu verurteilen ist. Es ist auch ein menschlicher Impetus: Schaffe ich dem Bösen nicht einen Raum, der es – und sei es in Worten – noch einmal groß macht? Und denunziere ich unter Umständen jene, mit denen ich Mitgefühl erzeugen möchte?

Kogon sagte – wir wissen es – dennoch Ja zu seinem Werk, da es »ein Ecce-Homo-Spiegel ist, der nicht irgendwelche Scheusale zeigt, sondern dich und mich, sobald wir nur dem gleichen Geiste verfallen, dem jene verfallen sind, die das System geschafften haben«. Vielleicht, so seine Hoffnung, werde eine solche Spiegelung menschlicher Abgründe dazu beitragen, Deutschland und die Welt vor der Wiederholung des Gleichen oder Ähnlichem zu bewahren.

Wir hoffen also, dass wir, die wir uns hier treffen, gefeit sein mögen vor der Gefahr des Verschweigens und des selektiven Erinnerns. Aber wir müssen uns fragen, ob Erinnerung nicht auch eine

Konjunktur hat, die sich zu Tode laufen kann. Diese Sorge bewegt mich besonders seit der Übernahme des Vorsitzes des Vereins »Gegen Vergessen – für Demokratie«. Wird es uns gelingen, die tiefe emotionale Erschütterung, die meine Generation in der Konfrontation mit den Tätern und Opfern der Nazizeit erlebt hat, in gleicher Weise weiterzutragen in unsere Schulen, unter unsere jungen Leute?

Alle diejenigen, die mit Jugendlichen arbeiten, wissen, dass das nicht einfach mit gutem Willen zu machen ist. Die Kundigen und die Engagierten im Lande müssen Fantasie und Sensibilität aufbringen, damit sie das, was sie einst bewogen hat, Demokraten zu werden, vielleicht in einer anderen Sprache, in einer anderen Tonart, mit anderem Bildmaterial und mit anderen Gedenkformen vorbringen. Wir müssen in unterschiedlichen Zeiten das von uns als richtig Erkannte wohl unterschiedlich sagen.

Für mich ist es zum Beispiel schwer erträglich, ein Kunstprodukt wie den Comic von Art Spiegelman zu sehen, in dem die Geschichte eines Überlebenden in Form einer Tierfabel erzählt wird – die Juden als Mäuse, die Deutschen als Katzen, die Polen als Schweine. Es mag sein, dass es manche Form von Begegnung mit der Vergangenheit gibt, die wir Älteren als trivial empfinden, die gleichzeitig aber für Jüngere eine Möglichkeit des Erkennens, Begreifens und ein emotionaler Türöffner sind zu dieser Welt des Unrechts.

Es kann ja sein, dass sich nicht große Namen wie Anne Frank, die mein Herz in meiner Jugend bewegt haben, in die Herzen von Jugendlichen schleichen, sondern die Namen von Unbekannten, von denen wir bisher noch nie etwas gehört haben. Es hat mich sehr bewegt, dass Arno Lustiger, Überlebender von Auschwitz, 2005 in seinem Vortrag vor dem Deutschen Bundestag dafür geworben hat, gerade die kleinen Helfer zu würdigen, die »Rettungswiderstand« betrieben haben – sogar Helfer in Uniform.*

---

* Arno Lustiger sprach zusammen mit Wolf Biermann am 27. Januar 2005 vor dem Deutschen Bundestag. Seine Recherchen über die Helfer veröffentlichte er in: *Rettungswiderstand. Über die Judenretter in Europa während der NS-Zeit*, Göttingen 2011.

Es könnte also sein, dass irgendwo in Nordhessen ein Jugendlicher fragt: »Karl Laabs aus Kassel? Ein Architekt? Was hat der denn im polnischen Chrzanów/Krenau gemacht?«, und herausbekommt, dass dieser als Baurat dorthin abkommandiert war, dass er Juden und andere Menschen erst mit Nahrungsmitteln versorgt, sie dann versteckt und ihnen zuletzt Fluchtwege eröffnet hat– zwanzig Kilometer entfernt von Auschwitz. Als er ins Visier der Gestapo geriet, rettete er sich in die Luftwaffe, wo er Feldwebel wurde.

Es könnte auch sein, dass an einer Schule, in der vielleicht Behinderte integriert werden, eine größere Bereitschaft existiert, über die Zeit des Nationalsozialismus und des Mordens zu forschen, wenn man sagt: Schauen wir uns einmal die Geschichte der behinderten Menschen in unserem Dorf, in unserer Stadt an. Die Schüler hören dann »Euthanasie«, sie begegnen der Zwangssterilisierung, und wenn es schlimm wird, spüren sie, dass in ihrer eigenen Familie ein dunkles Geheimnis ist, weil sie sich kalt getrennt hat von einem behinderten Kind, das nie wieder zurückkam aus dem Tötungszentrum Sonnenstein bei Pirna, aus der psychiatrischen Klinik Hadamar bei Limburg an der Lahn oder wo auch sonst diese Menschen vom Leben zum Tod gebracht wurden.

Vielleicht fühlen sich Kinder und Jugendliche ja herausgefordert, sich nicht auf den ausgefahrenen Pfaden der Erinnerungskultur zu bewegen. Vielleicht werden sie bisher unbekannten, namenlosen Opfern ein Gesicht geben, neue Stolpersteine einmauern lassen, neue Steine, Stelen, Epitaphien aufstellen oder neue Bücher schreiben – wenn, ja wenn es uns gelingt, das »Nie wieder« nicht im Ritual erstarren zu lassen, sondern die Jugendlichen vor dem Bösen in der Vergangenheit als einer menschlichen Möglichkeit auch im Heute zu warnen.

Warum ist es so wichtig, dass uns das gelingt? Wir, meine sehr verehrten Damen und Herren, sind zu alt, um die Demokratie von morgen zu gestalten. Mit unserer Zivilcourage, so wir sie denn aufbringen, werden wir die Demokratie in der Zukunft nicht bewahren. Wir können nur Erfahrung weitergeben.

Diese Demokratie ist nicht nur bedroht von rechts, diese Demokratie wird auch ausgehölt durch Gleichgültigkeit. Es gilt bereits, auf die Frühformen des Verlustes von Demokratie zu reagieren: die langsame Entrechtung von Einzelnen, das Auslöschen der Herrschaft des Rechtes, die selektive Gewährung von Rechten, auch des Lebensrechtes und der Würde – eben das Schützenswerte in der offenen Gesellschaft und in der Demokratie.

So gehören Erinnerungsschritte und Zukunftsplanung zueinander. Ich hoffe, dass es uns gelingt, dieses Wissen zu vermitteln. Ich jedenfalls werde es versuchen. Denn wenn ich auch am liebsten schweigen möchte im Angesicht der Verbrechen, so weiß ich doch, dass ich reden muss von dem, was mich zum Schweigen bringen will.

Von Zeugenschaft, Verweigerung und Widerstand
Anmerkungen zum Leben unter totalitärer Herrschaft

Als ich von Professor Steinbach gebeten wurde, anstelle des erkrankten Andrzej Szczypiorski diese Rede zu halten, fühlte ich mich »beauftragt«. Denn eigentlich, so kam es mir in den Sinn, sind wir alle Beauftragte – nicht nur die Angehörigen aus den Familien der Widerständler, sondern wir alle, die wir sehen, fühlen, denken können –, Beauftragte derer, die an der Gestaltung der Zukunft nicht mehr teilnehmen konnten, weil die Henker ihnen ihre Zukunft nahmen. Wir Nachgeborenen können diesen Auftrag nicht übersehen und uns ihm nicht entziehen, denn er stammt von jenen, die Land und Menschen menschlicher machen wollten.

Zweimal in diesem Jahrhundert erschien es allzu vielen Bürgern in diesem Land normal, sich an eine politische Ordnung anzupassen, der Recht und Gerechtigkeit fremd waren. Und wir fragen uns: Wann ist diese Anpassung menschlich verständlich und von politischer Rationalität, und wann wird sie Unterwerfung? Wie lange dauert es, bis wir die Lüge, die Verschleierungen der Diktatur, die scheinrationalen Argumente der totalitären Systeme als solche erkennen? Und ist es nur gelogen, wenn hinterher massenhaft berichtet wird, man habe nichts gewusst?

Hannah Arendt konstatierte 1950 nach einem Besuch in Deutschland bei der Masse der Deutschen einen »Verlust an Wirklichkeit«. Der allgemeine Gefühlsmangel und die offensichtliche Herzlosigkeit waren für sie das äußerliche Symptom »einer tief verwurzelten, hartnäckigen und gelegentlich brutalen Weigerung, sich dem tatsächlich Geschehenen zu stellen und damit abzufinden«. Menschen, die unter

Berlin, 19. Juli 1996, Gedenkveranstaltung zum 20. Juli 1944.

totalitärer Herrschaft leben – so erläuterte Arendt –, gewöhnen sich daran, nicht mehr ihrem eigenen Zugang zu Fakten und zur Realität zu vertrauen. Vielmehr folgen sie der Propaganda, übernehmen jeweils neue Mischungen aus Tatsachen und Meinungen – und erachten unter Umständen heute für wahr, was sie gestern noch für falsch hielten. Die Ideologien sind in diesem Zusammenhang relativ unerheblich, entscheidend ist, dass übernommen wird, was der Diktator als Wirklichkeit ausgibt.

Offensichtlich gibt es in uns Menschen eine sehr alte psychische Grundausstattung, die uns an Gemeinschaften bindet: die Neigung zum Aufgehen in einer Gruppe, die sich als Volk, als Glaubens- oder als ideologisch-politische Gemeinschaft versteht. Denn es bereitet Schmerz und Einsamkeit, wenn das autonome Ich sich in inneren oder äußeren Abstand oder Widerspruch zu Handlungen seines Kollektivs begibt, die es ethisch nicht mehr akzeptieren kann.

Des Weiteren müssen wir eine elementare Verlockung erkennen: Es ist verführerisch, als Nicht-Verantwortlicher zu leben. Glücklicherweise – sagen wir innerlich – haben »die da oben« uns die Entscheidungen abgenommen. Leider – sagen wir später – seien wir von Mitwirkungsmöglichkeiten abgeschnitten gewesen. Ohnmacht ist ein süßes Gift. Man lebt ungern in offizieller Ehe mit ihr, desto häufiger lebt man mit ihr in geheimer intimer Beziehung.

Sich zu fügen kann aber auch angezeigt erscheinen, wenn die Alternativen unklar oder unrealistisch scheinen. Joachim Fest erinnerte einmal an eine Notiz Ulrich von Hassells aus dem Jahre 1940: »Es ist kein Zweifel, dass, wenn dieses System siegt, Deutschland und Europa fürchterlichen Zeiten entgegengehen. Bringt es aber Deutschland in eine Niederlage, so sind die Folgen erst recht nicht auszudenken.« Viele werden empfunden haben wie von Hassell,* wonach es überhaupt keine gute Lösung geben konnte. Aufgrund des Mangels an letzter Klarheit entschieden sie sich, sich nicht zu entscheiden – und nahmen damit Gewalt und Unrecht hin.

---

* Von Hassell selbst beteiligte sich allerdings an Plänen zum Putsch gegen Hitler. Er wurde Ende Juli 1944 verhaftet, zum Tode verurteilt und gehenkt.

Schließlich weiß Zygmunt Bauman, Soziologieprofessor in England, wie sogar die Opfer nationalsozialistischer Vernichtungspolitik dazu neigten, ihre Möglichkeiten der Rettung zu vermindern, indem sie mit ihren Feinden und Mördern kooperierten. An den Beispielen von Judenräten und jüdischen Polizisten in den Gettos zeigt Bauman, dass einige Opfer die Regeln des bürokratischen Apparats übernahmen, statt sich den Maßnahmen zu verweigern oder sich gegen sie aufzulehnen. Naziopfer erleichterten so letztlich das Werk der Täter, indem sie deren Rationalität übernahmen.

Weil wir künftigen Diktatoren die Arbeit nicht leicht machen wollen, sind Gedenktage wie diese wichtig, damit wir wieder und wieder von jenen erzählen, die mehr Mut und Hingabe besaßen, als es anderen möglich war. Menschen, die ihr Leben geben können für Freiheit, antworten in elementarer Weise auf die Freiheitssehnsucht aller Unterdrückten aller Zeiten – sie sind vertraut mit einem Begriff und einer Wirklichkeit von Freiheit, die im wahren Wortsinn »nicht von dieser Welt« ist.

Aus Sorge um den Verlust des Menschlichen am Menschen werden wir aber nicht nur auf Helden schauen, auf resistente Minderheiten. Wir werden auch die kleinen Schritte des Widerstands zu würdigen haben, die niedrigen Schwellen, die Jedermannsmöglichkeiten. Denn wir müssen kleine Schritte erlernen, bevor wir große Sprünge machen können. Der Mensch hat trotz Manipulierung und mannigfacher Prägung die Fähigkeit zur Wahrnehmung sowie zur Rückkehr zu sich selbst, zum eigenen Gewissen, zur eigenen Würde. Er kann den Verlust der Gemeinschaft ertragen, um mit dem eigenen Ich in Einklang leben zu können.

Erich Fromm sagte, man brauche einen eigenen Kern, um widerstehen zu können. Solches Widerstehen kann das Annehmen von Leidenssituationen, sogar des Todes einschließen. Manchmal erwacht die Fähigkeit zum Widerstehen gerade dann, wenn der Einzelne oder die Gruppe nicht im Gefühl von Stärke und Souveränität leben. Oft setzt sich erst auf dem Grund der Ohnmacht der Wunsch durch: So kann es nicht mehr weitergehen. Jetzt muss ich, jetzt müssen wir uns wehren.

Vielleicht beginnt der Prozess der Verwandlung von Ohnmacht in Vollmacht mit der elementaren Menschenfähigkeit der Sehnsucht. Denn Sehnsucht, wenn sie nach Freiheit oder Recht sucht, so »wie der Hirsch schreit nach frischem Wasser«, wird Hoffnung gebären. Wo aber im Politischen Hoffnung keimt, bricht die Erstarrung der Anpassung auf. Aus Hoffnung entsteht die Kraft zum Anderssein und danach vielleicht die konkrete Widerstandsform.

Dabei dürfen wir keine Widerstandstradition aus unserer Erinnerung ausgrenzen. Wir müssen auch Menschen würdigen, die wir wegen ihrer späteren Haltung oft kritisieren und manchmal verachten.

Ich spreche von Kommunisten, die auch bewundernswerte Phasen in ihrem Leben hatten, bevor sie Diktatoren wurden. Wer sie ernst nimmt, kann seine Kritik an ihnen durchaus mit Respekt, Achtung und Freude darüber verbinden, dass sie in einer Zeit, als andere still und harmlos blieben oder mitliefen und mitmordeten, eine richtige Wahl getroffen hatten.

Deutsche werden selten in großer Zahl so weit gehen wie die Polen mit ihrer Freiheitstradition. Polen halten es für eine Tugend, auch dann zu streiten, wenn der Erfolg höchst unsicher ist. Und sie gewinnen im Kampf und Sieg oder im Sterben und in der Niederlage ihre Würde zurück. Doch wie wichtig ist es gerade auch für uns, an jene Deutschen zu denken, denen Freiheit und Würde höhere Werte waren als die Sicherung des Überlebens.

Ich denke an Alfred Andersch, der 1944 an der Arno-Front in Italien desertierte. Später erinnerte er sich: Mein ganz kleiner, privater 20. Juli fand bereits am 6. Juni (dem Tag der Desertion) statt. Er kam davon. Doch wäre er erwischt worden, hätte er für die Desertion mit dem Leben bezahlt.

Ich denke an Friedrich Hanselmann, den Bauern aus dem Dorf Brettheim, der in den letzten Kriegstagen 1945 die HJ-Mitglieder entwaffnete und die Waffen im See versenkte. Wegen Wehrkraftzersetzung wurde er zum Tode verurteilt und erhängt. Mit ihm starben der Bürgermeister und der örtliche Naziführer, weil sie sich geweigert hatten, Hanselmanns Todesurteil zu unterschreiben.

Ich denke auch an eine Französin, die wir kennenlernen, wenn wir in Lyon im »Centre de la Déportation« in einer Glasvitrine die Gestapo-Meldung aus Paris über ihr Vergehen lesen. Sie hatte sich den gelben Stern an der Bluse befestigt, um damit gegen die Behandlung der Juden zu protestieren.

Es mag von unserem Menschenbild abhängen, wie wir die Frage beantworten, ob man Zivilcourage lehren und lernen kann. Wer sich versammelt, um an Claus Schenk Graf von Stauffenberg und an seinen Bruder Berthold, an Carl Goerdeler, Dietrich und Klaus Bonhoeffer, an all die anderen Väter und Mütter eines freieren besseren Deutschlands zu denken, der mag tausendmal Ja sagen auf die gestellte Frage. Vielleicht wird aber auch er sich nicht völlig frei machen können von der Skepsis der Zeit und den Zweifeln, dass man aus der Geschichte lernen kann.

Was konnte man denn tun?, fragten alle, die zu wenig versucht hatten, nach dem Ende einer Diktatur und erwarteten die verständnisvolle Antwort: Nichts. Aber nicht nur die Märtyrer lehren uns, dass dies nicht richtig ist, sondern die einfachen Neinsager unter den Jasagern und die Menschen, die Zeugnis ablegten, weil sie nicht anders konnten.

Schon Zeugenschaft erfordert oft Mut, und »nur aus einer mächtigen Gefühlsaufwallung« – so der polnische Schriftsteller Czesław Miłosz – und dem festen Glauben an das ehrenwerte Ziel würde jene Entschlossenheit geboren, »die unsere Kleinmütigkeit überwindet«.

Der deutsche Fotograf und Wehrmachtsoldat Joe Heydecker, dem wir die Fotos aus dem Warschauer Getto verdanken, wünschte sich manchmal, nie als Zeuge herausgefordert worden zu sein. Mehr noch als die Möglichkeit, entdeckt und vor ein Kriegsgericht gestellt zu werden, fürchtete er allerdings die Schrecken der Wirklichkeit.

»Die Wahrheit war rings um mich, in den tausend elenden Menschen, die im Halbdunkel der Straßen kaum zu unterscheiden waren. Ich war mitten in einem entsetzlichen Geheimnis der deutschen Reichsmaschinerie. Ich hatte Angst vor der Wahrheit, der ich gegenübertreten musste. Aber ich wollte die Wahrheit wissen.«

Heydecker fotografiert, er findet Helfer unter den Kameraden, die die Fotos herausschmuggeln. Er folgt seinem ganz individuellen »Auftrag«, obwohl die Wahrheit in seinem Fall keine befreiende Wirkung hat.

»Meine Schuld ist«, so Joe Heydecker, »dass ich sah, dabeistand und fotografierte, statt zu handeln. Schon damals fühlte ich dieses furchtbare, undurchdringliche Problem. Feige die Frage: Was hätte ich tun können? Etwas. Mit dem Seitengewehr einen der Posten niederstechen. Den Karabiner gegen Vorgesetzte richten. Überlaufen und auf der anderen Seite kämpfen. Den Dienst verweigern. Sabotage treiben. Befehlen nicht gehorchen. Den Tod hinnehmen. Niemand, so sehe ich es heute, kann uns davon absolvieren.«

So blieb Schuldbewusstsein, weil er nicht den eigenen Tod riskierte, um den Tod von anderen zu verhindern. Und es blieb Schuldbewusstsein, weil er Erleichterung spürte, als er nicht zu heldenhafter Entscheidung aufgerufen war. Durch einen glücklichen Zufall gehörte Joe Heydecker im Juni 1941 nicht zu den Soldaten, die vom Kompaniechef beauftragt wurden, drei verwundete russische Gefangene zu erschießen.

»Ich sah, wie die Kameraden auf die hilflosen Menschen, die dort im Gras hockten, anlegten. Ich hörte die Schüsse. Befehl ausgeführt. Ich höre sie noch, und immer mit der quälenden Frage, was ich getan haben würde, wenn der Finger des Kompaniechefs auf mich gedeutet hätte. Es ist an mir vorbeigegangen. Aber wenn? Wenn? Ich weiß auch heute keine Antwort, über vierzig Jahre danach. Ich weiß nur, dass dann eine Entscheidung hätte fallen müssen, die zu treffen mir allein durch zufällige Umstände erspart blieb.«

Es gibt bis heute keine endgültigen Antworten auf die Frage, wer zu welcher Hilfe imstande ist. Wer sogar bereit ist, sein eigenes Leben zu opfern, um andere – vielleicht – zu retten.

Raul Hilberg schrieb: »Es gab zwei Arten von Hilfe. Zum einen die gelegentliche, die im Vorbeigehen erfolgte. Die anderen Helfer handelten entweder aus Opposition, aus reiner Sympathie oder aus dem Gefühl, eine humanitäre Pflicht zu erfüllen. Über die humanitären Helfer ist viel geschrieben worden. Man nannte sie Altruisten, gerechte Nichtjuden, barmherzige Samariter. Aber äußerlich gesehen hatten sie wenig gemeinsam. Es waren Männer und Frauen, ältere oder jüngere, reichere oder ärmere Leute. Wie die Täter, deren Gegenteil sie waren, konnten sie ihre Motive nicht erklären. Sie nannten ihr Handeln normal oder natürlich. Und nach dem Krieg fühlten manche sich durch die öffentliche Lobpreisung peinlich berührt.«

Zeugnis ablegen und helfen, das spricht sich einfach aus. Aber es gibt Zeiten, da werden diese Tugenden so selten, dass sie wie etwas Kostbares gerühmt werden müssen. Doch wenn wir von Zeugenschaft und von der Hingabe an das Gemeinwesen, von der Liebe zur Freiheit, von der Opferbereitschaft für Verfolgte schweigen, dürfen wir uns nicht wundern, wenn derartige Eigenschaften eines Tages nicht mehr zu den Tugenden zählen.

Eingangs sprach ich davon, dass wir Beauftragte sind. Wir werden gebraucht, und alles wird gebraucht, was aus Untertanen Bürger macht. Das Trainieren von Haltungen wie die Gewinnung neuer oder ganz alter Wissens- oder Glaubensgüter etwa darüber, dass unser Gemeinwesen mehr braucht als unsere räuberische oder hedonistische Annäherung. Es braucht eine Geneigtheit seiner Bewohner, für die der französische Schriftsteller Montesquieu sogar den Begriff Liebe verwandte. Als Deutscher und Kind dieses Jahrhunderts denkt man natürlich sofort an die Fülle missbrauchter Gefühle – die Liebe zur Scholle, Heimat, Nation, zum Thron und zum Führer – und hört weg. Aber wir sollten die alte Begrifflichkeit vielleicht neu buchstabieren. Es könnte ja sein, dass wir auf eine innere Wahrheit stoßen, die wir dringend brauchen.

Wer von Menschen beauftragt ist, die sogar in der Diktatur daran festgehalten haben, dass sie entscheidungsfähig blieben, der wird sich einer Sorge nicht verschließen können: dass unsere Demokratie möglicherweise durch dieselbe Haltung zugrunde gehen könnte, die die Diktatur so lange am Leben erhalten hat, nämlich durch unser unkritisches, unengagiertes Danebenstehen.

Befreiung feiern – Verantwortung leben

Vor Ihnen steht ein dankbarer Mann, bewegt und voller Freude darüber, dass das Nationalkomitee 4. und 5. Mai den deutschen Bundespräsidenten gebeten hat, in Breda zu sprechen.

Ich bin im Jahre 1940 geboren, dem Jahr, in dem die Niederlande Opfer deutscher Großmachtpolitik und deutschen Rassenwahns geworden sind. Es ist für einen Deutschen – und ganz gewiss für mich – nicht selbstverständlich, dass ich heute hier vor Ihnen stehen und zu Ihnen sprechen darf. Das Nationalkomitee hat meinem Land und mir persönlich mit dieser Einladung großes Vertrauen entgegengebracht – es ist ein Geschenk, ich nehme es demütig und dankbar an, und ich werde es nicht vergessen. In meiner Dankbarkeit enthalten ist auch die Freude darüber, dass unsere Länder seit Jahrzehnten Partner sind – den Menschenrechten verpflichtet, der Freiheit und der Demokratie.

Ich gehöre zu einer Generation von Deutschen, die meist erst unter Schmerzen gelernt hat, dass der alte Spruch *Right or wrong – my country* nicht mehr unbedingt gelten kann. Wir mussten lernen, dass es zu unterscheiden gilt zwischen einem Vaterland, das einem am Herzen liegt, und einem Unrechtsregime. Dass Widerstandskämpfer keine Hoch- und Landesverräter sind. Dass Emigration nicht Feigheit bedeutet und Fahnenflucht nicht unentschuldbar sein muss. Wir haben gelernt: Zu einer Regierung, die das Leben und die Würde der Menschen mit Füßen tritt, kann und darf es keine unverbrüchliche Treue geben. Gegen ein Unrechtsregime stehen wir vielmehr auf der Seite jener, die – wie Bundespräsident Theodor Heuss

Breda, 5. Mai 2012, Rede zum Nationalen Befreiungstag der Niederlande. Es ist die erste Festansprache eines deutschen Bundespräsidenten zu diesem Anlass.

es 1954 schon sagte – den Staat der mörderischen Bosheit zu entreißen und das Vaterland vor der Vernichtung zu retten versuchen.

Gerade weil wir Deutsche uns der Last und der Schuld der Geschichte gestellt haben, gilt für uns und gilt besonders auch für mich: Wir feiern gemeinsam mit allen Befreiten die Befreiung vom nationalsozialistischen Joch, wir feiern mit allen, die damals ihre Unabhängigkeit und Freiheit wiedererlangten. Und wir fühlen mit allen, die gerade heute in allen Teilen der Welt die Freiheit entdecken oder auch wiederentdecken.

Deutschland und die Niederlande sind nicht nur Partner in der Europäischen Union oder in der NATO – wir sind trotz des Leids, das Nazideutschland auch über Ihr Land gebracht hat, Teile eines großen Projekts geworden, das Nationen über Grenzen und Traditionen hinweg zu einem gemeinsamen Ganzen zusammengefügt hat. Teile eines Projekts, in dem die Völker nicht mehr gegeneinander aufgebracht werden, sondern in gegenseitiger Achtung der Menschenrechte vereint sein sollen und vereint sind. Es ist das Ja zur Freiheit, das einst Ihre niederländische Nation schuf, dieses Ja ist heute die Grundlage unserer Gemeinschaft. Durch dieses Ja zur Freiheit sind wir übrigens viel tiefer verbunden als durch alle Verträge, die uns binden.

Verbunden fühlen wir uns aber auch in der Trauer, wenn wir wie heute in Breda der mehr als hunderttausend niederländischen Juden gedenken, die der Ausrottungspolitik Hitler-Deutschlands zum Opfer fielen. Erst waren ja die Niederlande Zufluchtsort für viele Juden aus meiner deutschen Heimat geworden, darunter auch für Anne Frank und ihre Eltern. Doch dann erfolgten die Deportationen – drei Viertel der in den Niederlanden lebenden Juden wurden in Vernichtungs- und Konzentrationslagern ermordet oder starben an Misshandlungen, an Hunger und Krankheiten.

Ich denke auch an Widerstandskämpfer wie Max Kohnstamm, den späteren Verfechter der europäischen Einigung, der unweit von hier im Gefängnis von Haaren gefangen gehalten wurde. Ich denke an die Sinti und Roma, deren Schicksal Zoni Weisz in seiner Rede im vergangenen Jahr vor dem Deutschen Bundestag in so bewegenden Worten schilderte. Ich denke nicht zuletzt an Hunderttausende Niederländer, die zum Arbeitseinsatz nach Deutschland deportiert wurden. An so viele, die Hunger, Zwangsevakuierungen und den Verlust der Heimat erleiden mussten; aber auch an jene, vor allem im damaligen Niederländisch-Indien, für die der Krieg am 5. Mai weiterging. Leiden und Sterben waren für sie noch nicht zu Ende.

Wenn wir uns jetzt, nach siebenundsechzig Jahren, an das Kriegsende erinnern, sollen aber nicht nur Schandtaten und Verbrechen wie etwa die Bombardierung von Rotterdam in unser Bewusstsein dringen. Auch an die Taten des Ungehorsams, der Sabotage, des militärischen und zivilen Widerstands gilt es zu erinnern.

In Breda gedenken Sie des polnischen Generals Stanisław Maczek, dem die Befreiung der Stadt ohne Verluste unter der Zivilbevölkerung gelang. Diese Befreiung mag heute stellvertretend stehen für die Befreiung aller von Hitler unterjochten Staaten Europas und für Deutschland selbst. General Maczek hatte seit den ersten Kriegstagen gegen die Okkupanten gekämpft – erst in Polen, später in Frankreich, 1944 nahm er an der Invasion in der Normandie teil. Die Stadt Breda erklärte diesen Kriegshelden zum Ehrenbürger und gab ihm auf dem Kriegsgräberfriedhof eine würdige letzte Ruhestätte.

Unsere Erinnerung sucht Vorbilder wie ihn, die uns eine Richtung für unser eigenes Leben geben können, sucht Menschen wie Bernard Ijzerdraat, der nach dem deutschen Bombardement von Rotterdam die erste oppositionelle Gruppe gründete und nach einem Schauprozess in Scheveningen erschossen wurde – zusammen mit siebzehn anderen Verurteilten, darunter drei Kommunisten, die den Februarstreik 1941 organisiert hatten.

Ich bekenne es: Vor dieser Reise wusste ich nichts von diesem Generalstreik, der ganz Nordholland erfasst hatte. Mit ungläubigem Staunen und großer Bewunderung habe ich gelesen, dass damals Geschäfte geschlossen blieben, Arbeiter in Werften und Fabriken die Arbeit niederlegten und Schüler dem Unterricht fernblieben, um dem Streikaufruf der illegalen Kommunistischen Partei der Niederlande zu folgen – aus Protest gegen die Verschleppung der ersten vierhundert Juden aus den Niederlanden in das Konzentrationslager Mauthausen.

Ich spürte, wie mich dieses Beispiel berührte. Einmal mehr begriff ich, dass solche Vorbilder doppelt wichtig sind. Einmal für die Völker, aus denen die Widerständigen stammen. Daneben auch für Menschen aus anderen Völkern, aus anderen Generationen, gegenüber anderen Herausforderungen und anderen Krisensituationen. Denn wir lernen aus den Zeiten von Krieg und Verfolgung, wozu die Spezies Mensch fähig ist – im Bösen wie auch im Guten.

Ich erinnere an den Verleger Emanuel Querido, der in Amsterdam ein eigenes Verlagshaus für verfolgte Exilschriftsteller aus Deutschland gründete. Bis die Gestapo seinen Besitz 1940 beschlagnahmte, brachte er hundertzehn deutschsprachige Bücher heraus. Querido wurde später im Versteck verraten und mit seiner Frau im Vernichtungslager Sobibor ermordet.

Ich erinnere an Corrie ten Boom, die mit ihren Angehörigen anderthalb Jahre lang jüdische Familien in ihrem Haus versteckte. Auch sie wurde denunziert und kam ins Konzentrationslager Ravensbrück. Nach dem Krieg widmete sich Corrie ten Boom der Betreuung von Opfern des nationalsozialistischen Terrors und wandte sich dem Werk der Versöhnung zwischen ehemaligen Kriegsgegnern zu.

Wir rühmen diese Menschen, weil es so ganz und gar nicht selbstverständlich ist, das zu tun, was sie getan haben – allzu viele fügen sich in das scheinbar Unvermeidliche, sind unfähig zu Widerstand. Wir rühmen diese Menschen, weil sie uns Zugang zu einer Wahrheit schaffen, die wir uns beständig immer wieder bewusst machen sollten: Wir haben immer eine Wahl. In Zeiten von Krieg und Terror haben wir wahrlich nicht jede Wahl, aber selbst unter diesen Bedingungen können Menschen – wie die Geschichte lehrt – die menschliche Würde, das Humanum retten.

Erinnern möchte ich in diesem Zusammenhang auch an Hans Keilson, dem in Deutschland geborenen Juden, der 1936 in den Niederlanden Zuflucht fand und sich nach 1940 dem Widerstand im Lande anschloss. Obwohl selbst äußerst gefährdet – seine Eltern wurden in Auschwitz ermordet –, widmete er sich jüdischen Kindern, die in niederländischen Familien versteckt waren. Keilson wusste aufgrund seiner medizinischen und psychoanalytischen Kenntnisse, dass das Leid von Verfolgten nicht zu Ende ist, wenn die Verfolgung aufhört. Den Traumatisierten, vor allem jüdischen Kindern, widmete Keilson sein Leben als Mitmensch und als Therapeut auch lange Jahre nach dem Krieg. Er starb, über hundertjährig, vor genau einem Jahr in Hilversum.

Selten sind die Haltungen der Menschen allerdings so eindeutig wie bei erklärten Gegnern von Diktaturen, bei den Widerständlern. Und längst nicht in allen Familien sind Meinungen und Taten ungeteilt. Harry Mulisch hat einmal den verstörenden Satz formuliert: »Ich bin der Zweite Weltkrieg.« In dieses Bild fasste er die Tatsache, dass seine Eltern beides waren: Opfer und Täter. Die Mutter – eine Jüdin, der Vater – Verwalter von »arisiertem« Vermögen in einer Bank. Wegen der Stellung des Vaters konnten Harry Mulisch und seine Mutter überleben, wegen eben dieser Stellung aber wurde sein Vater nach dem Krieg als Kollaborateur bestraft.

Das Symbol des 4. und 5. Mai in den Niederlanden ist eine brennende Fackel, deren Flamme die Umrisse einer Taube hat. Dieses Feuer haben Sie heute Nacht in Wageningen entzündet, um es in das ganze Land und im Anschluss auch hierher, nach Breda, zu tragen.

Für die europäische Einigung in Frieden war das Feuer der Freiheit von Anfang an ein bestimmendes Element. Ihr Landsmann Hendrik Brugmans sagte dazu auf dem Kongress der Europäischen Bewegung im Mai 1948, Europa sei die Philosophie der Nichtangepassten, der Ort derjenigen, »die ständig mit sich selbst im Kampf liegen, wo keine Gewissheit als Wahrheit hingenommen wird, wenn sie nicht ständig von Neuem entdeckt wird. (…) Überall wird das Banner Europas das Banner der Freiheit sein.« – 1948!

Doch Freiheit will immer wieder neu errungen sein.

Die Stadt Breda ist dafür ein ganz hervorragender Gedenkort. Der »Kompromiss von Breda«, in dem sich im Jahr 1566 Edelleute gegen die Inquisition aussprachen, stand am Beginn des Aufstands gegen die spanische Herrschaft. Der spätere Bund der Geusen zeigte den europäischen Nachbarn, welche Kräfte und welche Freiheitsliebe in uns wachsen können.

Wir sehen: Bevor die Freiheit gesellschaftliche Wirklichkeit werden kann, gewinnt sie die Herzen und Köpfe von Einzelnen und von kleinen Gruppen. Was spät alle ergreift, wird früh von wenigen geboren. Vor der freien Gesellschaft kommen freie Individuen, vor den freien Staaten freie Städte.

Die Vereinigten Niederlande des 17. Jahrhunderts prägten unsere Vorstellungen von einer freiheitlichen, auch föderalistischen und toleranten Republik. Hier war der Bürger Bundesgenosse und nicht Untertan. Freigeister wie Spinoza und Descartes konnten sich entfalten, verschiedene Glaubensrichtungen sich nebeneinander entwickeln. Hugo Grotius, der auf der Rückreise von Schweden in meiner Heimatstadt Rostock verstarb, formulierte die Idee des *mare liberum*, des freien Meeres, die Grundlage des modernen Seevölkerrechts wurde.

Den »Schritt zur Mündigkeit«, von dem Immanuel Kant sprach, haben die Niederländer in Europa besonders früh getan. Ganz Europa sollte Ihnen dafür dankbar sein! Auch das machte den Deutschen übrigens im 19. Jahrhundert Mut, sich der damals entstehenden Freiheitsbewegung anzuschließen. Und obwohl die Revolution von 1848/49 in den deutschen Ländern scheiterte: Die Ideen überlebten ja. Das Hambacher Schloss in der Pfalz, die Frankfurter Paulskirche und andere Orte der Freiheit künden in meinem Heimatland vom Freiheitswillen der Deutschen.

In unserem gemeinsamen Europa ist es keine innere Angelegenheit der einzelnen Staaten mehr, wenn Länder Freiheiten beschneiden und die Grundrechte der Bürger missachten. Wir können stolz sein, dass sich die Bürger fast aller europäischen Staaten an den Europäischen Gerichtshof für Menschenrechte wenden und eine mögliche Verletzung ihrer individuellen Grund- und Menschenrechte dort überprüfen lassen können.

Wir können stolz sein, dass Völkermord, Verbrechen gegen die Menschlichkeit, Kriegsverbrechen und Angriffskriege vor dem Inter-

nationalen Strafgerichtshof in Den Haag zur Anklage kommen können. Straflosigkeit darf für die Täter keine Hoffnung sein. Der Weg
ist zwar mühsam und auch langwierig, doch unser Ziel steht fest:
Die Stärke des Rechts muss weltweit über das Recht des Stärkeren
siegen.

Deutsche und Niederländer wissen nicht zuletzt durch gemeinsame militärische Einsätze in Afghanistan oder im Kosovo, wie langwierig dieser Weg ist und mit welchen Opfern er verbunden sein
kann. Dennoch: Wenn heute Verletzungen der individuellen Menschenrechte überall auf der Welt verurteilt und in vielen Fällen auch
geahndet werden, wenn Menschen Hilfe erfahren auf dem Weg zu
mehr Autonomie, mehr Achtung und mehr Selbstachtung, dann ist
das ein Wert an sich.

An Tagen wie diesen wird uns bewusst, wie weit Freiheit und
Rechtsstaatlichkeit nach langen Kämpfen zum herrschenden Prinzip
der europäischen Gesellschaftsordnung geworden sind. Es gibt große
Teile der Welt, in denen die Menschen von unseren Rechten nur
träumen können. Im Norden Afrikas und im Nahen Osten hat sich
die Sehnsucht der Menschen nach Freiheit und Menschenrechten in
den letzten Jahren Bahn gebrochen. Viele von uns haben staunend
wie auf etwas gänzlich Unmögliches geschaut. Diese Bewegungen
zeigen uns: Freiheit und Menschenrechte sind keine Erfindung eines
imperialen Westens.

Menschenrechte sind universell, ihre Sprache wird überall verstanden – jedenfalls von den Unterdrückten: in Asien wie in Europa,
in Amerika wie in Afrika. Weltweit erwachen Menschen und fordern
ihre Rechte ein – selbst dann, wenn noch nicht Tausende auf der
Straße sind wie damals bei uns in Ostdeutschland.

Doch während andere Völker vom Geist der Freiheit beflügelt
werden, können viele Menschen in Europa den Segen der Freiheit
nur sehr begrenzt erfassen. Sie missverstehen die Freiheit als Liber-
tinage, als das Versprechen auf ein hedonistisches Lebensmodell, als
die politische oder ethische Beliebigkeit oder gar als Aufforderung
zum Verzicht auf Mitgestaltung. Bei diesem Freiheitsverständnis
fehlt, was besonders viele junge Menschen auf die Straßen und zum

156

Protest treibt – es fehlen Verantwortlichkeit, Verlässlichkeit, auch Gemeinsinn und Solidarität.

Wir sehen: Freiheit will nicht nur immer wieder neu errungen sein, Freiheit muss auch immer wieder neu gestaltet werden. Jede Generation steht vor der Herausforderung, für sich und für ihre konkreten Umstände Freiheit zu vollenden, Freiheit, die sich in ihrer schönsten Form als Verantwortung darstellt, und ebendies neu zu erlernen und neu mit Inhalten zu füllen.

Vor siebenundsechzig Jahren hätten wir den heutigen Zustand einfach nur als paradiesisch empfinden können: Seit drei Generationen teilen Niederländer und Deutsche ihre Werte und setzen sich in Europa und in der Welt gemeinsam für diese Werte ein. Wir können stolz darauf sein, dass unsere Staaten seit Anbeginn Teil des geeinten Europas sind und in vielen Teilen der Welt als ehrliche und berechenbare Akteure geschätzt werden. Von Freiheit, Frieden und Wohlstand, die mit der verstärkten europäischen und internationalen Zusammenarbeit einhergehen, profitieren wir gemeinsam. Ich hoffe, dass dieser einzigartige Erfolg uns die Kraft gibt, auch die heutigen Herausforderungen zu meistern und unsere gemeinsame Zukunft in Europa zu gestalten.

Über die Rezeption kommunistischer Verbrechen
Vom schwierigen Umgang mit der Wahrnehmung

Dem Wunsch des Piper Verlages, dem *Schwarzbuch des Kommunismus* einen Essay aus ostdeutscher Sicht beizufügen, entspreche ich nur zögernd. Ich bin weder Historiker noch Politikwissenschaftler. Zwar veranlasst mich mein jetziges Amt als Bundesbeauftragter für die Stasi-Unterlagen, am öffentlichen Diskurs über die untergegangene DDR-Gesellschaft teilzunehmen. Aber eine erneute Analyse des Stasi-Systems könnte kaum über das hinausreichen, was schon in den letzten Jahren zutage gefördert wurde. Zudem legen die erregten Diskussionen über das *Schwarzbuch* nahe, einem ganz anderen Phänomen nachzugehen – dem Phänomen der selektiven Wahrnehmung.

Um es gleich zu sagen: Die Beschäftigung mit diesem Thema fiel mir nicht leicht. Denn ich spürte und spüre eine deutliche Unlust, meinen eigenen Wahrnehmungsdefiziten zu begegnen, die nun – fast zehn Jahre nach dem Umbruch – überdeutlich geworden sind: Ausblendungen, die eine fundamentale Kritik der politischen Zustände verhinderten und gelegentlich auch illusionäre oder romantische Politikvorstellungen begünstigten. Da meine Abwehrmechanismen allerdings nicht untypisch waren, dürften die folgenden Überlegungen auch für einige meiner Landsleute aus der DDR sowie bestimmte Kreise im Westen zutreffen. Denn nur die lange Jahre vorherrschende Einäugigkeit in der Wahrnehmung erklärt, warum wir zehn Jahre nach seinem Zusammenbruch noch immer über die Menschenfeindlichkeit des Kommunismus streiten.

Eine grundsätzliche Bemerkung vorweg: In anderen, nicht kommunistisch regierten Teilen der Welt waren Parteigänger und Freunde

Der Beitrag erschien 2000.

des Kommunismus Verbündete von Demokraten gegen Diktatoren und brutale Ausbeuter. In manchen autoritären Regimen waren sie entschiedene, manchmal letzte Opposition. Ihr Widerstand und ihre Leidensbereitschaft erwuchsen aus kommunistischen Idealen. Es muss deutlich bleiben, dass wir einen Raum der Achtung offenhalten für jene, deren kommunistischen Idealen wir zwar Skepsis oder Kritik entgegenbringen, deren Haltung als Kämpfer gegen Ohnmacht, Willkür und Unterdrückung uns aber Achtung und Sympathie abringt.

Auch ohne die von 1990 an erfolgte Öffnung von Geheimdienst-, Partei- und Staatsarchiven, durch die eine Fülle zum Teil unbekannter Fakten zutage gefördert wurde, haben die meisten DDR-Bürger ihrem System kräftig misstraut. Vor einem Aufbegehren allerdings schützten sie sich durch eine ängstliche Restloyalität. Deren Gründe liegen einerseits im forciert vorgetragenen Machtanspruch der Herrschenden, andererseits aber auch in dem Hang breiter Kreise, »es gar nicht so genau wissen« zu wollen. Damals die fehlende Legitimation des realsozialistischen Herrschaftsgebäudes nicht analysiert zu haben erscheint heute als etwas Peinliches. Und weil es nicht angenehm ist, eigene Lücken in der Wahrnehmung zu besichtigen, erinnern wir uns auch lieber selektiv.

Bei den Verantwortlichen und Tätern der SED-Diktatur ist uns das »Schönreden« der Wirklichkeit geläufig. Tatsächlich aber ist die Neigung, es nicht so genau wissen zu wollen, ein Problem breitester Kreise in unfreien Systemen. Teile dieser Haltung entdecke ich rückblickend bei mir selber, obwohl ich weder Parteigänger noch Mitläufer war.

Ich wuchs in einer der vielen Familien auf, die nach dem Krieg die neue Ordnung als despotisch, ungerecht, staatsterroristisch erfuhren. Als ältestes von vier Kindern erlebte ich, wie es ist, wenn der Ernährer »abgeholt« wird. Mein Vater war einer der Deutschen, die ohne Grund in einem Verfahren eines sowjetischen Militärtribunals zu vielen Jahren Zwangsarbeit in Sibirien verurteilt wurden.

Zwar existierte die DDR schon – man schrieb das Jahr 1951 –, aber die Besatzer hatten noch die Macht, ihren stalinistischen Terror auszuüben. Besonders in Familien, die zu Regimeopfern gemacht wurden, gab es neben der Angst eine sehr wache Beobachtung jeglichen Unrechts. Kontakte wurden auch zu anderen Familien aufgenommen, die Ähnliches erlebten, wie die Familien der Tausenden von angeblichen »Werwölfen«*, die in der Nachkriegszeit in die teilweise direkt vom NS-Regime übernommenen Lager wie Sachsenhausen oder Buchenwald eingesperrt waren. Da es im ganzen Osten nach dem Krieg kaum »Werwolf«-Aktivitäten gab, waren diese Verhaftungen von halben Kindern und Jugendlichen als reine Willkürakte bekannt. Andere Familien belasteten die Erlebnisse unzähliger Frauen und Mädchen, die in Zusammenhang mit der Befreiung Opfer brutaler Vergewaltigungen geworden waren. Wenn man dann noch bedenkt, dass das zerstörte Land durch umfangreiche Reparationsleistungen und Demontagen zusätzlich niedergedrückt war, wundert es nicht, dass in breiten Schichten der Bevölkerung die Einschätzung verbreitet war, man sei unter ein Unrechtsregime geraten. Vorherrschend war ein hoher Ton der Empörung.

Die ebenfalls emphatisch vorgetragene politische Moral der Sieger verfing dagegen nur begrenzt. Zwar hatte die Sowjetarmee die Vernichtungslager der Nazis befreit, hatte das Terrorsystem in die Knie gezwungen und dabei einen unsäglichen Blutzoll entrichtet. Zwar hatten sich auch deutsche Kommunisten am Widerstand gegen die Nationalsozialisten beteiligt und dadurch eine gewisse Sympathie bei Menschen gewonnen, die als Christen, Sozialdemokraten, Liberale oder Unangepasste sich ebenfalls nicht unterworfen hatten. Aber alles in allem überzeugte der kommunistische Antifaschismus nur eine Minderheit. Zu eindeutig waren die Sprache der Repression und die neue politische Wirklichkeit.

Die Schaffung eines »Blocks« beendete die Eigenständigkeit nichtkommunistischer Parteien und sicherte die Vorherrschaft der Kommunisten, die sich mit der SPD 1946 zur SED vereinigten. Hervorgehobene und wichtige Stellen wurden seitdem fast nur noch mit

---

* Der »Werwolf« war eine kurz vor Kriegsende gegründete nationalsozialistische Freischärlerbewegung. Sie blieb ohne größeres Echo.

Kommunisten besetzt. Unbeliebt machten sich die Kommunisten auch, als sie Stalins Territorialforderungen nachgaben und die Westverschiebung Polens und damit den Verlust der deutschen Ostgebiete guthießen. Nicht nur, dass die SBZ sich schwertat, den hohen Prozentsatz von »Umsiedlern« zu integrieren, die in Mecklenburg und Brandenburg ein Drittel bis die Hälfte der Bevölkerung bildeten. Einheimischen wie Vertriebenen galt der Verlust der Heimat als grobes Unrecht, das die Kommunisten zementierten, als sie 1950 die Oder-Neiße-Grenze als neue deutsch-polnische Staatsgrenze anerkannten.

Nach 1952, als die SED die Kollektivierung der Landwirtschaft vorantrieb, in der Industrie keine Erfolge vorweisen konnte und Engpässe in der Versorgung auftraten, spitzte sich die Situation zu. Statt den »Aufbau des Sozialismus« zu unterstützen, stand der Bevölkerung der Sinn nach anderem: Am 17. Juni 1953 entwickelte sich spontan und breit ein fundamentaler Protest gegen Programm und Praxis des SED-Regimes – der erste Volksaufstand in Osteuropa gegen das sowjetische System. In über siebenhundert Städten und Gemeinden wurden Forderungen laut, die keineswegs nur die Verbesserung, sondern die Abschaffung des bestehenden Systems zum Inhalt hatten: »Freie, allgemeine und gesamtdeutsche Wahlen«, »Rücktritt der Regierung«, »Loslösung der Gewerkschaft von der Partei«, »Freilassung der politischen Gefangenen« und »Beseitigung der Zonengrenzen«.

Ich selbst war damals dreizehn Jahre alt. Die gewaltsame Niederschlagung des Volksaufstands hat sich mir tief eingeprägt. Ähnlich betroffen war ich 1956, als sowjetische Truppen die Freiheitsbestrebungen der Ungarn niederwalzten. In beiden Fällen war selbstbestimmtes Handeln zur Erlangung demokratischer Zustände erstickt worden. Wahrscheinlich wurde damals jenes Grundgefühl erzeugt, das mich und den größten Teil meiner Landsleute bis 1989 begleitete: das Gefühl der Ohnmacht.

Konnte man sich der staatlichen Allmacht anfänglich noch einfach durch eine Reise mit der S-Bahn nach West-Berlin entziehen, so verwandelte der Mauerbau am 13. August 1961 die Flucht zu einer Möglichkeit mit tödlichem Risiko. Ich, wir, die Durchschnittsbürger saßen fest hinter der »Mauer«. Wir fühlten uns endgültig ausgeliefert. In meiner Erinnerung veränderte dieser verfestigte Zustand von Ohnmacht und Ausweglosigkeit tiefgehend meine und die Einstellung vieler DDR-Bürger zum SED-Regime. Zwar gab es schon in den 1950er, den stalinistischen Jahren das Phänomen der Anpassung aus Angst; in der neuen Situation jedoch nahm die Anpassung noch zu, obwohl die nackte Repression nachließ. Zu offensichtlich war das sozialistische System auf Dauer angelegt. Hilfe von außen, also Beistand des Westens, war ausgeblieben: 1953, 1956 und 1961.

So blieb vielen nur die wenig tragfähige Hoffnung, das System möge sich von innen heraus humanisieren. Eigenständigkeit, unangepasstes Verhalten und politische Opposition wurden zur Sache von Minderheiten. Die Masse entwickelte Haltungen, die wir als Minimalkonsens und Mindestloyalität bezeichnen können.

Es erfolgte so etwas wie ein »Einleben« in die neue gesellschaftliche und ideologische Umgebung in Form eines schleichenden Übergangs vom Akzeptieren zum Mitmachen bis zum Mitverantworten: Die Regel war dabei kein schlagartiger Bewusstseinswechsel (obwohl es auch Mitglieder der NSDAP gab, die von einem Tag zum anderen zu Anhängern des Kommunismus mutierten), sondern ein Prozess, bei dem sich in ein und derselben Person neue Einstellungen und Werte Schritt für Schritt neben den alten etablierten.

Derartiges kennen wir bereits aus der NS-Ära. In christlichen Milieus konnte Hitler beispielsweise religiöse Gefühle durch die Anrufung des »Allmächtigen« instrumentalisieren, in konservativen Kreisen die Neigung zu starker politischer Führung und die Hochschätzung der Nation. Deklassierten Arbeitern und Bauern hingegen machte er ein Integrationsangebot mit egalitärem Pathos und einem Sozialprogramm.

Nach dem Fiasko des »Dritten Reiches« fanden die Kommunisten bei Teilen der Intellektuellen und Arbeiter umgekehrt Gehör mit ihrer Forderung nach einer sozialistischen Alternative. Denn das »Monopolkapital« und die »Finanzoligarchie« hätten die NS-Diktatur in den Sattel gehoben; nur eine Macht der Arbeiter und Bauern würde eine Gesellschaft ohne Ausbeutung und Unterdrückung garantieren können. Die Themen Gerechtigkeit und Frieden knüpften zudem an alte Heilserwartungen aus der christlichen Verkündigung an. Bodenreform und sonstige Enteignungen sollten Reichen nehmen und Armen geben – war es nicht Jesus Christus selbst, der die Armen seliggepriesen hatte?

Zu alledem trat noch ein Element der moralischen Ent-schuldung: Wer zum kommunistischen Lager gehörte, zählte zu den »Siegern der Geschichte« und war somit Teil der guten Welt des Antifaschismus. Verbündeter der Sowjetunion zu sein befreite automatisch von deutscher brauner Schuld. Eine kurze Entnazifizierung in der SBZ diente primär dem Elitenwechsel. Viele NSDAP-Mitglieder wurden zu Unrecht bestimmter Verbrechen beschuldigt, während andere, unter Umständen sogar stärker belastete Karrieren in Partei und Gesellschaft machten: Sobald sie ins Lager der Kommunisten überwechselten, waren sie einer substantiellen Bearbeitung eigener Verstrickung und Schuld enthoben.

Generell gilt offensichtlich: Wenn sich die Herrscher totalitärer Systeme lediglich auf die Furcht der Unterdrückten oder auf negative Gefühle wie Neid, Hass, Atavismus, Sadismus stützten, würden ihre Staaten eher zusammenbrechen. Dauerhafter werden sie, wenn aus den positiven Motivschichten heraus der Mechanismus von Akzeptieren, Teilnehmen, Mitgestalten und Mitverantworten entsteht.

Ist dieser Adaptionsprozess in den Anfangsjahren der DDR noch von einer deutlich oppositionellen Bewegung begleitet, so wird er in den 1960er Jahren dominant. In der evangelischen Kirche, in der ich seit 1965 tätig war, zeigte sich der Umschwung von offener Opposition zu Loyalität (freilich unterschiedlicher Abstufung) beispielhaft.

Ende der 1960er Jahre verabschiedete sich die evangelische Kirche mit ihrer Formel »Kirche im Sozialismus« explizit von der antitotalitären Haltung, wie sie unter anderen die Bischöfe Otto Dibelius (Berlin) und Hans Joachim Fraenkel (Görlitz) oder der Studentenpfarrer Siegfried Schmutzler in Leipzig vertreten hatten. Sicher gab es Kapitulanten, sicher gab es inoffizielle Mitarbeiter der Staatssicherheit, die an diesem Prozess mitwirkten. Entscheidend aber war, dass die Mehrheit der Christen in der DDR Minimalkonsens und Mindestloyalität als rational geboten ansah. Sie verhielten sich wie die Entspannungspolitiker: Der friedliche Ausgleich gewann gegen die kontroverse Auseinandersetzung.

Diese Haltung ebenso wie die spätere Phase der Entspannungspolitik hat ihre eigene Problematik, die ich an einem Zyklus von Vacláv Havel deutlich machen will: »Ich erinnere mich noch, wie zu Beginn der 1970er Jahre einige meiner westdeutschen Freunde und Kollegen mir auswichen aus Furcht, dass sie durch einen wie auch immer gearteten Kontakt zu mir, den die hiesige Regierung nicht gerade liebte (…), die zerbrechlichen Fundamente der aufkeimenden Entspannung bedrohen könnten.«

Nicht seiner möglichen Kränkung wegen spricht Havel dieses Thema an, sondern wegen der Anpassung dieser Personen. »Nicht ich war es, sondern sie, die freiwillig auf ihre Freiheit verzichteten.«

In der Zeit zwischen 1968 und 1980 hatte ich selbst diese Position des »Realismus« übernommen. Der Antikommunismus, den mein Umfeld vertreten hatte und der in der DDR und in anderen Ostblockländern aus einer Fülle von Lebenserfahrungen und Leiden erwachsen war, hatte sich schrittweise verwandelt. An die Stelle der Delegitimierung des Systems war der Wunsch nach einem konstruktiven Dialog und einer zwar kritischen, aber aus taktischen Gründen solidarischen Haltung gegenüber dem real existierenden System getreten.

Bei Beibehaltung der prinzipiellen Ablehnung, so glaubte ich damals, wären die Möglichkeiten kirchlichen Handelns stärker gefährdet. Der Fünfunddreißigjährige wollte nicht Anhänger einer Ideologie aus Zeiten des Kalten Krieges bleiben. Es erschien ihm eher erfolgversprechend, die Ideologie von ihrem eigenen Ansatz her in Frage zu stellen – so wie Robert Havemann und Ernst Bloch es taten. Außerdem verfolgten nach 1968 zahlreiche westliche Intellektuelle und zunehmend auch Vertreter der evangelischen Kirche einen kapitalismuskritischen Kurs und hingen verschiedenen sozialistischen Ideen an. Das »Prinzip Hoffnung« bot evangelischen Christen die Möglichkeit, den Sozialismus positiv zu rezipieren. Ohne die real existierende Herrschaft in Ostdeutschland zu exkulpieren, wollten viele Christen in der DDR mit der fortschrittlichen

Linken des Westens die Zukunft eher nichtkapitalistisch imaginieren. Der erwartete Vorteil für jene, die aus taktischer oder auch tatsächlicher Loyalität ihre Haltung änderten, blieb jedoch aus: Die Staatsmacht verweigerte jeden echten Dialog mit der Kirche.

Im Rückblick erscheint mir der Verlust, den die Taktik des friedlichen Ausgleichs mit sich brachte, höher als der Gewinn. In dem Maße, in dem die Debatten ausschließlich um philosophische und ideologische Probleme, also um Fragen des Überbaus, kreisten, gerieten die politische Praxis mit ihren Menschenrechtsverletzungen und das grundsätzliche Legitimationsdefizit der SED-Herrschaft aus dem Blick. Ich war zwar verbunden mit den »fortschrittlichen« Milieus im Westen, deren Meinung ich schätzte, aber ich bezahlte dies mit einem Verlust an Wahrnehmung, Moral und Handlungsfähigkeit. Die Gehorsamsforderungen des Staates, die Militarisierung der Gesellschaft, die ökologischen Desaster, die Kriminalisierung von Ausreisewilligen, die Zersetzungsstrategien der Stasi gegen Oppositionelle verschafften der Wirklichkeit zwar Ende der 1970er Jahre wieder den ihr gebührenden Platz in meinem Denken. Doch in den Gemeinden diskutierten wir noch bis 1988 häufiger über den Rassismus in der Dritten Welt und die Ungerechtigkeiten des Weltwirtschaftssystems als über die Menschenrechtsverletzungen im eigenen Land. In vollem Umfang ist mir dies erst nach 1989 deutlich geworden. Und so bleiben Fragen.

Warum habe ich grundlegendes, durch eigene Erfahrung erworbenes Wissen durch fremde, primär »linke« Analysen aus dem Westen ersetzt? Einerseits besaß ich Literatur, die meine kritische Position untermauerte: Werke von Manès Sperber, Alexander Solschenizyn, Wolf Biermann und andere verbotene Schriften standen in meinem Bücherschrank. Andererseits habe ich Bücher nicht gelesen, die meine emotionale Abneigung »auf den Begriff« gebracht und mir zu einer vertieften Kenntnis über die Struktur des Politischen im totalitären Staat verholfen hätten. Ich habe keinen Anlass zu bereuen, dass ich die Bücher von Helmut Gollwitzer, Erhard Eppler oder Dorothee Sölle gelesen habe. Aber warum habe ich beispielsweise Hannah Arendts Texte nicht gelesen? Warum so viel Moralisches über

Politik und so wenig Politikwissenschaft? Hatte ich eine Abneigung gegen die Fakten? Genügte es mir, eine *Meinung* zu einer Realität zu haben, deren *Fakten* ich mir nicht bis zum Ende erschlossen hatte? Es ist bitter, heute auf derartige Fragen mit Ja antworten zu müssen. Genaueres Wissen hätte mich mit der Frage nach entschiedenerem Widerstand gegen das System konfrontiert, hätte möglicherweise auch größere Einsamkeit innerhalb meines Milieus, den Verlust eines Teils meiner geistigen Heimat nach sich gezogen.

Neben jenen, die sich durch »höhere Einsicht« entmächtigten, existierte aber noch die große Gruppe derer, die sich »durchwursteln«. Sie gab dem Staat opportunistisch das geforderte Ja – man darf vermuten, dass es ein Aber gab; nur selten oder insgeheim durfte sich jedoch das Nein zeigen. An anderer Stelle habe ich bereits gesagt: Unüberzeugte Minimalloyalität wurde zum Kennzeichen breiter Kreise in den späten DDR-Jahren. Nach dem Prinzip der Drehbühne stellten viele die jeweils nützliche Einstellung in den Vordergrund – sie waren affirmativ und kritisch zugleich. Doppel- und Mehrfachidentitäten wurden zur Normalität.

Es geht nicht darum, den moralischen Zeigefinger zu erheben und über Charakterschwäche zu rasönieren. Das Aufzeigen solcher Mechanismen soll vielmehr den Grad einer politischen Entfremdung verdeutlichen, die nicht nur aus Opportunismus, sondern vor allem aus Angst erwachsen war. Im kollektiven Gedächtnis waren die Schrecken des frühen Terrors aus stalinistischer Zeit lebendig geblieben, und der übergroße Geheimdienst, das brutale Grenzregime, die unnachsichtige Verfolgung politisch Oppositioneller ließen selbst in den 1980er Jahren die Rückkehr zu stalinistischen Methoden jederzeit als denkbar erscheinen. Zur Bestätigung dieser Vermutung dienten die Niederschlagung des Prager Frühlings 1968, die Verhängung des Kriegsrechts in Polen 1981 und das Massaker auf dem Tienanmen-Platz 1989 in Peking.

Zwar erlebten wir in den letzten Jahren vor 1989 einen Kommunismus in der DDR, der nicht mehr mordete und folterte. Dankbare Zeitgenossen haben deshalb allerlei euphemistische Bezeichnungen für diese Ära ersonnen. Eine nüchterne Betrachtung der politischen

Verhältnisse wird dennoch zu einem Urteil gelangen, das den Kommunismus ebenso als totalitär einstuft wie den Nationalsozialismus.

Die Unterschiedlichkeit der Ideologien gerät zwar sofort in den Blick. Auch der Vergleich der Staatsformen, der Staatsorgane und des geschriebenen Rechts ergibt größere Differenzen als Übereinstimmungen. Wer jedoch die konkrete Herrschaftstechnik vergleicht, die dienstbare Rolle des Rechts und den permanenten Einsatz von Terror, der findet genauso Ähnlichkeiten wie bei der Untersuchung der Folgen staatsterroristischer Herrschaft auf die Bürger. In den Blick geraten die Einschränkungen von Individualität und eine starke Entsolidarisierung. Angst um den Erhalt des Lebens oder die Aufstiegsmöglichkeiten trennt die anpassungsbereiten Mehrheiten von Minderheiten, die anders denken und leben und im Extremfall als Feinde, Abweichler oder Schädlinge ausgegrenzt, ja massenhaft eliminiert werden.

Den Kommunismus als absolutistisch oder despotisch zu beschreiben, scheint mir nicht ausreichend. Wir stehen vor gigantischen Menschheitsverbrechen, und bei allem Streit um Definitionen darf nicht verkannt werden, dass neben dem Nationalsozialismus auch mit dem Kommunismus in diesem Jahrhundert ein Qualitätssprung ins Negative erfolgt ist. Statt des neuen Menschen erblicken wir am Ende des Jahrhunderts den nachhaltig verstörten Menschen, statt der neuen Gesellschaft die zerstörte Gesellschaft. Ob als Frucht der abendländischen Aufklärung, wie dem Skeptiker scheinen mag, oder als Flucht aus der Aufklärung, wie der Optimist hoffen mag: So real wie blutig ist tatsächlich »einmalig« Neues entstanden. Neben den Demokratien stellen die neuen totalitären Systeme das andere Gesicht der Moderne dar. Man hätte den Totalitarismustheorien in den letzten zwanzig Jahren eine sensiblere Beachtung gewünscht. Die modische Verwerfung von Begriff und Theorie hat der westdeutschen Kommunismusrezeption mehr geschadet als genützt. Es entstand ein Defizit an Erkenntnissen.

Hinter dem Eifer vieler Kritiker der Totalitarismustheorie standen oft andere als wissenschaftliche Motive. Viele fürchteten, mit der Delegitimierung der linken Diktatur zu eng an jene heranzurücken, die sich vor der Aufarbeitung der rechten Diktatur drückten. Dabei produzierte die Furcht vor der Einseitigkeit des rechten die Einseitigkeit des linken Lagers. Außerdem erschien der Linken eine Kritik des Kapitalismus aufgrund seiner Verbindung zum Nationalsozialismus dringender als eine Kritik des Sozialismus – der angeblich trotz all seiner Fehler einzigen Alternative. Wer diese Engführung im Denken hätte aufbrechen können, wurde ausgegrenzt: seit jeher die »Renegaten«, das heißt die abtrünnigen Kommunisten; in den letzten zwanzig Jahren die osteuropäischen Dissidenten und ganz generell unvoreingenommene Zeitzeugen aus den Ländern des real existierenden Sozialismus. Statt die inoffizielle Sicht von unten einzubeziehen, beschränkte sich die jüngere westdeutsche DDR-Forschung weitgehend auf die Erforschung der offiziell zugänglichen Materialien. Nicht selten analysierte sie Potemkinsche Dörfer.

Um die Auffassung vom sozialistischen System als »an sich« besserer Alternative aufrechterhalten zu können, musste auch sein Repressionsapparat marginalisiert werden. Dabei hätte beispielsweise eine Analyse seiner Funktionen höchst aufschlussreich für die Charakterisierung des politischen Systems sein können. Welche Rolle spielte der Sicherheitsdienst in den verschiedenen Phasen bei der Ausmerzung alles anderen? War die Verwandlung von nacktem Terror in flächendeckende Überwachung und Kontrolle gleichbedeutend mit einer Liberalisierung? Was besagt ein gigantischer Apparat von gut neunzigtausend Hauptamtlichen für nicht einmal siebzehn Millionen Einwohner – wie in der DDR – über die Stabilität des Staates? Brauchten die kommunistischen Regierungen den Sicherheitsdienst nicht genauso als Stabilitätsersatz wie das Militär oder die zentralistisch dirigierte Kaderpolitik?

Das Wissensdefizit begünstigte ein Haltungs- und Handlungsdefizit. Ein stärkeres Bewusstsein von der Gewalt nicht legitimierter Macht hätte eine stärkere Abgrenzung gegen die Ansprüche der SED-Machthaber und einen anderen Umgang mit der DDR-Opposition nach sich gezogen. Es ist zwar nicht sicher, ob auch eine realistischere Zukunftsplanung unter Einbeziehung der Wiedervereinigung erfolgt wäre. Sicher hingegen ist, dass eine umfassendere Analyse des sozialistischen Deutschland dem demokratischen Deutschland einen Zugewinn an Selbstbewusstsein erbracht hätte.

Ich meine damit nicht ein Mehr jenes platten Bewusstseins, dass man mehr sei, wenn man mehr habe. Vielmehr meine ich, dass das politische Selbstbewusstsein der Westdeutschen durch einen exakten Vergleich mit der DDR ein deutliches Plus erfahren hätte. Die westdeutsche Realität wäre zwar nicht als das »Gute«, aber doch als das deutlich weniger Schlechte bewusst geworden. Die sozialistischen Wirtschaftsverhältnisse sollten zwar zur Befreiung von der Knechtschaft des Kapitals führen. Tatsächlich aber haben die Abschaffung des Marktes und die Verweigerung der Mitbestimmung zu einem wirtschaftlichen Ruin geführt. Und die Entfremdung im realsozialistischen System sollte sich als gravierender erweisen als jene, die Marx als Ergebnis kapitalistischer Wirtschaftsverhältnisse kritisierte.

Zwar sind die westlichen Gesellschaften nicht im seligen Hafen von Freiheit, Gleichheit und Geschwisterlichkeit angekommen. Der Weg der Demokratien ist auch ein Kurs durch zahlreiche Klippen. Aber die Demokratie intendierte und entwickelte den politischen Raum, der allen Bürgern geöffnet ist und Partizipation auch tatsächlich ermöglicht. Indem sie Grund- und Bürgerrechte definierte und verwirklichte, gelangte so auch der Lohnabhängige schrittweise zu einer Freiheit und Würde, die in vordemokratischer Zeit nur Minderheiten vorbehalten waren. Es ist das elementare Verdienst der parlamentarischen Demokratie, die eigene Würde und den Wert des Systems nicht ideologisch gesetzt und durchgesetzt zu haben – vielmehr schafft sie den Raum, in dem freie und ermächtigte Individuen und Gruppen ihre Lebensentwürfe durch Kontroverse und Konsens, Gestaltung und Herrschaft aushandeln. Wert und Würde der Demokratie wachsen so von unten her in dem Maße, wie Freiheit und Würde des Bürgers wachsen.

Freie Wahlen, gleiches Recht für alle, eine Verfassung, die die Menschen- und Bürgerrechte schützt, und eine Gewaltenteilung verleihen der Demokratie eine Legitimation, an der es dem sozialistischen System immer gemangelt hat. Wenn dazu noch eine Sozialgesetzgebung tritt, die die Verelendung ausschließt, wenn Bürgerrechte wie Meinungs- und Pressefreiheit geschützt sind, die eine Kritik an Missständen ermöglichen, wenn dazu eine Verwaltungs- und Verfassungsgerichtsbarkeit existiert, die dem Einzelnen auch gegen den Staat zum Recht verhelfen kann, dann liegt die Überlegenheit der Demokratie eigentlich auf der Hand. Doch wo, wie im Westen, Unfreiheit abwesend ist, pflegen die Vorteile der Freiheit zu verblassen.

Wer, wie viele Menschen im Osten, noch die Erinnerung an totalitäre Herrschaft in sich trägt und noch vertraut ist mit der realen Entmächtigung jener Zeit, der könnte deswegen die einäugige Sichtweise auf den Kommunismus überwinden helfen. Denn wie schwach muss der Antifaschismus derer sein, die, in altem Anti-Antikommunismus befangen, die Sprache der Fakten fürchten und der Analyse des Kommunismus Zügel anlegen. Die Wahrnehmung der »schwarzen« Tatsachen roter Herrschaft lässt nur eine Einstellung zu: den antitotalitären Konsens aller Demokraten, der die intellektuelle und politische Äquidistanz zu Demokratie und Sozialismus verbietet.

Freiheit in der Freiheit

Es ist unser Land

Ob wir als Wahlbevölkerung am Fundament der Demokratie mitbauen oder ob wir als Gewählte Weg und Ziel bestimmen: Es ist unser Land, in dem wir Verantwortung übernehmen, wie es auch unser Land ist, wenn wir die Verantwortung scheuen.

Bedenken sollten wir dabei: Derjenige, der gestaltet, wie derjenige, der abseits steht – beide haben sie Kinder. Ihnen werden wir dieses Land übergeben. Es ist der Mühe wert, es unseren Kindern so anzuvertrauen, dass auch sie zu diesem Land »unser Land« sagen können.

Aus den Dankesworten an die 15. Bundesversammlung nach der Wahl zum Bundespräsidenten, 18. März 2012.

Freiheit

Ich bin in diesem Land viel unterwegs, und nicht selten beschleicht mich dabei das Gefühl, einer gewissen Minderheit anzugehören. Nicht etwa, weil ich aus Mecklenburg komme. Das ist es nicht, was dieses Minderheitengefühl erzeugt. Es ist vielmehr meine tiefe Überzeugung, dass die Freiheit das Allerwichtigste im Zusammenleben ist und erst Freiheit unserer Gesellschaft Kultur, Substanz und Inhalt verleiht. Bei vielen Menschen aber, die mir im Land begegnen, vermute ich eine geheime Verfassung, deren virtueller Artikel 1 lautet: »Die Besitzstandswahrung ist unantastbar.«

Ich habe nichts gegen Besitz, auch nichts gegen materielle Sicherheit. Das alles ist erfreulich, vor allem wenn man darauf verzichten musste wie meine Generation, die Krieg und Nachkriegszeit erlebt hat. Aber wie kommt es, dass wir Deutschen ein erkennbar anderes Verhältnis zum Grundprinzip der Freiheit haben als etwa die US-amerikanische Nation oder unser polnisches Nachbarvolk?

Einige Historiker führen unsere Neigung, auf gutem Fuß mit unserer jeweiligen Obrigkeit zu stehen, auf den Dreißigjährigen Krieg (1618 – 1648) zurück. Damals konnte eine ganze Generation Deutscher hingemordet und missachtet, geschändet, vertrieben und all ihrer Rechte beraubt werden. Nach dem Westfälischen Frieden hätten die Landesherren ihren Untertanen die lang entbehrte Sicherheit, Rechtssicherheit und Überlebenschance garantiert – von daher rühre die tiefe Dankbarkeit der jeweiligen Obrigkeit gegenüber.

Ich kann und will diesen Erklärungsversuch nicht fachlich beurteilen, Tatsache ist jedenfalls, dass sich bei den Deutschen ein

Das Plädoyer geht zurück auf eine Rede im Januar 2011 beim Neujahrsempfang der Evangelischen Akademie für Politische Bildung Tutzing.

besonderes Verhältnis zur Freiheit entwickelt hat. Heinrich Heine hat es einmal in ein Bonmot gefasst. In seinen »Englischen Fragmenten« heißt es:

Der Engländer liebt die Freiheit wie sein rechtmäßiges Weib. Er besitzt sie, und wenn er sie auch nicht mit absonderlicher Zärtlichkeit behandelt, so weiß er sie doch im Notfall wie ein Mann zu verteidigen. Der Franzose liebt die Freiheit wie seine erwählte Braut. Er wirft sich zu ihren Füßen mit den überspanntesten Beteuerungen. Er schlägt sich für sie auf Tod und Leben. Er begeht für sie tausenderlei Torheiten. Der Deutsche liebt die Freiheit wie seine Großmutter.

Ich kann nicht behaupten, dass mich Heines Worte getröstet hätten. Inzwischen weiß ich aber, dass er nur bedingt Recht hatte. Denn das Jahr 1989 hat mich gelehrt, dass sich auch Deutsche für die Freiheit »schlagen« können. In jenem Jahr 1989 hat sich mein Leben in einer wunderbaren Weise verwandelt. Ich war plötzlich wieder in einer positiven Beziehung zu meiner Nation, weil meine Landsleute im Osten, die so lange entfernt von der Freiheit gelebt haben, die Freiheit plötzlich liebten – nicht nur Minderheiten von Dissidenten, Widerständlern und Oppositionellen, nein, breite Schichten aus der Mitte einer Bevölkerung heraus, die viele lange Jahre ganz gut in einer unüberzeugten Minimalloyalität überwintern konnten.

Diktaturen können lange, sehr lange existieren. Es gibt schließlich bis in unsere Tage kommunistische Diktaturen wie in Kuba oder despotische wie in Afrika, weil die kritische Masse fehlt, die auf die Straße zieht und ganz selbstbewusst beansprucht, sie sei das Volk. Genau genommen hat sich nämlich in der DDR nicht eine Implosion ereignet; die Entwicklung verdankt sich auch nicht nur dem guten Willen eines Herrn Gorbatschow. Letztlich sind es deutsche Bürgerinnen und Bürger gewesen, die auf den sächsischen Straßen die Erkenntnis umgesetzt haben: »Wir sind das Volk!«

Dieser Satz hat uns gelehrt, dass wir, wenn wir unserer Sehnsucht glauben und ihr vertrauen, die Angst verlieren können. Eine

Angst, die die willfährige Dienerin jeder Art von nichtlegitimierter Herrschaft ist, die uns ohnmächtig macht, die uns bindet. In dem Augenblick aber, in dem wir unsere Angst als Angst benennen und Anpassung und Angst als Geschwisterkinder erkennen, wachsen uns jene Kräfte zu, die eine ganze Gesellschaft verändern können.

Und so erlebten wir innerhalb eines Jahres zwei Gesichter von Freiheit: jenes anarchische Antlitz, das Freiheit immer hat, wenn sie jung ist, das junge Leute begeistern kann und ältere zögern lässt. Es ist die Anarchie von Revolte, Aufstand und Aufruhr, die Bindungslosigkeit und Herrschaftsfreiheit sucht und mit großem Gestus und oft mit jeder Menge Übermut versucht, eine wunderbare Ungebundenheit ins Leben zu rufen.

Jeder von uns, ob politisch interessiert oder nicht, kennt wenigstens Anflüge davon. Mit vierzehn, fünfzehn, sechzehn oder siebzehn Jahren spüren wir die tiefe Sehnsucht danach, ungebunden zu sein, nicht kommandiert zu werden, selbst unsere Maßstäbe zu bestimmen und zu setzen: Ich möchte dann ins Bett gehen, wann ich es will; ich möchte diese Frau küssen und umarmen und heiraten, wann ich will; ich möchte den Beruf ergreifen, den ich will, und dazu Ja sagen, wozu ich Ja sagen möchte. Da ist sie, die junge Freiheit; sie ist Befreiung.

Ähnlich ungebärdig ist die junge Freiheit auch auf der politischen Ebene. So ist zum Beispiel die große Französische Revolution (1789 – 1799) nicht deshalb ins Leben getreten, weil es eine motivierende Revolutionstheorie gegeben hätte. Vielmehr trieben hohe Steuern und eine Hungersnot die Menschen auf die politische Bühne. Erst danach entwickelte sich die »Lehre« von der Revolution, erst dann kamen die ideologischen Revolutionäre – und die Freiheit erhielt ein anderes Gesicht.

Friedrich Schiller, der die Anfänge dieser Revolution mit Sympathie verfolgt hatte, war über den anschließenden Terror zutiefst erschrocken. Uns allen klingen die Ausrufe des Schreckens in den Ohren, die Schiller über das »rohe gesetzlose Treiben« in seiner Ballade »Das Lied von der Glocke« ausstieß:

Weh, wenn sich in dem Schoß der Städte
Der Feuerzunder still gehäuft,
Das Volk, zerreißend seine Kette,
Zur Eigenhilfe schrecklich greift! ...

Da werden Weiber zu Hyänen,
Und treiben mit Entsetzen Scherz,
Noch zuckend, mit des Panthers Zähnen,
Zerreißen sie des Feindes Herz ...

Ja, Schiller hat den Terror gesehen. Ob er sich über die französische Ehrenbürgerschaft gefreut hat, wissen wir nicht. Aber wir wissen, dass er die *Emancipation* des Menschengeschlechts für verfrüht hielt, weil die Subjekte noch nicht reif seien für eine vernunftgeleitete Gesellschaft. Vor der Fratze der ungezügelten Freiheit also hat Schiller sich gefürchtet – und die Freiheit einer humanisierten Gesellschaft trotzdem lieb behalten.

Auch wir schauen uns nach einer Variante von Freiheit um, die man nicht fürchten muss, weil sie anarchisch ist, die nur die Ungebundenheit, den Aufruhr, nur die Freiheit *von* etwas kennt. Auch wir haben den Hang zu einer Freiheit, in der wir, wie es uns die Philosophen und Ethiker gelehrt haben, frei sind *für* etwas und *zu* etwas. Das habe natürlich nicht ich erfunden, sondern schon als Student gelesen. Wie schwierig es aber ist, diese Erkenntnis ins Leben zu rufen, habe ich erst viel später richtig begriffen.

Ich möchte das mit einem Blick auf das Jahr 1989 erläutern: Wie einfach war es und wie verbunden waren wir alle miteinander, als wir ablehnten, was uns klein machte und uns zu nutzlosem Beiwerk des Staates erklärte. Die DDR-Regierung nannte uns zwar »Bürger«. Und »Bürger, weisen Sie sich aus!«, sagte der Volkspolizist, wenn er junge Menschen auf der Straße anhielt und sie brav und gehorsam ihre Personalausweise herausziehen mussten. Dabei wussten wir, gelehrt von der europäischen Aufklärung und einigen Staaten, in denen Demokratie schon zu Hause war, dass Bürger diejenigen Menschen sind, die Bürgerrechte haben und diese auch aus-

176

üben können. Wir, die wir diese Bürgerrechte nicht hatten, waren zwar auch wertvoll und hatten auch unsere Würde – aber Bürger waren wir nicht. Und weil ich diese Vorstellung so bedrückend, beklemmend und entwürdigend fand, rettete ich mich wie viele andere Menschen, wenn sie Bücher schreiben oder lesen, aus der Wirklichkeit in die Gedankenwelt.

Die Freiheit war nicht dort, wo ich lebte. Die Freiheit war in meinen Sehnsüchten, in meinen Gedanken. Hier wurde sie stark. Und wie viele Deutsche vor mir tröstete ich mich mit dem alten Volkslied:

Die Gedanken sind frei,
wer kann sie erraten?
Sie fliehen vorbei
wie nächtliche Schatten.
Kein Mensch kann sie wissen,
kein Jäger erschießen
mit Pulver und Blei:
Die Gedanken sind frei!

Das ist es, was der Deutsche glauben kann: »Die da« mögen uns unterdrücken, aber *in* mir gibt es ein Reich der Freiheit. Diese Vorstellung wärmte uns eine Zeit lang, machte uns aber politisch nicht satt. Und so war das Besondere eigentlich die zweite Etappe nach 1989, als die Freiheit gekommen war und die Frage entstand: Und du, wozu bist du imstande, wofür willst du dich einsetzen? Wie willst du Freiheit gestalten?

Verantwortung

Ein Jahr etwa nach der friedlichen Revolution kam ich einmal wieder in meine Heimatstadt Rostock. Da kam ein ehemaliger evangelischer Amtsbruder und beklagte sich: »Du glaubst nicht, wer jetzt alles in die Ämter drängelt. Also erstens die alten Genossen und zweitens die Katholiken.« Gegen die Katholiken habe er zwar nichts, nur hätten sie früher ein bisschen deutlicher aufbegehren können. Er empfand Widerwillen gegen die neue Situation. Doch ich zeigte kein Verständnis, fragte vielmehr: »Lieber Freund, hast du denn selbst den Finger gehoben, als es um die Ämter ging, auf denen jetzt die sitzen, deren Anwesenheit du beklagst?«

Auf die Idee war er nicht gekommen: Er sei bereit, Macht kritisch zu beäugen und zu kontrollieren. Aber selbst Macht ausüben? Dazu sei er gar nicht ausgebildet. Und hätte Macht nicht immer einen schlechten Beigeschmack? Da war es, dieses merkwürdige Unvermögen, aktiv zu werden, wenn aus der Sehnsucht nach Freiheit die Gestaltung von Freiheit wird, wenn wir Freiheit *von* etwas schon erleben durften, aber Freiheit *zu* etwas noch nicht können. Plötzlich füllen dann diejenigen die öffentlichen Räume, die wir dort gar nicht sehen möchten. Das galt besonders für die Vertreter der alten Macht. Die waren Machtausübung schon gewöhnt und hatten Ellbogen. Und die westdeutschen Ellbogenmenschen konnten mit jenen ganz gut sprechen, die ihre Ellbogen schon in der Diktatur trainiert hatten. Besonders im Bereich der Wirtschaft klappte das Zusammenspiel hervorragend. Es waren ja nicht die Dissidenten, die als vertrauenswürdig galten und Posten übertragen bekamen. Es waren die, die schon gezeigt hatten: Wir machen das Ding. Sie folgten den Aufträgen ihrer neuen Herren, wie sie zuvor denen ihrer alten gefolgt waren.

Zu üben ist also nicht eine Fähigkeit, die wir mühsam studieren müssen, zu üben ist die Bereitschaft, Ja zu sagen zu den vorfindlichen Möglichkeiten der Gestaltung und Mitgestaltung. Dieses Verhältnis zu der uns umgebenden Wirklichkeit dürfen wir als Verantwortung bezeichnen. Ich habe mir angewöhnt, die Freiheit der Erwachsenen »Verantwortung« zu nennen.

Wenn ich für Freiheit als Verantwortung werbe, gerade bei Menschen, die nicht in politischen Ämtern stehen, mache ich das so: Wir können das eigentlich alle. Denn wir alle haben ein natürliches Empfinden für eine Aufgabe oder für eine Hingabe. Schon bevor wir politisch werden, lernen wir, dass es möglich ist, sich selbst aus dem Zentrum der eigenen Wahrnehmung herauszunehmen.

Wir alle haben dies erlebt, wenn wir einen anderen Menschen lieben. Mit einem Mal bin ich mir selbst nicht mehr der Wichtigste, sondern will alles tun für den geliebten Menschen, für diese Frau, für diesen Mann. Am deutlichsten erleben wir das wohl bei einem kleinen Kind, vor allem bei einem eigenen. Ich sehe es an, und schon erwachen in mir das Bedürfnis und die Bereitschaft, für dieses Wesen da zu sein – es zu schützen, es zu bewahren, es ihm schön zu machen, ihm ein Nest zu schaffen. Sehr viele von uns haben das erlebt.

Wenn ich darüber nachdenke, fällt mir immer meine jüngste Tochter ein. Noch vor zwei Jahren führte sie bewegte Klage über ihre ehemaligen Kommilitoninnen. Sie waren alle begeisterte Mütter geworden, während meine Tochter fand, das Leben dieser Personen sei in einer inakzeptablen Weise eingeschränkt. Tag und Nacht um die Brut herum? Die Brutpflege hielt sie für etwas, das die eigene Freiheit auslöscht und das Leben unter eine schwere Last stellt. Sie wisse nicht, ob sie so etwas je akzeptieren könne. Nun, man ahnt es schon. Vor einem Jahr hat mir diese kostbare Frau mein jüngstes, mein neuntes Enkelkind geschenkt. Und jetzt überbietet sie alle anderen, die sie vorher kritisiert hat, an Hinwendung und behauptet, ihr Leben sei so wunderbar. Das sei aber auch glasklar, denn sie hat einen ganz überzeugenden Grund: Sie kann jedermann erklären, dass ihr Kind objektiv das süßeste ist.

Es hat sich etwas total in ihr gewandelt in dem Augenblick, als eine neue Lebenswirklichkeit den Schwerpunkt in ihrer Person verlagert hat. Wir begreifen: Wir sind geboren zur Lebensform der Bezogenheit. Wir erleben sie als eine zentrale Menschenmöglichkeit, lange bevor wir sie politisch als Bürgerinnen und Bürger erfassen – meist keinesfalls als erdrückende Last, sondern als glückhaftes Geschehen, als Teil unserer humanen Existenz.

Jeder von uns mag einen anderen zentralen Gedanken, eine zentrale Erfahrung oder eine zentrale Begrifflichkeit für diese Wirklichkeit haben. Mir als evangelischem Theologen kommt aus der Heiligen Schrift der Juden und Christen eine ganz besondere Sentenz ins Bewusstsein – ein Abschnitt aus dem Buch Genesis, der in der Luther-Übersetzung folgendermaßen lautet:

»Und Gott schuf den Menschen zu seinem Bilde, zu Gottes Bilde schuf er ihn« (1 Mos/Gen 1,27).

In meinen jungen Jahren hat mich dieses Wort eher erschreckt. Denn ich begann mein Theologiestudium in der Nachkriegszeit, als jeder halbwegs denkende und empfindende Mensch tief verunsichert war, wenn er ein Deutscher war. Ich mochte dieses Land nicht mehr, ich mochte diese Kultur nicht mehr, die die Barbarei nicht verhindert hatte und uns in eine tiefe Schuld geführt hatte. Ich mochte den Glauben nicht mehr und konnte kein Loblied auf Gott singen. Es erschien mir eine unüberwindliche Aufgabe, nach Auschwitz an Gott zu glauben. Und ich weiß nicht, wie oft ich diesen Glauben unterwegs ein wenig verloren hatte und wann ich ihn wiedergefunden habe.

Damals konnte mir ein anthropologischer Gottesbegriff wenig Verheißung sein. Er erschien eher als eine Bedrohung. Und ich hoffte, nie darüber predigen zu müssen. Ich weiß nicht mehr, wie ich es geschafft habe, tatsächlich nicht darüber zu predigen – wahrscheinlich habe ich diesen Text manchmal einfach ausgegrenzt.

Dann aber fiel mir vor ein paar Jahren plötzlich eine Interpretation ein. Ich begriff bei einem Lesen etwas neu, das sich in meinem Leben schon abgezeichnet hatte. Ich konnte jetzt so lesen: Gott schuf den Menschen zu seinem Bilde mit der wunderbaren Fähigkeit, Verantwortung zu übernehmen.

Es gibt so viele Geschöpfe auf der Erde, aber nur eines mit der Fähigkeit, für sich selbst, für das Du neben sich und den Raum um sich herum Verantwortung zu übernehmen. Ich kann Verantwortung also aus meinem Glauben herleiten. Und ich fand und finde es großartig, etwas in uns zu wissen, das mit seiner Potenz unsere begrenzten Kräfte überbietet. In unserer Verantwortungsfähigkeit steckt ein Versprechen, das dem Einzelnen wie dieser ganzen Welt gilt: Ihr seid nicht zum Scheitern verurteilt.

Dies zu entdecken, hat mich das Leben gelehrt und nicht nur das Nachsinnen und Nachverfolgen edler Gedanken von Menschen, die fähig sind, Gedichte, Traktate und Essays zu schreiben, die ich sehr liebe. Ich habe es im Alltag gelernt.

Es ist freilich so, dass Verantwortung und Bezogenheit nicht nur von Glaubenden, von Christen, von Juden, Muslimen oder anderen Gläubigen gelebt werden können. Für mich ist die religiöse Wertsetzung so stark, weil sie in Tiefen meiner Seele reicht, in der die intellektuellen Begründungen für Wohlverhalten und Menschlichkeit nicht gegründet sind. Andere Menschen erleben Bezogenheit auf andere Weise, in anderen Worten und mit anderen Lebenswahrheiten.

Das Glück der Bezogenheit spüren und verstehen kann selbstverständlich auch, wer nicht glaubt. Jede und jeder erlebt das auf eigene Weise. Nicht jeder erfährt die elementare Kraft einer frühen oder späten Liebe, nicht jede hat so ein kleines Wesen als eigenes Kind. Andere beziehen sich auf eine Idee, auf die Natur, die sie schützen und bewahren wollen. Auf die Rechtsstaatlichkeit, damit die Welt nicht dem Gesetz des Stärkeren unterliegt. Auf die Wahrheit, die nicht Vorteilen und Interessen geopfert werden darf.

Unsere Fähigkeit zur Verantwortung ist somit nicht etwas, das durch Philosophen, Politiker oder Geistliche quasi von außen in unser Leben hineingebracht würde, sie gehört vielmehr zum Grundbestand des Humanum. Wir verlieren uns selbst, wenn wir diesem Prinzip nicht zu folgen vermögen.

Freilich erleben wir Bezogenheit nicht alle gemeinsam und nicht gleichzeitig, sie widerfährt uns auch nicht wie ein Erweckungserlebnis, das unsere ganze Existenz ummünzt. Aber Schritt für Schritt können wir hineingezogen werden in diese Lebensform von Ermächtigung – ich habe selbst erlebt, wie sich ein Staatsinsasse verwandelt hat und durch ermächtigendes Handeln als Bürger zu existieren begann. Wir waren nicht nur zu uns selbst gekommen, wir haben auch Glück empfunden.

Enttäuschung und Frustration werden allerdings alle erleben, die sich wie im Märchen danach sehnen, Glück in einem Schlaraffenland zu finden. Das klingt für manchen vielleicht verzopft, aber denken Sie nicht, dass dieses Märchen von gestern sei. Nur dass unser Schlaraffenland nicht ein großer Berg von süßem Brei ist. Zu essen haben wir mehr als genug. Wir haben auch genug zu trinken. Damit kann man uns nicht locken. Aber wir haben andere Fantasien und Bilder von Fülle und Erfülltheit in einem imaginären Schlaraffenland, das nur eben unglücklicherweise niemals dort ist, wo wir tatsächlich leben. Vielmehr leben wir mit der Hoffnung auf ein Glück, das uns das Schicksal irgendwann einmal gewähren müsse. Bei manchem ist es die Hoffnung auf den Märchenprinzen: Ja, wenn ich *den* Mann hätte, dann wollte ich doch zufrieden sein. Oder es ist die Hoffnung auf die Idealfrau: Ja, wenn ich *diese* Mischung aus Engel und Vollweib kriegen würde, dann wollte ich doch glücklich sein. So können wir das Schlaraffenland je nach unserer eigenen Fasson ausgestalten – und wir tun es. Privat und auch gesellschaftlich.

Doch sobald wir gespannt darauf warten, wie im Lotto das große Los zu ziehen, werden wir auf einem Weg sein, wo das Glück ganz bestimmt nicht zu uns findet! Wir bleiben hungrig und ungesättigt. Denn geheimnisvollerweise ist das Glück dort, wo wir Bezogenheit leben – selbst in dem unspektakulären Tun des Alltags.

Ich habe entdeckt, dass es einen unglaublich kraftvollen Indikator für dieses Ja zu einem Leben in Verantwortung gibt. Es ist nämlich so, dass unsere Psyche uns belohnt, wenn wir die Bezogenheit auf den anderen Menschen und die Hinwendung zu unserer Lebensform machen. Schauen Sie sich die Jugendlichen an, die in der Freiwilligen Feuerwehr lernen und üben, wie man einen Brand löscht oder eine hilflose Person rettet. Oder die Dorfjugend, die nach Feierabend Fußball trainiert. Oder die jungen Musikerinnen und Musiker aus ganz Deutschland, die im Bundesjugendorchester gemeinsam musizieren. Schauen Sie sich die Gesichter der Menschen an, wenn sie einen Brand gelöscht, ein Fußballspiel gewonnen oder eine Sonate gespielt haben – und Sie spüren, wovon ich rede.

Dieses Erfüllt-Sein, dieses Glück ist der einfache Indikator, von dem ich sprach.

In Bezogenheit zu stehen sagt allerdings noch nichts darüber aus, ob unser privates oder politisches Handeln einer guten oder bösen Sache dient, ob es sinnvoll, berechtigt, erfolgversprechend ist oder ob es auf falschen Voraussetzungen, falschen Analysen oder etwa auf privater oder politischer Naivität beruht. Ich nenne ein Beispiel, das für die evangelische Kirche und ihre Einrichtungen nicht ohne Bedeutung war und ist.

»Entfeindet euch«, sagten meine Kirchentagsfreunde gerne in den interessanten Friedenskampfjahren im Westen der Republik. Zu jener Zeit war die Begeisterung für den Frieden groß und ohne Einschränkung. Und so dachten viele meiner protestantischen Freunde im Westen, wenn man sich entfeinde, gebe es keine Feindschaft mehr und keine Kriege. Unsere Evangelischen Akademien und Studentengemeinden waren eben nicht immer der besondere Hort des Heiligen Geistes, sie waren und sind manchmal auch Spielwiesen des Zeitgeistes. Entspannung jedenfalls war die große Losung fortschrittlicher Politik. Wer aufrüstete oder das Gleichgewicht des Schreckens verteidigte, galt als kalter Krieger.

Wie ich schon früher ausgeführt habe: Václav Havel war damals sehr enttäuscht von seinen Freunden im Westen. Sie waren bereit, der guten Kontakte zu den Unterdrückern wegen die Kontakte zu den Oppositionellen zu begrenzen, und sie waren trotz eines Kommunismus mit imperialen Absichten bereit, den demokratischen Westen mental und militärisch abzurüsten. War das nicht die Fortführung einer Appeasement-Politik, deren Gefährlichkeit uns in Europa bewusst sein sollte? Frieden ist zweifellos eines der ganz großen politischen Ziele und eine große theologische Vision. In konkreten Situationen aber kann Verzicht auf Gewalt auch bedeuten, der Gewalt von Unterdrückern und Aggressoren den Weg zu ebnen oder ihren Terror zu dulden.

Toleranz

Zum Schluss möchte ich mich noch der Toleranz zuwenden. Ich glaube nicht, wie es in einigen Teilen meiner neuen Berliner Heimat inzwischen üblich ist, dass derjenige, dem alles egal ist, den Preis für Toleranz verdient. Gleichgültigkeit ist kein anderer Name für Toleranz. Gleichgültigkeit ist vielmehr ein anderer Name für Verantwortungslosigkeit.

Manche denken, wenn ich keine Überzeugung habe, kann ich auch keinen stören. Sogar manche Politiker definieren in dieser Weise »liberal«. Aber wir wissen, dass wir besonders dann glaubwürdig sind, wenn wir uns zu erkennen geben. Und wir wissen, dass eher diejenigen, die ihres eigenen Glaubens und ihrer eigenen Werte sicher sind, die Werte von Fremden zu würdigen bereit sind, weil sie das Fremde weniger fürchten und in den anderen Menschenkinder erkennen, die zusammen mit uns überleben und in Würde leben wollen. Deshalb achten sie die anderen, öffnen ihnen die Türen und verstehen die Einladung nicht als ein verstecktes Kommando: »Ihr werdet bitte innerhalb einer gesetzten Frist genauso wie wir!«

Es ist wichtig zu begreifen, dass wir der Toleranz nicht dienen, wenn wir unser Profil verwässern, sondern indem wir uns umgekehrt unserer eigenen Werte wieder vergewissern. Wir haben genug Beispiele, dass wir nicht jenen fürchten müssen, der in sich ruht, sondern dass wir den zu fürchten haben, der nicht weiß, wozu er da ist, der sich gekränkt und klein fühlt und auf vermeintliches oder tatsächliches Unrecht, das ihm angetan wurde, mit massiver Gegengewalt reagiert. Nicht diejenigen verbrennen Bücher und jagen sich und andere in die Luft, die sich sicher sind über die Werte, die ihnen am Herzen liegen, sondern im Gegenteil diejenigen, die tief verunsichert sind, leicht das seelische Gleichgewicht verlieren und im Groll feststecken. So wie unser Land in seine größte Katastrophe kam und den allergrößten nationalen Übermut entwickelte, als es klein und niedergetreten war, als es gerade kein starkes Ich hatte nach dem Ersten Weltkrieg. Da entstand als Gegenbewegung eine fürchterliche Hybris, die unsere Nation überhöhte und unsere Herrschaft jedem anderen notfalls mit Gewalt aufzwingen wollte.

Wir sollten daher nicht der irrigen Meinung sein, dass wir der Toleranz etwas Böses antun, wenn wir noch einmal unsere christlich-jüdische Dogmatik anschauen, fragen, welche Werte für unsere Gesellschaft heilsam und wichtig sind, und sie neu zu schätzen lernen. Wir tun der Toleranz auch nichts Böses an, wenn wir die Menschenrechte verteidigen, wie sie in den letzten Jahrhunderten und Jahrzehnten entwickelt und niedergeschrieben wurden in der Allgemeinen Erklärung der Menschenrechte der Vereinten Nationen und einer Vielzahl von Konventionen, die folgten und detailliert Menschenrechte regeln – etwa zum Schutz von Flüchtlingen, zur Verhinderung von Völkermord, gegen die Diskriminierung der Frau und so weiter. Fast alle Staaten der Welt haben sich nach tiefer, leidvoller Erfahrung, nach nationaler Vermessenheit und nach ideologischem oder religiösem Fanatismus im Prinzip auf diese *Rule of Law* als Minimum einer Überlebensordnung geeinigt.

Die als universell, unveräußerlich und unteilbar angesehenen Menschenrechte sind daher ein gemeinsames Gut der Menschheit. Und wir dürfen und müssen gegenüber kommunistischen, fanatisch-islamistischen oder despotischen Staaten über ihre Verletzung sprechen; denn als Menschen sind wir verpflichtet, die Menschenrechte unserer Mitmenschen zu respektieren und zu verteidigen. Und als Deutsche, die diese Werte erst missachtet und dann in einem Teil des Landes verloren haben, sind wir Zeugen, wie aus der Trauer über Schuld und Verlust Freude über das Gelingen entstehen kann.

Kann – sage ich. Denn wo erleben wir eine gelassene Freude darüber, dass Selbstbestimmung in unserem politischen Raum möglich ist? Warum ist im Diskurs der unterschiedlichen Kulturen die Freude des Westens an einer bewahrenden und schützenden Freiheit kaum spürbar? Warum gehen wir oft in die nichtdemokratische Welt hinaus und tun so, als hätte unsere demokratische Welt »Nichtwerte«, fühlen uns stattdessen betroffen von dem, was die Potentaten dort über uns behaupten: Wir seien Imperialisten, wir wollten ihnen unsere westlichen Werte überstülpen? In der Tradition unserer antikapitalistischen Selbstgeißelung kann es tatsächlich so weit kommen, dass nicht wenige sagen: »Wir wollen ja nicht andere überfremden.«

Wem dienen wir eigentlich mit diesem Defätismus? Sind wir zu vornehm und zu satt geworden, um für die Werte zu streiten, die für den Westen Deutschlands seit sechzig Jahren selbstverständlich geworden sind? Trifft auch hier zu, dass wir nicht achten, was wir fest zu besitzen glauben?

Gerade bei meinen evangelischen Brüdern und Schwestern und einigen Grünen und sozialdemokratischen Christen sind Güte und

Großmut teilweise so unendlich groß, dass sie fortwährend alle Schuld der Welt einräumen, anstatt zu sagen: In diesem unserem Land herrscht seit über sechzig Jahren Frieden, im Westen unseres Landes werden seit über sechzig Jahren die Bürger- und die Menschenrechte respektiert. Europa ist der Kontinent, nach dem sich die Menschen in anderen Teilen der Welt sehnen, zu dem sie fliehen wollen und den sie nur selten erreichen. Kann nur ein polnischer Ministerpräsident wie Donald Tusk, der die Unfreiheit des Sozialismus erlebt hat, formulieren, was unser aller Grundeinstellung zu Europa sein sollte: »Es ist tatsächlich der beste Ort der Welt, etwas Besseres hat bisher niemand erdacht.«

Warum lernen wir nicht von Václav Havel und den anderen, die uns beibringen könnten, dass die Unterdrückten der Welt die universelle Sprache der Menschenrechte verstehen? Dort in den Ländern mit den grünen, mit den roten oder anderen Bannern verstehen die Unterdrückten sofort und ohne Umwege, was Menschen- und Bürgerrechte für sie bedeuten würden. Nur ihre Unterdrücker, ihre Herrscher und fundamentalistische Gruppen, die die Menschen in Abhängigkeit zu halten trachten, behaupten, das sei eine art- oder wesensfremde oder wie auch immer fremde Kultur.

Ja, es gibt auch Mängel in unserer Demokratie, die gebe ich zu. Wir wissen, dass dieses System nicht vollkommen ist. Aber es ist ein lernfähiges System, das Vorbildcharakter hat. Der Osten Europas, Teile Asiens und Nordafrika – sie alle haben nicht ein neues System von Menschenrechten ausgedacht, vielmehr das übernommen, was in der westlichen Welt schon existierte. Sogar die Ostdeutschen und die linken Protestanten sind darauf gekommen, dass wir keinen neuen, dritten Weg ersinnen konnten. Auch wenn wir Ostdeutschen uns gerne eine eigene Verfassung gegeben hätten, so haben wir im Prinzip auf die Werte und Inhalte des Grundgesetzes geschworen.

Darin zeigt sich: Wenn wir Freiheit gestalten wollen, gibt es nicht allzu viele Varianten. Ich jedenfalls kenne keine, die dieser westlichen Variante von Eigenverantwortung vorzuziehen wäre.

Es gab zwar Gegenentwürfe, in Europa etwa erwachsen aus dem Marxismus, der die Einzelnen im Kollektiv verschwinden ließ. Aber diese Entwürfe haben sich nicht behauptet. Wir haben bei diesen Entwürfen weniger Freiheit, weniger Lebensfreude, weniger Rechtssicherheit und weniger Wohlstand erlebt. Und deshalb gibt es keinen Grund für den alt-neuen Versuch, eine neue Variante von Antikapitalismus in die politische Debatte zu bringen.

Freilich möchte ich gerne, dass wir den kapitalistischen Wirtschaftssystemen so kritisch gegenübertreten wie den verschiedenen politischen Richtungen. Es soll und muss debattiert werden, ob konservative, liberale oder linke Vorstellungen einer sozialen Marktwirtschaft eher gerecht werden oder bessere Lösungen für künftige Krisen anbieten. Aber wer meint, dass Entfremdung einzig in den kapitalistischen Ländern auftrete, der ist blind oder ideologisch. Wir haben ganze Erdteile erlebt, in denen fast keiner über Kapital verfügte, aber die Entfremdung viel größer war als in Ländern und Gesellschaften mit Kapital. Außerdem ist eines klar: Wir sind nicht allein und nicht primär durch unsere Rolle im Wirtschaftsleben bestimmt. Entscheidend ist die Teilhabe an der Macht oder die Unterwerfung unter die Macht, die uns zu Bürgern oder zu Nichtbürgern macht.

*

Sechzig Jahre nachdem diese Republik sich zu einer demokratischen Republik erklärt hat, können wir daran glauben, dass sie es vermag, eine demokratische Gesellschaft zu sein. Nun müssen wir dieser Gesellschaft dabei helfen, daran zu glauben, dass sie den neuen Herausforderungen gewachsen sein wird. Denn nur wenn wir an die Potenzen glauben, die in uns verborgen sind, wenn wir sie nutzen und anwenden, werden wir mit uns selbst zufrieden und anderen ein Segen sein können. Die Bewusstheit darüber, wozu wir in der Zukunftsgestaltung imstande sind, muss deutlicher neben die Bewusstheit darüber treten, welche Fehler und Verbrechen wir oder unsere Vorfahren in der Vergangenheit begangen haben.

Ich wünschte mir, dass sich unsere Gesellschaft tolerant, wertbewusst und vor allen Dingen in Liebe zur Freiheit entwickelt und nicht vergisst, dass die Freiheit der Erwachsenen Verantwortung heißt.

Freunde und Fremdeln

Die Fotos von Harf Zimmermann* bringen die Erinnerung zurück. Ich rieche wieder den Rauch der Kohleöfen und die Abgase der Trabis. Ich starre noch einmal auf abbröckelnde Fassaden, in denen sich Einschusslöcher aus dem Zweiten Weltkrieg finden, auf Eingangstüren, die schief in den Angeln hängen, tauche noch einmal ein in das endlose, eintönige Grau, das die Republik von Süden bis Norden beherrschte. Hufelandstraße war überall – in meiner Heimatstadt Rostock genauso wie im Prenzlauer Berg, wo meine Cousine Gesine gleich nebenan in der Greifswalder Straße wohnte, am Rande des Bötzow-Viertels, nur wenige Meter von der Hufelandstraße entfernt.

Als ich nun zwanzig Jahre nach dem Untergang der DDR die Hufelandstraße noch einmal hinauf- und hinunterspaziere, spüre ich Genugtuung und Freude in mir aufsteigen: Was für eine wundersame Verwandlung! Wie schön! Pastellfarben die Fassaden, Bäume auf beiden Straßenseiten (anstelle der Platanen hätte ich mir nur die Linden gewünscht, die früher hier standen), Blumen auf den restaurierten Balkonbrüstungen, breite Bürgersteige mit fest verankerten Fahrradständern, geschickt eingepasste Neubauten.

Ich setze mich an einen der vielen Tische auf den Gehwegen, bestelle Naturjoghurt gemischt mit Heidelbeeren und kann auch dem selbst gebackenen Marmorkuchen nicht widerstehen. Um mich herum junge Frauen, einige schwanger, andere mit einem oder mehreren kleinen Kindern. Eine ruhige, heitere Atmosphäre.

---

* Der Ost-Berliner Fotograf Harf Zimmermann hat die Bewohner der Hufelandstraße kurz vor 1989 porträtiert. Nach zwanzig Jahren ist er noch einmal zurückgekehrt, um zu erinnern und zu vergleichen.

Der Beitrag erschien 2010.

Keiner hastet, keiner ist erregt, die Gesichter entspannt. Vielleicht weil es heiß ist, vielleicht weil Ferien sind, mutet die Straße trotz vierstöckiger Bebauung wie eine Kleinstadt aus dem Bilderbuch an, die weder Krise noch Armut oder Unglück kennt.

Hufelandstraße, das wird mir schnell klar, ist nicht mehr überall. Sie ist schöner als erwartet, aber auch fremder als erwartet. Sie liegt im alten Osten, doch der alte Osten ist aus ihr gewichen.

Auch in meiner Heimatstadt Rostock haben viele Häuser in den vergangenen beiden Jahrzehnten schöne, helle Fassaden erhalten. Auch in Rostock haben neue Cafés und Bistros eröffnet, die Gäste an warmen Tagen mit Tischen auf den Gehwegen locken. Doch zwischen den sanierten Gebäuden klaffen immer noch Baulücken, sind Häuser eingerüstet, wühlen sich Bagger in die Erde, wird immer noch abgerissen, neu gebaut.

Nicht jede Sanierung ist zudem gelungen, und Plattenwohnungen aus der DDR-Zeit schieben sich wie Ausstellungsstücke einer verirrten Architektur bis in die Innenstadt vor. Rostock und Stralsund und Leipzig und Chemnitz sind noch nicht heil, auch wenn der Verfall glücklicherweise gestoppt und alte Bausubstanz gerettet wurde. In Städten und Dörfern Ostdeutschlands sind die Narben aus der Vergangenheit weiter sichtbar, auch wenn manch Westdeutscher uns um unsere neuen Straßen beneidet.

Narben sind auch noch bei den Menschen erkennbar – zumindest wenn sie ein gewisses Alter überschritten haben. Tief in uns blieb ein Raum, in dem sich alte Angst und alte Hoffnung, alte Sehnsucht neben altem Trotz und altem Versagen eingenistet haben. Mit Ostdeutschen habe ich eine gemeinsame Tradition, die selbst mich und all die anderen prägte, die wir uns im Widerspruch zum System befanden, und die in uns weiter wirkt, selbst wenn die meisten von uns sie im Laufe der Zeit auf neue Weise zu sehen gelernt haben.

Wir hatten uns Gegenwelten geschaffen – in unseren Kirchgemeinden, in Freundeskreisen, in Künstlergruppen. Kulturelle Inseln. Auch wenn diese kleinen Spielräume nichts an der politischen Ohnmacht änderten, so haben sie uns doch eine nicht verordnete, eigenständige Nähe geschenkt, auch Geborgenheit und Wärme. Und so lasse ich sie nun manchmal in mir zu, die Sehnsucht nach der Sehnsucht, die ihr Ziel verlor, als die erträumte Freiheit Wirklichkeit wurde. Ein später Abschied ist das. Und ich bin mir sicher, dass kaum jemand von denen, die jetzt in der Hufelandstraße wohnen, diese Wehmut verstehen würde. Daraus will ich keinen Vorwurf machen, ich weiß es ja, das Leben ist weitergegangen. Aber meiner Berliner Cousine sind diese Gefühle genauso vertraut wie dem älteren Rostocker Gesprächspartner, mit dem ich in einem der schön restaurierten Lokale zufällig in ein Gespräch komme. Im Café in der Hufelandstraße hingegen steigt der Wunsch zum Austausch gar nicht auf. Die Neubürger in der Hufelandstraße sind fast alle Zugereiste, die weder die DDR noch den Umbruch kennen, denn ihre Elternhäuser stehen in München, Stuttgart oder Ulm.

Einerseits hat die Hufelandstraße Glück gehabt. Die Eigentumsverhältnisse wurden schnell geklärt, die Straße in verschiedene Sanierungsprogramme einbezogen, es floss privates Geld aus westlichen Bundesländern, und kluge Investoren und Stadtplaner waren bestrebt, das Alte zu erhalten und das Neue anzupassen.

Andererseits hat sie aber auch etwas verloren. Selten hat ein so umfassender Bevölkerungsaustausch stattgefunden wie in dieser Straße. Hier hat sich der Westen nicht mit dem Osten vermischt, hier hat der Westen den Osten an den Rand gedrängt.

In der äußeren Anmutung mag es so sein wie früher vor dem Krieg. Die Straße ist wieder eine vornehme Wohngegend mit großzügigen Wohnungen für gut situierte Leute. Das freut jene, die sich noch erinnern. Doch von diesen »Alten« lebt kaum noch jemand hier. Die Ersten setzten sich in den 1950er Jahren in den Westen ab – wegen der Freiheit, wegen der Schulausbildung der Kinder, wegen der besseren Rente.

Später zogen Bewohner aus den Hinterhöfen in die Neubauwohnungen der Plattensiedlungen am Stadtrand – wegen der Heizung, wegen des Fahrstuhls und der »Nasszelle« mit Plastikverkleidung. Ein wahrer Aderlass setzte dann nach 1989 ein. Manche Altbewohner flüchteten bereits vor der Sanierung, andere wurden in der Umbruchzeit durch unsanfte Behandlung zur »Ummietung«

gedrängt, noch andere konnten die sanierten Wohnungen aus finanziellen Gründen nicht halten.

Ich fremdele ohne diese Menschen. Ich vermisse das Vertraute. Ich spüre am eigenen Beispiel, dass, wer nach der »inneren« Einheit fragt, sich noch ein wenig gedulden muss. Meinungsumfragen zeigen beispielsweise zu Themen wie Freiheit oder Gerechtigkeit noch signifikante Unterschiede zwischen Ost- und Westbevölkerung: In der von Westdeutschen bewohnten Hufelandstraße wählen mehr als vierzig Prozent die Grünen, in Berlin-Marzahn wählen nahezu genauso viele Menschen Die Linke.

Bei den Neubürgern der Hufelandstraße spüre ich das Anderssein besonders deutlich: Zum Mentalitätsunterschied kommt der Generationenunterschied. Die Bewohner, gleichgültig ob aus Bayern oder Sachsen, gehören fast alle einer einzigen Altersgruppe an – eine Erscheinung, wie sie nicht nur in Berlin einmalig sein dürfte.

Fünfundzwanzig- bis Vierzigjährige haben sich die Straße Schritt für Schritt erobert, Gleichgesinnte nachgezogen, Alte und Arme verdrängt und arme Ausländer erst gar nicht hereingelassen. Manchmal mit eigenem, öfter wohl mit dem Geld der Eltern haben sie eine Oase geschaffen, die ihren Bedürfnissen als junge Familien mit Kleinkindern besonders entgegenkommt. Sie wissen den geringen Verkehr zu schätzen, die schattigen Gehwege, den Friedrichshain-Park am Ende der Straße, dessen Wiesen große Spielflächen für die Kleinen bieten. Und weil Berlins Mitte nur wenige Minuten entfernt liegt, hat die Straße auch noch Prominente aus Film, Medien und Politik angezogen, die zentral wohnen, aber nicht ständig der Aufmerksamkeit von Touristen ausgesetzt sein wollen, etwa wie im Ausgehviertel vom Kollwitzplatz gleich nebenan.

Die Hufelandstraße ist etwas Besonderes.

Die Bewohner bilden eine Weltanschauungsgemeinschaft ohne offizielle Mitgliedschaft. Sie frönen fast durchgängig derselben Lebensphilosophie, in der die Priorität den Kindern gebührt. Für die Kinder kann nichts gut genug sein, über Kinder laufen die Kontakte, vor den Kinderwagen haben Ältere zu weichen. Es gibt viele Kitas, ein freies Eckgrundstück soll zu einem weiteren Spielplatz umgebaut werden, Geschäfte führen spezielle Kleidung für Mutter und Kind. Erst vor Kurzem hat man die Kreuzungen verengt, um die Autofahrer zu langsamem Fahren zu zwingen.

Ich habe selbst vier Kinder, neun Enkelkinder und inzwischen auch einen Urenkel. Aber mein Leben und das meiner Alterskohorte hat sich nie so stark um die Kinder gedreht. Bei meiner jüngsten Tochter Katharina ist das bereits anders. Ganz offenkundig nähern sich die jungen Generationen aus Ost und West einander an. Gleichzeitig aber scheint sich gerade in der Haltung gegenüber den Kindern noch ein gewisser Mentalitätsunterschied zu halten.

Die Tochter meiner Cousine ist vor ein paar Monaten aus dem Viertel weggezogen, obwohl sie selbst zwei kleine Kinder hat. Die einseitigen Gesprächsthemen vertrug sie, die Ostdeutsche, nicht mehr und ebensowenig die einseitige Bevölkerungsstruktur und deren Selbstgewissheit. Auch ich spüre bereits nach kurzer Zeit, dass mich stört, was die jetzigen Bewohner glücklich macht. Früher gab es die Monotonie der Tristesse, heute gibt es die Monotonie einer neubürgerlichen Familienidylle.

Die schönen Fassaden, die mich beim ersten Spaziergang einfach nur beglückten, wirken plötzlich auch wie Fassaden, die etwas verdecken. Wahrscheinlich, sage ich mir, ist es zu früh für die Neubürger, um ein Interesse an der Geschichte ihrer Straße zu entwickeln, wo sie noch mit deren Adaption beschäftigt sind. Auch ich musste erst ein bestimmtes Lebensalter erreichen, um mich dafür zu interessieren, welches Lebensgefühl mein Großvater im Ersten Weltkrieg hatte und mein Vater im »Dritten Reich«.

Und doch wünschte ich, die Bewohner dieses Biotops, das heute eine urbane Liberalität ausstrahlt, würden eine Brücke schlagen zu jenen Altbürgern, die sich an die Gesichter der Straße in dunklen Zeiten erinnern.

Von Gisela Rittner aus der alten Nummer 22 könnten sie erfahren, wie ihr Vater die Nazi- und die DDR-Herrschaft überstand, ohne sich in die NSDAP oder die SED zwingen zu lassen. Inge Deutschkron aus der alten Nummer 9 wüsste zu berichten, wie ihr Vater, der Studienrat Dr. Martin Deutschkron, ein bekennender

Sozialist, von den Nazis bedroht und der Balkon der Familie mit Steinen beworfen wurde.

Und Peter Birmele aus der jetzigen Nummer 43 könnte schildern, wie Schwule in der DDR nur in der evangelischen Gemeinde des Viertels ihren Ort fanden, an dem sie sich frei von staatlicher Einflussnahme treffen und Themen besprechen konnten.

Ich bin hier nur auf der Durchreise. Und ich will die Jungen und Zugewanderten nicht weiter stören. Doch die Stimmung wirkt in mir nach. Als ich zurückkehre in die laute Greifswalder Straße mit ihrer gemischten Wohnbevölkerung und ihren vielen Läden, habe ich ein ähnliches Gefühl, als hätte ich gerade eine Kleingartenanlage hinter mir gelassen. Eine Oase abseits der Krisen und Probleme des Alltags, wo sich Menschen eine eigene Ordnung geben und eine Gemeinschaft ganz eigener Art schaffen. Oft zeigen lyrisch-romantische Namen ihre Sehnsucht nach einer heilen Welt.

Wahrscheinlich gibt es das schon: ein Eingangstor, über dem das Schild eine »Frohe Zukunft« verheißt.

Politiker nicht beschimpfen

Ich will keineswegs mich zu denen rechnen lassen, die die Politiker beschimpfen. Denn immer wieder mache ich mir deutlich, dass es unter den Politikern so ist wie unter uns allen. Es sind nicht Erwählte von Gottes Gnaden, sondern es sind von uns und aus unserer Mitte Gewählte. Und darum haben sie unsere Farbe, unsere Tugenden und unsere Laster. Es ist wohlfeil, sich von ihnen abzuheben, als gehörten sie einer anderen Rasse an. Es ist übrigens auch verantwortungslos. Denn wir übersehen dabei unsere Rolle, die des Souveräns, der sie nämlich in diese Ämter berufen hat und der beständig darauf achtet, dass sie auch wieder abberufen werden, wenn es nicht funktioniert mit ihnen.

Passau, 24. Juni 2011, Festrede anlässlich der Europäischen Wochen.

Unsere Demokratie wird leben

Liebe Mitbürgerinnen und Mitbürger,
wie soll es denn nun aussehen, dieses Land, zu dem unsere Kinder und Enkel einmal sagen sollen »unser Land«? Geht die Vereinzelung in diesem Land weiter? Geht die Schere zwischen Arm und Reich weiter auf? Verschlingt uns die Globalisierung? Werden Menschen sich als Verlierer fühlen, wenn sie an den Rand der Gesellschaft geraten? Schaffen ethnische oder religiöse Minderheiten in gewollter oder beklagter Isolation Gegenkulturen? Hat die europäische Idee Bestand? Droht im Nahen Osten ein neuer Krieg? Kann ein verbrecherischer Fanatismus in Deutschland wie in anderen Teilen der Welt weiter friedliche Menschen bedrohen, einschüchtern und ermorden?

Wie soll es also aussehen, dieses Land, zu dem unsere Kinder und Enkel »unser Land« sagen? Es soll »unser Land« sein, weil »unser Land« soziale Gerechtigkeit, Teilhabe und Aufstiegschancen bietet. Der Weg dazu ist nicht der einer paternalistischen Fürsorgepolitik, sondern der eines Sozialstaates, der vorsorgt und ermächtigt. Wir dürfen nicht dulden, dass Kinder ihre Talente nicht entfalten können, weil keine Chancengleichheit existiert. Wir dürfen nicht dulden, dass Menschen den Eindruck haben, Leistung lohne sich für sie nicht mehr und der Aufstieg sei ihnen selbst dann verwehrt, wenn sie sich nach Kräften bemühen. Wir dürfen nicht dulden, dass Menschen den Eindruck haben, sie seien nicht Teil unserer Gesellschaft, weil sie arm oder alt oder behindert sind.

Freiheit ist eine notwendige Bedingung von Gerechtigkeit. Denn was Gerechtigkeit – auch soziale Gerechtigkeit – bedeutet und was

Deutscher Bundestag Berlin, 23. März 2012, Ansprache nach der Vereidigung zum Bundespräsidenten.

wir tun müssen, um ihr näherzukommen, lässt sich nicht paternalistisch anordnen, sondern nur in intensiver demokratischer Diskussion und Debatte klären. Umgekehrt ist das Bemühen um Gerechtigkeit unerlässlich für die Bewahrung der Freiheit. Wenn die Zahl der Menschen wächst, die den Eindruck haben, ihr Staat meine es mit dem Bekenntnis zu einer gerechten Ordnung in der Gesellschaft nicht ernst, sinkt das Vertrauen in die Demokratie. »Unser Land« muss also ein Land sein, das beides verbindet: Freiheit als Bedingung für Gerechtigkeit – und Gerechtigkeit als Bedingung dafür, Freiheit und Selbstverwirklichung erlebbar zu machen.

In »unserem Land« sollen auch alle zu Hause sein können, die hier leben. Wir leben inzwischen in einem Staat, in dem neben die ganz selbstverständliche deutschsprachige und christliche Tradition Religionen wie der Islam getreten sind, auch andere Sprachen, andere Traditionen und Kulturen. Wir leben in einem Staat, der sich immer weniger durch nationale Zugehörigkeit seiner Bürger definieren lässt, sondern durch ihre Zugehörigkeit zu einer politischen und ethischen Wertegemeinschaft, in dem nicht ausschließlich die über lange Zeit entstandene Schicksalsgemeinschaft die Gesellschaft bestimmt, sondern zunehmend das Streben der Unterschiedlichen nach dem Gemeinsamen, nämlich diesem unseren Staat in Europa, in dem wir in Freiheit, Frieden und in Solidarität miteinander leben wollen.

Wir wären allerdings schlecht beraten, wenn wir aus Ignoranz oder falsch verstandener Korrektheit vor realen Problemen die Augen verschließen würden. Hierauf hat bereits Bundespräsident Johannes Rau in seiner Berliner Rede vor zwölf Jahren eindrücklich und deutlich hingewiesen. In Fragen des Zusammenlebens dürfen wir uns eben nicht letztlich von Ängsten, Ressentiments und negativen Projektionen leiten lassen. Für eine einladende, offene Gesellschaft hat Bundespräsident Christian Wulff in seiner Amtszeit nachhaltige Impulse gegeben. Herr Bundespräsident Wulff, dieses – Ihr – Anliegen wird auch mir beständig am Herzen liegen.

Unsere Verfassung, meine Damen und Herren, spricht allen Menschen dieselbe Würde zu, ganz gleich woher sie kommen, woran sie glauben oder welche Sprache sie sprechen. Sie tut dies nicht als Belohnung für gelungene Integration, sie versagt dies aber auch nicht als Sanktion für verweigerte Integration. Unsere Verfassung wie unser Menschsein tragen uns auf, im anderen geschwisterlich uns selbst zu sehen: begabt und berechtigt zur Teilhabe wie wir.

Der Philosoph Hans-Georg Gadamer war der Ansicht, nach den Erschütterungen der Geschichte erwarte speziell uns in Europa eine »wahre Schule« des Miteinanders auf engstem Raum. »Mit dem anderen leben, als der andere des anderen leben.« Darin sah er die ethische und politische Aufgabe Europas. Dieses Ja zu Europa gilt es nun ebenfalls zu bewahren. Gerade in Krisenzeiten ist die Neigung, sich auf die Ebene des Nationalstaats zu flüchten, besonders ausgeprägt. Das europäische Miteinander ist aber ohne den Lebensatem der Solidarität nicht gestaltbar.

Gerade in der Krise heißt es deshalb: Wir wollen mehr Europa wagen!

Mit Freude sehe ich auch, dass die Mehrheit der Deutschen diesem europäischen Gedanken wieder und weiter Zukunft gibt.

Europa war für meine Generation Verheißung – aufbauend auf abendländischen Traditionen, dem antiken Erbe einer gemeinsamen Rechtsordnung, dem christlichen und jüdischen Erbe. Für meine Enkel ist Europa längst aktuelle Lebenswirklichkeit mit grenzüberschreitender Freiheit und den Chancen und Sorgen einer offenen Gesellschaft geworden. Und nicht nur für meine Enkel ist diese Lebenswirklichkeit ein wunderbarer Gewinn.

Wie kann es noch aussehen, dieses Land, zu dem unsere Kinder und Enkel »unser Land« sagen sollen? Nicht nur bei uns, sondern auch in Europa und darüber hinaus ist die repräsentative Demokratie das einzig geeignete System, Gruppeninteressen und Gemeinwohlinteressen auszugleichen.

Das Besondere dieses Systems ist nicht seine Vollkommenheit, sondern dass es sich um ein lernfähiges System handelt. Neben den Parteien und anderen demokratischen Institutionen existiert aber eine zweite Stütze unserer Demokratie: die aktive Bürgergesellschaft. Bürgerinitiativen, Ad-hoc-Bewegungen, auch Teile der digitalen Netzgemeinde ergänzen mit ihrem Engagement, aber auch mit ihrem Protest die parlamentarische Demokratie und gleichen Mängel aus. Und: Anders als die Demokratie von Weimar verfügt unser Land über genügend Demokraten, die dem Ungeist von Fanatikern, Terroristen und Mordgesellen wehren. Sie alle bezeugen – aus unterschiedlichen politischen oder religiösen Gründen: Wir lassen uns unsere Demokratie nicht wegnehmen, wir stehen zu diesem Land. Wir stehen zu diesem Land, nicht weil es so vollkommen ist, sondern weil wir nie zuvor ein besseres gesehen haben.

Speziell zu den rechtsextremen Verächtern unserer Demokratie sagen wir mit aller Deutlichkeit: Euer Hass ist unser Ansporn. Wir lassen unser Land nicht im Stich.

Wir schenken euch auch nicht unsere Angst. Ihr werdet Vergangenheit sein, und unsere Demokratie wird leben.

Die Extremisten anderer politischer Richtungen werden unserer Entschlossenheit in gleicher Weise begegnen. Und auch denjenigen, die unter dem Deckmantel der Religion Fanatismus und Terror ins Land tragen und die hinter die europäische Aufklärung zurückfallen, werden wir Einhalt gebieten. Ihnen sagen wir: Die Völker ziehen in die Richtung der Freiheit. Ihr werdet den Zug vielleicht behindern, aber endgültig aufhalten könnt ihr ihn nicht.

Mir macht allerdings auch die Distanz vieler Bürgerinnen und Bürger zu den demokratischen Institutionen Angst: die geringe Wahlbeteiligung, auch die Geringschätzung oder gar Verachtung von politischem Engagement, von Politik und Politikern.

»Was?«, so hören wir es oft im privaten Raum, »du gehst zur Sitzung eines Ortsvereins?«

»Wie bitte, du bist aktiv in einer Gewerkschaft?«

Manche finden das dann »uncool«. Ich frage mich manchmal: Wo wäre eigentlich unsere Gesellschaft ohne derlei Aktivitäten?

Wir alle haben nichts von dieser Distanz zwischen Regierenden und Regierten. Meine Bitte an beide, an Regierende wie Regierte, ist: Findet euch nicht ab mit dieser zunehmenden Distanz!

Für die politisch Handelnden heißt das: Redet offen und klar, dann kann verloren gegangenes Vertrauen wiedergewonnen werden!

Den Regierten, unseren Bürgern, muten wir zu: Ihr seid nicht nur Konsumenten. Ihr seid Bürger, das heißt Gestalter, Mitgestalter. Wem Teilhabe möglich ist und wer ohne Not auf sie verzichtet, der vergibt eine der schönsten und größten Möglichkeiten des menschlichen Daseins: Verantwortung zu leben.

Zum Schluss erlaube ich mir, Sie alle um ein Geschenk zu bitten: um Vertrauen. Ganz zum Schluss bitte ich Sie um Vertrauen in meine Person. Davor aber bitte ich Sie um Vertrauen zu denen, die in unserem Land Verantwortung tragen, wie ich diese um Vertrauen zu all den Bewohnern dieses wiedervereinigten und erwachsen gewordenen Landes bitte. Und davor wiederum bitte ich Sie alle, mutig und immer wieder damit zu beginnen, Vertrauen in sich selbst zu setzen. Nach einem Wort Gandhis kann nur ein Mensch mit Selbstvertrauen Fortschritte machen und Erfolge haben. Dies gilt für einen Menschen wie für ein Land, so Gandhi.

Ob wir den Kindern und Enkeln dieses Landes Geld oder Gut vererben werden, das wissen wir nicht. Aber dass es möglich ist, nicht den Ängsten zu folgen, sondern den Mut zu wählen, davon haben wir nicht nur geträumt, sondern das haben wir gelebt und gezeigt. Gott und den Menschen sei Dank: Dieses Erbe dürfen sie erwarten.

Wir müssen sehen lernen, was ist

Dank soll das erste Wort sein in dieser Rede.

Ich bin dankbar, weil ich durch diese Preisverleihung Ludwig Börne begegnet bin. Mir ging es wie vielen: Ich hatte nur ein vages Wissen über seinen Konflikt mit Heinrich Heine. Und dann diese Überraschung: ein Liebhaber der Freiheit, scharfer Analysen und furchtloser Urteile fähig. Den Künsten verbunden, ohne in einer Künstlerexistenz aufzugehen. Ein publizistischer Agent der Freiheit, der diese mehr liebte als seine Heimat. Der französische Freiheit nahm, als die deutschen Staaten ihr noch kein Bleiberecht gewährten. Gebildet, geerdet im politischen Raum, wenn er den großen Erlösungsmodellen misstraute und stattdessen das Machbare benannte. Vom Parlament zu reden, von Bürgerfreiheiten, Zensur Zensur zu nennen – das lag ihm. Er war radikal, wenn es um die erwünschte Freiheit ging, und dann, kämpfend und leidend all die Begrenzungen des Vormärz sehend, hat er die Augen zu früh für immer schließen müssen, bevor die Freiheit siegt und Demokratie wird.

Wie schade, dass ich ihm nicht früher begegnet bin!

Vielleicht hätte ich früher die Kunst der Wahrnehmung eingeübt. Seinen scharfen Blick auf die Wirklichkeit übernommen, der nicht den Interpretamenten der Herrschenden folgt, wenn er deutet, was ihn umgibt. Vielleicht hätte ich Ohnmacht früher als Ohnmacht bezeichnet und die staatsmarxistischen Dogmen, die das Ungereimte reimen sollten, früher als Masken erkannt. Vielleicht hätte ich das uralte Spiel, in dem die perpetuierte Macht der wenigen perpetuierte Ohnmacht der vielen erzeugt, als Wiederkehr eines alten Prinzips

Dankesrede bei der Verleihung des Ludwig-Börne-Preises 2011, Frankfurt am Main, 21. Februar 2012.

erkennen und geißeln können, statt es als Geburtswehe eines neuen Lebensprinzips zu missdeuten.

Beim Lesen von Ludwig Börne bin ich wieder daran erinnert worden, wie wenig selbstverständlich unverblendete Wahrnehmung ist. Ich bin auch an die Erkenntnis Immanuel Kants erinnert worden, dass es oft nicht an einem Mangel des Verstandes liegt, wenn wir in selbst verschuldeter Unmündigkeit verharren, sondern dass uns der Mut fehlt, uns dieses Verstandes zu bedienen.

Ich komme direkt vom Evangelischen Kirchentag, also von einer Begegnung mit Menschen, denen das Wohl der Gesellschaft, der Erde, ein großes Anliegen ist. Es ist gut, unter guten Menschen das Gute zu loben, das Übel zu benennen und die Visionen einer gerechten Welt zu beschwören. Gleichzeitig bringe ich aber auch eine Erfahrung mit, die mich verstört. Es ist die Sicherheit einiger dieser Menschen, dass wir das Bessere tun, wenn wir uns aus den Konflikten dieser Zeit heraushalten, niemals ein kleineres Übel in Kauf nehmen, um ein größeres Übel zu verhindern – etwa wenn wir uns aus militärischen Aktionen bei humanitären Einsätzen heraushalten, selbst wenn sie von den Vereinten Nationen gedeckt sind.

Diesen Menschen liegt die Vision einer versöhnten und friedlichen Welt selbstverständlich am Herzen. Aber wenn ich als Beispiel einmal das populäre Diktum einer populären Protestantin herausgreife »Nichts ist gut in Afghanistan«, dann stellt sich mir die Frage, zu welchen Maßnahmen müssten engagierte Demokraten denn greifen, damit »alles gut« wäre in Afghanistan? Die Taliban werden sich weder durch gute Ratschläge noch durch Gebete von Mord und Anschlägen abhalten lassen. Gut ist alles nur im Paradies. Dort, wo wir leben, haben wir es mit begrenzten, fehlerhaften, auch terroristischen Menschen und despotischen Systemen zu tun. Dort, wo wir leben, wird nicht das Endgültige, nicht das Paradiesische gestaltet, sondern das Machbare und das weniger Schlechte.

Hier stoßen wir auf den Unterschied zwischen Politik und romantischer Sehnsucht oder prophetischer Verheißung. Prophetie und Kunst haben uns Menschen ständig vor Augen zu führen, dass unsere begrenzten Horizonte nicht ausreichen, um unserer Seele

Flügel zu verleihen, dass Rationalität allein keine Visionen erzeugt oder uns nicht für sie entflammen lässt. Doch ohne die augenblicklich so verachtete Politik würde unser Staatswesen in Chaos versinken, ohne Politik gäbe es keinen Ausgleich der Interessen und keine staatlich garantierte Unterstützung für die Armen und Unterdrückten. »Wer sich nicht mit Politik befasst«, wusste schon Max Frisch, »hat die politische Parteinahme, die er sich sparen möchte, bereits vollzogen: Er dient der herrschenden Partei.«

Es gibt allerdings Situationen, in denen man das Wünschenswerte nicht tun kann, weil man nicht die Mittel hat, es durchzusetzen. Hätte der Westen im Europa des Kalten Krieges die Menschenrechte im Osten gewaltsam durchsetzen wollen, hätte das in einem Atomkrieg enden können. Bei der Abwägung zwischen Frieden und Freiheit galt es vor allem, den Frieden unter Wahrung des *status quo* zu erhalten, weil sonst ein Inferno gedroht hätte. Sich damals auf das Prinzip der Nichteinmischung in die inneren Angelegenheiten anderer Staaten zu verständigen ist rational nachzuvollziehen – auch wenn es am meisten der Sowjetunion und den diktatorischen Herrschern gedient hat.

Inzwischen haben sich die politische Lage und unsere Wahrnehmung geändert. Die Freiheit des Einzelnen wird inzwischen so hoch geschätzt, dass die Verletzungen von individuellen Rechten, die aus der Idee der Freiheit folgen, überall in der Welt verurteilt und möglichst geahndet werden sollen. Die Souveränität der Staaten gilt nicht mehr uneingeschränkt. Gerade ist der bosnisch-serbische General Ratko Mladić an das UN-Kriegsverbrechertribunal in Den Haag überstellt worden. Das Völkerstrafrecht hat durch den Internationalen Strafgerichtshof eine feste Institutionalisierung erfahren, wo Völkermord, Verbrechen gegen die Menschlichkeit, Kriegsverbrechen und Angriffskriege zur Anklage kommen können.

Schon der britische Philosoph John Stuart Mill benannte in seiner Schrift *Über die Freiheit* von 1859 zwei Situationen, in denen die Einmischung in die Handlungsfreiheit des anderen legitim sei: Nämlich dann, wenn es gelte, »sich selbst zu schützen«, und dann, wenn es gelte, »die Schädigung anderer zu verhüten«.

Für mich ist es beschämend geblieben bis heute, dass die NATO 1995 darauf verzichtete, den Vormarsch der bosnisch-serbischen Armee auf Srebrenica zu stoppen, und die niederländischen Blauhelme nicht befugt, nicht willens und zahlenmäßig wahrscheinlich auch nicht fähig waren, die Massenexekutionen von achttausend Bosniern zu verhindern.

Als beschämend bis heute empfinde ich es auch, dass sich die Anti-Hitler-Koalition nicht dazu entschließen konnte, die Bahnlinien zu den Vernichtungslagern zu bombardieren. Nach über sechzig Jahren ist in Deutschland gerade das Buch von Jan Karski erschienen, dem Kurier des polnischen Untergrunds, der 1943 bis zum amerikanischen Präsidenten Franklin Roosevelt vordrang. »Ich habe berichtet, was ich sah«, erklärte Jan Karski später dem französischen Regisseur Claude Lanzmann. Er hatte sich in das Warschauer Getto und das Vernichtungslager Izbica im polnischen Südosten einschleusen lassen. Doch auf Aktionen zur Rettung der Juden wartete er damals vergebens.

Sicher kann man nicht überall auf der Welt intervenieren, wo Unterdrückung und Gewalt herrschen. Für Regionen in unserer Nähe fühlen wir uns mehr verantwortlich als für ferne. Und in Fällen, in denen wir durch den internationalen Terrorismus bedroht sind, fühlen wir uns weit mehr herausgefordert als durch lokale Konflikte ohne größere internationale Bedeutung. Sicher wird eine Intervention auch immer die *ultima ratio* bleiben, da sie einen hohen Preis von der eigenen Gesellschaft verlangt, die ihre Töchter und Söhne in lebensbedrohliche Einsätze schickt. Keiner Regierung, keiner Gesellschaft und keinem Staatsbürger fällt eine derartige Entscheidung leicht.

Unsere Soldaten stehen heute nicht mehr wie frühere deutsche Heere in fremden Ländern, um für Deutschland Land oder Ressourcen zu gewinnen oder um unsere Lebensart den anderen aufzudrängen. Hier wie in anderen Konfliktfeldern, etwa in Somalia, auf dem Balkan oder jetzt in Libyen, sehen sich Regierungen und Bürger des Westens herausgefordert, unterdrückten Menschen beizustehen bei der Realisierung von Menschen- und Bürgerrechten und der Herrschaft des Rechts, für das, was unsere Kultur seit Längerem bestimmt und wonach sich die Unterdrückten in allen Teilen der Welt sehnen. Für diese Einsätze dieselben Vokabeln und Emotionen aufzurufen wie im Fall der kolonialen und imperialen Kriege von einst, halte ich für intellektuell unredlich und politisch falsch und möchte fragen: Warum fehlt der Mut, sich hier des differenzierenden Verstandes zu bedienen? Wovor besteht Angst?

Sicher sind unter der Flagge der humanitären Einsätze manchmal auch aggressive oder nationale ökonomische Interessen verborgen. Umstritten war von Anfang an der Irak-Krieg. Umso wichtiger ist die sorgfältige Prüfung der Beweggründe für einen militärischen Einsatz und seine Legitimierung durch den Sicherheitsrat.

Es ist ganz sicher auch etwas anderes, ob wir von außen kommen und einen Umsturz primär mit internationalen Soldaten herbeiführen – wie beim Irak-Krieg – oder ob wir auf Bitten von Unterdrückten teilnehmen an einem Kampf, der primär ihr Kampf ist gegen die eigene despotische Herrschaft wie jetzt in Libyen (wo sich die deutsche Regierung leider entzogen hat). Beim Zusammenbruch des Kommunismus haben die osteuropäischen Gesellschaften die Freiheit allein für sich errungen; die Sowjetmacht war zu geschwächt, um mit militärischen Interventionen wie 1956 in Budapest oder 1968 in Prag die oppositionellen demokratischen Bewegungen zu ersticken. In anderen Fällen aber, in denen die Despoten nicht kampflos abtreten, kann eine militärische Unterstützung der Unterdrückten größeres Blutvergießen verhindern. Dass auch die Seite der Aufbegehrenden in diesem Kampf nicht schuldlos bleibt, dass unter Umständen Unschuldige getötet werden und sich unter den Aufständischen auch Fundamentalisten, Freischärler, Bandenmitglieder, Kriminelle oder regionale Warlords befinden können, macht die Sache politisch und vor allem moralisch sehr kompliziert. Diese Tatsache jedoch als Vorwand für Enthaltung zu nehmen, halte ich nicht für besser.

Wir können tatsächlich nicht vorausahnen, was aus den arabischen Revolutionen folgen wird. Ob Fundamentalisten, andere Herrscherfamilien oder tatsächlich mehr oder weniger demokratisch gesinnte Menschen schließlich den Sieg davontragen werden. Aber es ist an und für sich ein Wert, den Menschen zu helfen, Schritte in eine Richtung zu gehen, die ihnen die Gewinnung von Autonomie verspricht. Wie die Gesellschaften diese Autonomie anwenden und im innergesellschaftlichen Diskurs Freiheit gestalten können, lässt sich nicht absehen. Doch jede Gesellschaft hat verschiedene, teilweise turbulente Phasen durchlaufen müssen, in denen ihre Bürger die Existenz als Citoyen erst lernen mussten und ein pluraler politischer Raum geschaffen werden konnte. Freiheit lässt sich nicht ohne Risiko erlangen.

Wenn wir also einen erkennbaren Zugewinn an Menschen- und Bürgerrechten und an Freiheit unterstützen können, sollten wir das tun und uns nicht von den Äußerungen jener beeinflussen lassen, die meinen, dass die Befürwortung der Menschenrechte und der Kampf für ihre weltweite Durchsetzung einen imperialen Gestus hätten. Wir müssen uns genau anschauen, wer dem Westen Arroganz und imperiales Verhalten vorwirft. Ich würde solche Vorhaltungen sehr ernst nehmen, wenn sie von den Unterdrückten vorgetragen werden, von Menschrechtsaktivisten in den autoritären Staaten, aber nicht, wenn jene unsere westliche Kultur denunzieren, die ihren eigenen Bürgern nur einen Bruchteil jener Freiheiten zugestehen, die in den westlichen Demokratien eine Selbstverständlichkeit sind. Die Despoten und Diktatoren dieser Welt schützen nur sich und das Unrecht, das Mittelalter gegen den Fortschritt.

Für uns, die Oppositionellen in der DDR, wirkte der Westen nicht deshalb wie das Land der Verheißung, weil sein System perfekt war – dazu hatte uns die Propaganda wohl zu stark mit den Berichten über die Arbeitslosigkeit und den angeblichen Militarismus und Revanchismus gefüttert –, sondern weil es elementaren Rechten der Menschen mehr Raum gibt, als andere Kulturen es je getan haben, und weil es Raum gibt für Kritik und Korrekturen. Aus demselben Grund orientieren sich jetzt die Liberalen und Menschenrechtler in den arabischen Ländern an der westlichen Welt.

Es ist die Würde des Menschen, es sind die unveräußerlichen Menschen- und Freiheitsrechte, die Bürgerrechte, und es ist die Herrschaft des Rechts, die ein Kulturgut der Europäer geworden sind, das wir schätzen, lieben und auch verteidigen müssen. Es ist so bestimmend für unseren Alltag geworden, dass es – wie immer, wenn Rechte ohne Anstrengung und Opfer zu haben sind – nur selten noch die ihm gebührende Wertschätzung erfährt. Die Unterdrückten um den ganzen Erdball herum verstehen allerdings, dass die Sprache der Menschenrechte nicht die Sprache eines arroganten oder imperialistischen Westens ist, der andere Kulturen zu unterdrücken und die eigenen verbrecherischen Absichten mit ihrer Hilfe zu kaschieren sucht. Die universalen Menschenrechte entsprechen letztlich dem Wunsch aller Unterdrückten aller Epochen.

Das macht die Attraktivität der westlichen Länder für die vielen Flüchtlinge und Migranten aus. Sie kommen meist aus Staaten der politischen Vormoderne und suchen politisches Asyl im freiheitlichen Rechtsstaat und wirtschaftlichen Aufstieg im viel gescholtenen Kapitalismus. Sie kommen mit einem Lebensgefühl der Furcht und der mehltauhaften Anpassung an halbfeudale, clanmäßige, despotische, korrupte Strukturen heraus in ein Leben, in dem sie »ich« sagen dürfen, in dem sie »wir« sagen dürfen, in dem sie dieselben Rechte haben wie wir. Sie nehmen nicht nur die sozialen und politischen Möglichkeiten unseres Systems wahr, sie nehmen auch unsere Rechtsordnung weitgehend an, nutzen sie für die Sicherung ihres Lebens und erfahren so Schritt für Schritt den Vorteil einer durch die Aufklärung geprägten Politik.

In dem weiten Raum einer offenen Gesellschaft gibt es viel Platz für Verschiedenheit. Und wenn Fremde bei uns einwandern, haben sie die Freiheit, auch die Sprachen, Kulturen und Religionen, die sie aus ihren Herkunftsländern mitbringen, uneingeschränkt zu pflegen. Dabei ist im Fall der Glaubensfreiheit für mich nicht die entscheidende Frage, ob andere Religionen einen ähnlich privilegierten Status erhalten, wie ihn Protestantismus und Katholizismus in Deutschland (noch) besitzen. Entscheidender ist, ob jeder Mensch, der bei uns wohnt, im Rahmen unseres Grundgesetzes seine Religionsfreiheit ausüben kann. Das sollten wir fördern und bejahen. Dafür gibt es auch schon gute Beispiele.

Die Andersartigkeit der Zugewanderten wird umso bereitwilliger aufgenommen und als Bereicherung akzeptiert von der Mehrheitsgesellschaft, je entschiedener das Ja der Zugewanderten zur Verfassung gesprochen und gelebt wird. Ja – wir erwarten Respekt vor den rechtlichen Normen und vor den Grundwerten des Landes, in dem wir zusammenleben, ein Ja zum Grundprinzip unseres Systems: Vielheit der Ideen, Religionen, Meinungen, Pluralismus, Respekt und die Toleranz gegenüber dem anderen. »Es ist der Glaube an den Nebenmenschen und der Respekt vor dem Nebenmenschen, der unsere Zeit zur besten aller Zeiten macht, von denen wir Kenntnis haben«, urteilte Karl Popper schon 1958 gegen alle Kulturpessimisten. »Wir glauben an die Freiheit, weil wir an unsere Nebenmenschen glauben. Wir haben die Sklaverei abgeschafft. Und wir leben in der besten, weil verbesserungsfreudigsten Gesellschaftsordnung, von der wir geschichtlich Kenntnis haben.«

Popper war wie Börne jedem politischen Messianismus abhold. Beide wussten, dass Derartiges nicht in einer vollendeten Gesellschaft, sondern in der Tyrannei endet. Der späte Citoyen darf dieses Wissen teilen. Er wird sich heute und morgen und hier für zuständig erklären.

»Israel muss man *wollen*«
Laudatio auf David Grossman

Meine Damen und Herren,
ich wünschte, wir hätten einen unter uns, den ich von hier aus herzlich grüße und den ich am liebsten auch hier begrüßt hätte. Es ist der Friedensnobelpreisträger Liu Xiaobo.*

Mein lieber, hochverehrter David Grossman, groß ist unsere Freude darüber, dass Sie gekommen sind. Als Schriftsteller, als Institution, als Symbol der Friedensbewegung sind Sie uns und der Welt seit Langem bekannt, aber heute haben wir das Glück, dem real existierenden David Grossman zu begegnen.

Es ist eine Begegnung, die wir ersehnt haben. Denn die Preisgeber und wir, die Festgäste, so prominent und geschmückt wir auch daherkommen mögen, sind insgeheim Dürstende. Immer in der Gefahr, in den Wüsten unserer Zeit zu verschmachten, sehnen wir uns nach Menschen, deren Denken, Reden und Schreiben uns hoffen lässt, die Zukunft könne Freiheit, Frieden und Recht bringen.

Der Friedenspreis des Deutschen Buchhandels ehrt Menschen, die uns geben, wovon wir zu wenig haben – und mit Ihnen, lieber David Grossman, hat der Stiftungsrat einen dieser inspirierenden Menschen gefunden. Wir finden eine sprachliche Kraft in Ihnen, die wir bewundern. Aber mehr noch finden wir Unbestechlichkeit, Mut, die Bereitschaft zur unerschrockenen Wahrnehmung dessen, was ist, und den festen Willen, nicht aufzugeben, wo andere verzagen. Deshalb danken wir Ihnen und gratulieren aus vollem Herzen!

---

* Am 8. Oktoner 2010 wurde bekannt, dass der inhaftierte chinesische Schriftsteller und Menschenrechtler Liu Xiaobo den Friedensnobelpreis erhält.

Frankfurt am Main, 10. Oktober 2010, anlässlich der Verleihung des Friedenspreises des Deutschen Buchhandels in der Paulskirche.

Schriftsteller, so sagten Sie einmal, werde man vor allem durch den Drang, Geschichten erzählen zu wollen. Aber was so einfach klingt, gerät angesichts der politischen Realität in Israel unausweichlich in abgründige Gefilde. Wo täglich Tod und Verletzung drohen, stoßen Hass und Verzweiflung den Menschen leicht in die Aggression oder in die Apathie. Als Schriftsteller, so sagten Sie daher auch, fühlten Sie sich aufgerufen, der Umklammerung der politischen Lage zu entgehen und das »Recht auf Individualität und Einzigartigkeit« zu reklamieren. Sie wollen auf Fanatismus und Gewalt nicht mit Fanatismus und Gewalt reagieren und weigern sich beständig, die schäbige Uniform des Hasses zu tragen. Sie wollen sich aber auch nicht ohnmächtig einem »Schicksal« unterwerfen und setzen alles daran, immer wieder die innere Freiheit für einen eigenen und alternativen Weg zu gewinnen.

Dazu gehört eine innere Kraft, denn die militärische Bedrohung ist höchst real. Selbst wenn in gewissen Situationen militärische Stärke erforderlich sein mag, um die Bedrohung abzuwehren, wird viel zu leicht das als Normalität angesehen, was Sie beständig benennen: jener eklatante Mangel an Verständnis und Empathie.

Und so steht nun, liebe Mitbürgerinnen und Mitbürger, ein Mann vor uns, dessen pure Existenz unserer ewigen Sorge, ob Leben gelingen kann, eine Antwort gibt. Darum macht uns die Begegnung auch glücklich. Denn indem wir diesem so besonderen Menschen begegnen, vermögen wir zu glauben, wozu auch wir fähig sind: Menschen sind nicht dazu verurteilt, Opfer ihrer Umstände zu sein. Menschen können sich selbst noch angesichts von Willkür und Diktatur eine Bewegungsfreiheit schaffen. »Ich entdeckte«, schrieben Sie, »dass ich allein schon durch die Auseinandersetzung mit der Willkür Freiheit erlange – vielleicht die einzige, die ein Mensch vor irgendeiner Willkür hat –, die Freiheit, die Tragik seiner Lage in eigene Worte zu fassen, die Freiheit, sich auf eine andere, neue Weise zu definieren, dem die Stirn zu bieten, was einen knebelt und einen in das Korsett der Willkür zwingt.«

Mir ist dieser Gedanke sehr nahe. Denn als Bürger der DDR haben ich und viele andere Menschen im Osten Europas trotz

Ohnmacht Ähnliches geschafft: Wir lebten ein wahres Leben im falschen.

Ihre Literatur, David Grossman, ist Vorbild und Anleitung bei Reisen zu den anderen und zu uns selbst. Indem Sie uns mitnehmen in die Wirklichkeit Ihres Landes, nehmen Sie uns mit in die beängstigenden Gefühle von Verzweiflung, Depression, Hoffnungslosigkeit. Sie lassen uns aber auch teilhaben an dem Trost und dem Glück, wenn wir mit Ihnen erkennen dürfen: Nichts steht still, es gibt Auswege aus jeder Situation, es gibt heilende Erfahrung. Wir können neu denken und anders handeln lernen. Wir können tatsächlich gewinnen – durch innere Freiheit.

*

Lieber David Grossman,
  meine sehr verehrten Damen und Herren!
Es war eine große Schicksalsstunde für das jüdische Volk, als ihm die UNO 1947 einen eigenen Staat zusicherte. Als Amerika und die Sowjetunion gemeinsam gegen die englische Mandatsmacht standen, obwohl der Kalte Krieg zwischen den Blöcken schon begonnen hatte.

Schon vorher waren sie gekommen, die heutigen Bürger Israels, wenige legal, die meisten illegal, auf notdürftig hergerichteten Schiffen, oft von den Briten direkt vor der palästinensischen Küste aufgebracht. Flüchtlinge aus Europa, die den Krieg in den Konzentrationslagern, in der Sowjetunion, im Versteck, mit falschen Papieren oder in Partisaneneinheiten überlebt hatten. Juden aus den DP-Camps in Deutschland und Österreich, aus den Internierungslagern auf Zypern, aus Polen, aus Rumänien und Ungarn. Viele, die Zionisten nur aus Not geworden waren. Nicht alle mochten sich auf das umkämpfte Palästina freuen. Hätte man ihnen die Ausreise nach Amerika gestattet, so wären viele lieber dorthin gegangen. So kamen sie in das Land zweiter Wahl, doch sie kamen. Das verstreute und dezimierte jüdische Volk wurde in der neuen Staatlichkeit zu einem WIR.

Wir alle brauchen so ein WIR: die Familie, den Ort, die Sprache, Kultur, Religion, Nation, den Staat, all das, was uns mit den Unseren verbindet und umso mehr Sicherheit verströmt, je ungefährdeter es ist. Diesem WIR sind wir verhaftet, wir mögen es verleugnen, verdrängen oder relativieren, aber was jeder Einzelne wird, ist schicksalhaft mit diesem WIR verbunden.

»Wir haben zweitausend Jahre auf diese Stunde gewartet«, sagte David Ben-Gurion in seiner Rede am 14. Mai 1948 bei Israels Staatsgründung, »und nun ist es geschehen.« Doch der endlich realisierte zionistische Traum war von der ersten Stunde an bedroht.

Seitdem steht das jüdische Volk in einem Kampf auf Leben und Tod: Wir oder sie? Werden wir ständig kämpfen müssen, um unser Existenzrecht zu sichern, oder wird es gelingen, eine Heimat zu schaffen, die mehr ist als Zuflucht und Festung?

»Wenn mein Land angegriffen wird«, las ich kürzlich in einem Interview mit einem israelischen Psychologen, »muss ich mich verteidigen, rechtfertigen, kämpfen und kann mich selbst nicht mehr kritisch betrachten.« Israel sucht nach einem Nebeneinander und Miteinander von Völkern – und ist trotzdem mit der Frage von Schuld und Zumutbarkeit gegenüber den anderen und der Frage der Loyalität gegenüber den eigenen konfrontiert: Bin ich nicht zur bedingungslosen Loyalität gegenüber meinem Staat verpflichtet, weil ich sonst mit ihm untergehe? Muss ich meine Söhne und Töchter in den Krieg ziehen lassen, selbst wenn es ein Krieg ist, den eine Regierung mit Mitteln führt, die ich nicht billige?

Als Avram, einer der beiden Hauptprotagonisten in David Grossmans letztem Roman *Eine Frau flieht vor einer Nachricht*, mit zerschundenem Körper, mit Prellungen, Quetschungen, Brüchen und Verbrennungen aus einem ägyptischem Gefängnis zurückkehrt, ist eine seiner ersten Fragen, als er aus einem komaähnlichen Zustand aufwacht: »Gibt es, gibt es noch … Israel?« Und seiner Freundin Ora wurde der Mund trocken: »Dachtest du, dass nicht? Alles ist, wie es war, Avram, hast du gedacht, wir seien schon …«

An der schmalsten Stelle ist Israel fünfzehn Kilometer breit. Es zählt nur einige wenige Millionen Einwohner. Israel ist nicht England und nicht Amerika. Israel, sagt Grossman, muss man *wollen*, wenn es bestehen soll. Doch Grossmans Loyalität ist keine kritiklose Unterordnung. Er und andere Intellektuelle in Israel zeigen, dass neben

Solidarität Meinungsfreiheit, Disput, Demokratie und Recht erst den Staat ausmachen, der als verteidigenswert gilt. Für sie gilt, was Carl Schurz zugeschrieben wird, dem deutschen Revolutionär, der nach der Niederschlagung des Badischen Aufstands 1848/49 nach Amerika auswanderte und dort als freier Mann eine politische Karriere machte: »My country, right or wrong. If right – to be *kept* right; and if wrong – to be *set* right.« Es ist mein Land. Handelt es richtig, muss es auf dem richtigen Pfad gehalten werden. Handelt es falsch, muss es auf den richtigen Pfad gebracht werden.

Loyalität und Kritik sind keine Gegensätze, recht verstandene Loyalität und Kritik bedingen einander. Doch wäre es nur so einfach, wie es sich spricht!

*

David Grossman hat seinen ersten Sohn Jonathan in den Militärdienst ziehen lassen. David Grossman hat seinen zweiten Sohn Uri in den Militärdienst ziehen lassen. Uri war in den besetzten Gebieten eingesetzt, bei Patrouillen, in Hinterhalten, an den Checkpoints, im zweiten Libanon-Krieg. »Ich hatte damals das Gefühl oder, genauer gesagt, die Hoffnung«, erklärte Grossman später, »dass das Buch, das ich schreibe, ihn schützen wird.« Als könne er den Sohn am Leben erhalten, wenn er – wie Ora, die Mutter des jungen Soldaten im letzten Roman – pausenlos über ihn rede. Als könne er den Tod bannen, wenn er sich der Bedrohung offen stelle.

Wenige Stunden bevor der zweite Libanon-Krieg 2006 zu Ende ging, kam Uri Grossman um. Sein Panzer wurde von einer Rakete getroffen. »Wenn einem so etwas passiert, will man Vergeltung, man hasst, ist verletzt, die ganze Gefühlspalette«, sagte Vater David. Aber dann spürte er, dass »immer wenn ich dem Hass nachgab, ich mich meinem Sohn Uri nicht mehr nahe fühlte«.

Israel muss man *wollen*, aber auf eine Weise, die nicht mit Hass verbunden ist. Denn wenn die Politik sich nur an der Frage orientiert »Wir oder sie?«, wenn sie nur auf Sieg oder Niederlage setzt, wird noch der Sieg zur Ursache der nächsten Niederlage. Was auf Hass, Erniedrigung und Demütigung aufgebaut ist, wird Rache ernten.

»Wenn Unversöhntes gegen Unversöhntes steht«, sagt Grossman, »werden zwei Menschen, die großzügig sind und sanft und moralisch, fast wie zwei Bestien. Sie werden zu Repräsentanten ihres Volks, und Repräsentanten neigen dazu, Dinge zu verteidigen, die sie gar nicht glauben, die sie sogar hassen.«

Die Frage ist: Schaffen wir es, der Falle zu entgehen und unser ICH auch in Krisensituationen nicht nur als Repräsentanten des WIR zu begreifen? Haben wir den Mut, uns dem anderen zu nähern, mit ihm solidarisch oder ihm treu zu bleiben, auch wenn unser WIR gekränkt, verletzt, bedroht ist und sich die Reihen schließen? Wie viel Kraft kostete es einen Serben während des Kriegs in Jugoslawien, sich nicht von seiner kroatischen Ehefrau scheiden zu lassen? Und wie viel Kraft kostete es in der NS-Zeit, sich als »Arier« nicht von der jüdischen Ehefrau zu trennen?

Wohl kaum jemand von uns hier in der Paulskirche steht in der Zerreißprobe, eine doppelte Loyalität leben zu müssen. Grossmans so unbedingtes wie kritisches Ja zu Israel, dem Land, mit dem er sein eigenes wie das Leben seiner Kinder verbunden hat, lässt aber keinen Zweifel daran, dass sein Verständnis von Patriotismus nicht im Gegensatz steht zu seiner uneingeschränkten Bejahung der Menschenrechte, die den Respekt auch vor dem anderen lehrt. Ein einfacher, und doch sehr schwer zu befolgender moralischer Imperativ.

Hat die jüdische Mutter Ora im Roman ihren palästinensischen Fahrer Sami nicht überfordert, als sie ihn beauftragte, sie und ihren Sohn in das Militärlager zu bringen, wo »die Aktion« der Israelis gegen die Araber beginnen würde? »Er kommt um vor Angst«, erkannte Ora später, »wie konnte ich ihm das antun?« Sami fürchtete die Autos der Juden um ihn herum, die das Liebste, was sie besaßen, zu einem gefährlichen Einsatz brachten – hätten sie ihn nicht für einen Selbstmordattentäter halten können? Und Sami fürchtete die Anklagen seiner Landsleute – stand er nicht im Verdacht, mit den Juden zu kollaborieren?

Es gibt glücklicherweise auf beiden Seiten Menschen, die Feindschaft, auch Hass und Groll auf die andere Gruppe überwinden und Brücken schlagen zum verfeindeten Gegenüber. Wir erin-

213

nern uns an den Palästinenser Ismail Khatib, dessen elfjähriger Sohn Achmed vom israelischen Militär im besetzten Westjordanland erschossen wurde. Khatib spendete die Organe des Sohnes und rettete damit fünf Kindern das Leben, die zur Nation seiner Feinde gehören.

Wir schauen auf den israelischen Psychologen, der jede Woche mehrere Stunden den Austausch mit seinen palästinensischen Studenten sucht und dem einer seiner Studenten bekannte: »Einst dachte ich, wie schade, dass Hitler nicht alle Juden umgebracht hat. Dann habe ich mit dir geredet und bin zusammen mit Juden nach Polen gefahren, um zu sehen, was geschehen ist.« Der so gesprochen hat, wollte sich dem Leid des anderen stellen. So konnte er ein Mitgefühl entwickeln, das ihn erkennen ließ, wie tief die Angst vor Vernichtung in denen steckt, deren Übermachtgebaren ihm sonst als bloße Arroganz erschienen war.

Aber wie viele Menschen auf beiden Seiten sind imstande, den jeweils anderen mitzudenken? Welche Chancen hat eine Friedenspolitik noch nach Jahren zunehmender Verhärtung?

»Klingt ja ganz schön«, schreibt Grossman, »mit Herzl zu sagen: ›Wenn ihr wollt, ist es kein Märchen‹ – aber was, wenn einer nicht mehr will? Oder wenn einer zum Wollen keine Kraft mehr hat?« Die größte Gefahr, sagt Grossman, zerstörerischer als die Bedrohung durch die Hamas, sei das »Dahinschwinden des israelischen Selbsterhaltungstriebs«. Wie lange kann man noch wollen, wenn man die Hoffnung verliert? Wie lange kann man durchhalten, wenn man sich allein gelassen fühlt und die Zahl der Freunde abnimmt?

Die Vereinigten Staaten gehörten zu den Freunden, erklärt Ora im Roman ihrem noch kleinen Sohn. Auch England zähle zu den Freunden. Über die übrigen Staaten Europas wischte ihr Finger auf der Landkarte aber nur noch grob hinweg. Und es versetzte mir einen Stich, dass WIR, dass Deutschland in Grossmans Empfinden nicht zu den Freunden seines Landes gehören sollte.

Es war doch nicht allein der Philosemitismus meiner Generation, den Grossman bemerkt haben muss, es waren doch auch die vielfachen Bemühungen des westlichen Deutschland, deutsches Unrecht wiedergutzumachen. Und sind mit Generationsverzögerung Scham und Trauer nicht doch eingekehrt in unserem Land? Es sind doch Überlebende der Schoah zurückgekommen und Juden aus der Sowjetunion zugezogen.

Deutschland – so denke ich – dürfte das letzte Land sein, das Israel Beistand und Solidarität aufkündigt. Gerade weil uns Israel am Herzen liegt, gerade weil wir die Bedeutung von Heimat für ein Volk tief verstehen, das in der Diaspora verfolgt und schließlich von Deutschen sogar ausgerottet werden sollte, sehen wir uns in einer besonderen Pflicht, an seinem äußeren und inneren Frieden mitzuwirken.

Allerdings gilt für Freundschaft, was auch für Loyalität gilt: Kritik darf nicht als Gegensatz oder gar Feindschaft ausgelegt werden. Freundschaft ist manchmal sogar ernsthafter und verlässlicher, wenn sie die Kritik am Freund nicht scheut. David Grossmans Geneigtheit des Herzens zu dem Land, das man *wollen* muss, schaltet seinen Verstand und sein Verständnis für die Interessen der anderen nicht aus. Ich bewundere diese Fähigkeit, ich wünsche mir diese verständige Güte in meinem Leben wie in die Herzen der Verzweifelten, Aggressiven und Suchenden in Israel und Palästina!

*

David Grossman ist durch die Schicksalsschläge nicht erstarrt, apathisch geworden, nicht paralysiert. Er hat seine Handlungsfreiheit behalten oder manchmal vielleicht auch wiedergewinnen müssen. Nach dem Tod des Sohnes, nach der Trauerwoche kehrte er zu seinem Roman zurück und schrieb sich hinein in einen Ausweg, in das weitere Leben. Verzweifeln ist ein Luxus, den David Grossman sich nicht erlauben will.

Nach ihm hängt es von uns Menschen ab, ob der Hass die Oberhand gewinnt: in uns und letztlich auch im öffentlichen Raum. Ob die vielen und tiefen Verletzungen und Demütigungen zwischen verschiedenen Völkern überwunden werden können, weil Menschen in Dialog miteinander treten. Begegnung hilft. Dialog hilft. Dialog mit dem Fremden, Dialog mit sich selbst, um nicht in Hass und Groll zu erstarren, um das Leid des anderen zu erkennen und um im anderen sich selbst zu begegnen.

Ich sehe David Grossman nicht als den Naiven, der meinen könnte, dass durch Brücken von Empathie und Verständnis Feindschaft total aufgelöst werden könnte. Aber selbst wenn ihr nicht der Garaus gemacht werden kann, so kann ihr vielleicht doch eine Zeit des Moratoriums aufgezwungen werden, das die Suche nach dem Kompromiss bestärkt, der den Frieden baut.

Es bleibt keine Alternative zum Dialog, zu Verhandlungen, zum Kompromiss. »Ich finde«, hatte bereits Ben-Gurion vor vielen Jahren gesagt, »dass nichts anderes übrig bleibt, als miteinander in die Zukunft zu gehen. Noch ist es zu früh, aber einmal werden wir einander vertrauen können.«

Es sind nicht wenige, besonders unter den Jungen, die überlegen, Israel heute den Rücken zu kehren, weil sie sich dem Land nicht mehr so verbunden fühlen wie die Menschen zu seiner Gründungszeit. Im Roman lässt Grossman den jungen Soldaten Ofer seiner Mutter ins Ohr flüstern: »Wenn ich umkomme, dann verlasst ihr das Land. Dann habt ihr hier nichts mehr verloren.« Auch Grossman und seine Frau haben sich gefragt, was wäre, wenn sie das Land verlassen. Doch sie haben sich entschieden zu bleiben. Denn »Israel«, sagt Grossman, »ist der einzige Ort auf der Erde, wo ich mich nicht als Fremder fühle. Ich betrachte es als Privileg, am Aufbau dieses Landes beteiligt zu sein.« In der Mischna, der Basis des Talmud, heißt es: Wem ein Wunder widerfährt, der erkennt es nicht unbedingt als solches. »Ich«, sagt Grossman, »erkenne das Wunder: Wir Juden haben einen Staat.«

*

Wir rühmen und preisen heute jene, die nicht weichen, sondern stehen. Wir rühmen und preisen David Grossman als einen von ihnen.

Danke David.

Du stehst vor deinem Goliath, dem alltäglichen Hass – angetan nicht einmal mit einer Steinschleuder.

Aber du bist David.

Europa:
Vergangenheit und Zukunft

Welche Erinnerungen braucht Europa?

I

Erinnerungen, besonders jene, die das kollektive Gedächtnis prägen, sind gebunden an Lebensräume und Schicksalsgemeinschaften; auch hat jede Zeit ihre ganz eigenen Erinnerungsmuster, eigene Selektionsmuster. Trauma und Versagen, Angst, Schuld, Leid, Todesnähe werden unterschiedlich intensiv eingelagert in das Gedächtnis, oft früh vorsortiert, »verpackt«, vergessen, verdrängt. Ähnlich verhält es sich mit Siegen, mit Erfolgen, Glück, materiellem und geistigem Gewinn. Entwickeln sich Menschen und Gesellschaften weiter, werden auch die Erinnerungsschwerpunkte sich ändern, zum Teil auch die Zugriffe auf die unterschiedlichen Erinnerungsspeicher.

Auffallend ist, dass eine postdiktatorische Gesellschaft, die sich erst am Anfang eines geistig-politischen Transformationsprozesses befindet, häufig den Speicher meidet, in dem die dunklen Seiten eingelagert sind. Allem Anschein nach gewinnen erst etablierte Zivilgesellschaften schrittweise, gelegentlich auch in »Schüben« die Fähigkeit, selektives, schonendes Erinnern einzutauschen gegen umfassendes Erinnern. In dieser Form wird nicht nur den Fakten ihr Recht wieder eingeräumt, vielmehr gerät eine »Aufarbeitung« der Vergangenheit auch zu einer Wiedergewinnung geistiger Werte, ja im Zulassen von Schmerz, Scham und Trauer auch zur Wiedergewinnung einst »verlernter« Gefühle und damit zur Wiedererlangung einer emotionalen Kompetenz, die die Autonomie der Person wiederherstellt.

Stuttgart, 28. März 2006, Vortrag auf Einladung der Robert Bosch Stiftung.

Und da wir Phänomene kollektiver Verdrängung kennen, glauben wir ebenso, dass der beschriebene Gesundungsprozess nicht nur Individuen, sondern auch Gruppen und Großgruppen widerfahren kann. Im Nachkriegsdeutschland (West) haben wir schon erlebt, dass kathartische Elemente wachsen können, und auch, dass eine Nation sich nicht verliert, wenn sie selbstkritisch und entschlossen die eigene Schuld bearbeitet. Uneingestandene und unbesprochene Schuld bindet an die alte Zeit, macht befangen, mutlos und erpressbar. Wahrheit befreit.

II

Nicht nur aus deutscher oder jüdischer Sicht ist die Erinnerung, Vergegenwärtigung und Darstellung des Holocaust von zentraler Bedeutung. Allerdings erleben wir, dass auch hier die Art des Erinnerns und Gedenkens sich verändert – nicht allein durch die Tatsache, dass die Zeitzeugen aussterben. Nur am Rande sei die Gefahr der Trivialisierung des Holocaust-Gedenkens erwähnt. Unübersehbar aber gibt es eine Tendenz zur Entweltlichung des Holocaust. Das geschieht dann, wenn das Geschehen des deutschen Judenmordes in eine Einzigartigkeit überhöht wird, die letztlich dem Verstehen und der Analyse entzogen ist. Offensichtlich suchen bestimmte Milieus postreligiöser Gesellschaften nach einer neuen Dimension der Absolutheit, nach dem Element des Erschauerns vor dem Unsagbaren. Wer das Koordinatensystem religiöser Sinngebung verloren hat und unter einer gewissen Orientierungslosigkeit der Moderne leidet, der kann mit der Orientierung auf den Holocaust einen negativen Tiefpunkt gewinnen, auf dem sich – so die unbewusste Hoffnung – so etwas wie ein spezifisches Koordinatensystem errichten lässt.

Würde der Holocaust in einer derart unheiligen Sakralität auf eine quasireligiöse Ebene entschwinden, wäre er vom Betrachter allerdings nur noch zu verdammen und zu verfluchen, nicht aber mehr zu begreifen. »Aber der Holocaust wurde inmitten der modernen, rationalen Gesellschaft konzipiert und durchgeführt, in einer hoch entwickelten Zivilisation und im Umfeld außergewöhnlicher kultureller Leistungen; er muss daher als Problem dieser Gesellschaft, Zivilisation und Kultur betrachtet werden«, wandte der jüdisch-polnische Soziologe Zygmunt Bauman, dem ich meine modifizierte Sicht auf den Holocaust verdanke, gegen derartige Sichtweisen ein und konstatierte die Gefahr einer »potentiell suizidalen Blindheit«.*

Er verwirft Erklärungen, die allein auf die Bestialität der Täter, den Charakter Hitlers, die besondere Unterwürfigkeit der Bevölkerung, deren Rassenwahn und Ähnliches verweisen. Er glaubt nicht, »dass die Ursachenforschung abgeschlossen wäre, wenn Deutschland, den Deutschen und den Nationalsozialisten ihre Schuld moralisch und materiell nachgewiesen sei«.** Er sieht den Holocaust auch nicht als Beschädigung, Verletzung einer ansonsten intakten Zivilisation – vielmehr umgekehrt als »Produkt« dieser Zivilisation oder – anders gesagt – als das andere Gesicht der Zivilisation. Demnach ist dieses extrem monströse Verbrechen kein Rückfall in die Barbarei, sondern eine Seinsweise von Ordnungssystemen und Ordnungsträgern, die aus der modernen Zivilisation herauswachsen. Es ist das, was sein kann – trotz oder gerade wegen der Zivilisation.

Es ist eine verstörende Wahrheit, dass das, was Entwicklung von Demokratie, Rechtsstaat, von Grundrechten und Gewaltenteilung fördert, gleichzeitig auch eine Steigerung der Rolle jener Technologie und Rationalität mit sich bringen kann, die antihumane Ziele definiert und sie perfekt und zweckorientiert zu erreichen weiß. So gesehen wären die Europäer (und nicht nur die Deutschen) aufgerufen, die Erinnerung an den Holocaust als eine beständige Warnung wachzuhalten: Hier aus unserer Mitte können Gesellschaftsentwürfe oder auch Einzelhandlungen (Hiroshima) erwachsen, die Verlust und Grauen bereiten anstelle von Fortschritt und Humanität. Die Moderne hat zwar dem Menschen Autonomie gebracht, die Bindung an

---

* Zygmunt Bauman, *Dialektik der Ordnung*, Hamburg 1994, S. 10.
** Ebd., S. 11.

Gott und seine Gebote aber relativiert und dann weitgehend aufgegeben. Die neuen Menschen, Herren, Richter, Lenker und »großen Gärtner«, werden nun oberste Instanz. Mit den neuen technologischen und planerischen Möglichkeiten erscheint dem omnipotenten Gestalter alles machbar – auch eine neue Gesellschaft. Der Mensch, der widerstrebt, muss nur »umerzogen«, wenn nicht anders möglich auch bestraft oder eliminiert werden. Große Entwürfe fordern eben Opfer! So entstehen neue Formen menschlicher Grausamkeit. Die alte Barbarei wird überboten. Es entsteht – wie Bauman an anderer Stelle ausführt – ein »spezifisch moderner Charakter« des Inhumanen, der dann »den Gulag, Auschwitz oder Hiroshima« ermöglicht, »diese vielleicht sogar unvermeidlich« macht.

So weit Bauman. Wie der Historiker Raul Hilberg ist er davon überzeugt, dass die eigentliche Lehre aus dem Holocaust nur sein kann, dass wir auch gegenwärtig und zukünftig das »Unvorstellbare einkalkulieren« müssen.

Folgen wir diesem Gedanken, begreifen wir: Humanität ist nie im sicheren Hafen. Sie zerfällt oder wird beschädigt, wenn Ratio und Moral gegeneinanderstehen. Unsere Zivilisation ist nicht Geschichte im Endstadium, sondern vorübergehend gesicherte Existenzform.

Um Missverständnisse zu vermeiden, will ich an dieser Stelle hinzufügen, dass sich für Deutsche neben der universellen Bedeutung des Holocaust immer auch eine weitere Perspektive öffnet. Hinzu kommt für uns die Bearbeitung der Schuld durch die Schuldigen, das Zulassen von Scham und Trauer der Mitläufer, die Bemühung um Wiedergutmachung und Versöhnung und eine besondere Verantwortung für die Nachgeborenen. Ebendies ist eine spezielle, an die Nation gebundene Erinnerungsform, die sich nicht »europäisieren« oder »globalisieren« lässt.

III

Vor einiger Zeit hat eine Rede* der ehemaligen lettischen Außenministerin Sandra Kalniete für Aufregung gesorgt, weil sie Nationalsozialismus und Kommunismus für »gleich kriminell« erklärte. Aus der jüdischen Gemeinde und von verschiedenen Debattenteilnehmern war die Sorge zu vernehmen, dass die Erinnerung an das kommunistische Unrecht, die Definitionen desselben und die Form seiner Delegitimierung eine Beeinträchtigung der Rolle des Holocaust im europäischen Denken bedeuten könne. Manche sahen schon im Vergleich der beiden Terrorsysteme eine Relativierung des Nationalsozialismus.

In der Regel ist die Erinnerung an andere Formen von Unrecht zunächst einmal ein Gebot der Vernunft wie der Moral. Niemand braucht einen Vergleich verschiedener Formen von Diktatur und Unmenschlichkeit zu fürchten. Vergleichen lehrt ja vor allem zu unterscheiden.

Das westliche Europa hat sehr lange und sehr intensiv an den Leiden Osteuropas vorbeigesehen. Es lohnt in diesem Zusammenhang, noch einmal François Furet zur Hand zu nehmen, der 1995 in seinem Buch *Das Ende der Illusionen* der Faszination nachgeht, die für viele europäische Intellektuelle vom Kommunismus ausging. Erschreckend das Ausmaß von Ignoranz und Gutgläubigkeit in weiten Kreisen der Linken, deren kritisches Vermögen ansonsten stark ausgeprägt, hier aber teilweise geradezu ausgeschaltet war.

Stellen wir uns einmal vor, die früheren Sowjetbürger würden sich entschließen, dem Holocaust-Gedenken die zentrale Rolle in ihrem nationalen Diskurs zuzuweisen. Wäre nicht neben dem Nutzen, über den ich im vorigen Abschnitt gesprochen habe, vor allem eine starke Verdrängung der eigenen Geschichte – eigener Schuldanteile wie eigener Opfergeschichten – die Folge? Käme nicht zum dominierenden Erinnerungsgut »Großer Vaterländischer Krieg«, zu den Opfern, die er forderte, und dem Sieg über den Feind ein

---

* Zur Eröffnung der Leipziger Buchmesse am 24. April 2004.

Schwerpunkt hinzu, der die Erfahrung von siebzig Jahren Staatsterror hintanstellen oder gar ignorieren und den Opfern sowjetischen Terrors ein zweites Mal Unrecht zufügen würde? Natürlich kann man auch aus fremder Schuld etwas lernen. Die eigentlichen, verändernden Lern- und Entwicklungsschritte beginnen aber bei der Auseinandersetzung mit der eigenen Geschichte. Wie für uns in Deutschland der Judenmord das »Schwarze Loch« der Geschichte ist, so ist es für die Ex-Sowjetunion deren vergangenes Unrechtssystem.

Es liegt, wie gesagt, auf der Hand, dass die deutsche Nation, die ein Übermaß an Schuld auf sich geladen hat, letztlich nicht ohne die Bearbeitung der »dunklen« Erinnerung gesunden kann. Wie aber sind die Erinnerungswege jener Nationen, die nicht als Täter des NS-Regimes, als Helfer der Unterdrücker, sondern als deren Opfer gelten müssen? Manche Politiker neigen heute dazu, eine »europäische Erinnerung« zu fordern. Aber wie sollte das funktionieren?

Millionen von Opfern kommunistischer Gewalt bleiben bisher ungenannt und weitgehend unbetrauert. All das ist ein großes nationales Thema, ein großes nationales Trauma. Schauen wir auf China oder Kambodscha, so liegen deren Aufarbeitungsschwerpunkte ebenfalls überdeutlich auf der Hand.

Es kennzeichnet die menschliche Psyche, dass sie geprägt wird von dem ganz konkret erfahrenen Schicksal. Insofern werden die Völker das Leid, das sie als Opfer des Kommunismus erleiden mussten, vor allem dann in den Mittelpunkt stellen, wenn es das größte von ihnen erlittene Unrecht darstellt. Wird man diesen Menschen allerdings Empathie und Aufmerksamkeit entgegenbringen, so wird, je weiter sich die Zivilgesellschaft entwickelt, auch der Teil ihrer Geschichte aufgenommen und besprochen werden können, in dem sie Verbündete von Tätern waren. So zumindest erleben wir es beispielsweise in Litauen, Lettland und auch in Polen. Aus Westeuropa hat man Frau Kalniete barsch beschieden, sie solle sich in ihrem Land einmal zuvörderst mit den Helfern der Nazis beschäftigen, die bei der Judenvernichtung mitgewirkt haben. Unberücksichtigt bleibt dabei, dass Zeiten der Selbstkritik in der Regel eine Zeit der Selbstvergewisserung vorausgeht. Außerdem müssen sich Erinnerung an den eigenen Opferstatus und Zugeständnis eigener Schuld nicht ausschließen – sie verlangen allerdings eine relativ gefestigte Zivilgesellschaft.

Das Einbringen neuer Leidenskapitel und Leidensschwerpunkte in den europäischen Diskurs, vor allem das Einbringen der Erfahrungen Mittel- und Osteuropas mit dem Kommunismus, bedeutet keinen Paradigmenwechsel unserer Erinnerungskultur, wohl aber eine dringend notwendige Paradigmenergänzung. Innerhalb unseres Landes können wir an Orten mit »doppelter Erinnerung« (Buchenwald, Sachsenhausen, Torgau) sehen, wie ein Konflikt zwischen verschiedenen Erinnerungsmilieus aufbrechen, aber auch gelöst werden kann. Hier kann studiert werden, dass Empathie schwer zu erlangen, aber eine beglückende Erfahrung ist. Zu lernen ist: Eine Gedenkkultur, die eigene Leiden aufbewahrt und für die Nachkommen aufbereitet, hat einer anderen Gedenkkultur, die das Gleiche mit »ihren« Opfern tut, mit Respekt zu begegnen und darf nicht versuchen, sie in den Schatten – den Erinnerungsschatten – zu stellen. Es ist nicht hilfreich, eine Hierarchie der verschiedenen Ausprägungen des Bösen zu errichten. Und eine Konkurrenz der Opfer verbietet sich prinzipiell.

IV

Erinnerungen in Europa können auch Konflikte zwischen Gruppen und Großgruppen auslösen, wenn sich bereits gefestigte Selbst- oder Fremdbilder verschieben. Wir haben den Konflikt mit Polen erlebt, als in den letzten Jahren in Deutschland ein lange vernachlässigtes Erinnerungsgut wieder aufgetaucht ist: Deutsche als Opfer. Nach jahrzehntelanger Bearbeitung der deutschen Schuld tauchten Bombenkriegsopfer, Flüchtlinge und Vertriebene wieder auf.

Reflexartig wurde auch bei dieser Entwicklung die Warnung vor einer Relativierung der deutschen Schuld vorgebracht, für mich eine inzwischen überflüssige Sorge. Sehen wir einmal von den Mitgliedern der rechtsextremen Szene ab, so war nicht zu erkennen, dass die

Erinnerung an deutsches Leid wie einst in der Nachkriegszeit eine
Relativierung der deutschen Schuld bewirken sollte. Vielmehr dürfen wir es als ein Zeichen geistiger und emotionaler Reife sehen, dass
wieder Unterscheidungen, Differenzierungen im öffentlichen Bewusstsein möglich werden. Wir können eigentlich erfreut feststellen:
Deutschland glaubt an seine eigene Läuterung. Selbstmitleid und
Verdrängung sind in einem jahrzehntelangen Lernprozess überwunden worden. Nachdem es vor der eigenen Schuld nicht mehr geflohen ist, braucht es auch die eigenen Traumata nicht mehr zu verstecken oder einzuhegen.

Wenn die Vertriebenen nicht aufgehört hätten, »Schlesien ist
unser!« zu behaupten, hätte man den Plan, in Berlin ein Museum
gegen Vertreibungen zu errichten, nur bekämpfen müssen. Inzwischen aber haben die Vertriebenen, hat die Nation eine menschliche
und kulturelle Leistung erbracht und den Verlust zu akzeptieren erlernt. Heute, nach Jahrzehnten der Aufarbeitung, nach der Errich-
tung eines Mahnmals für unsere Untaten im Zentrum der Haupt-
stadt, kann der Plan eines Museums gegen Vertreibungen kein
Erschrecken mehr auslösen. Hier wird nicht relativiert werden, was
an Schuld ewig an unserer Nation hängt. Aber an Verlust und Leiden darf erinnert werden – und ich wiederhole: Wem das erlaubt
wird, der wird seinerseits auch eher Empathie für das Leid anderer
Völker und Gruppen aufbringen. Klage bedeutet ja nicht Anklage,
Trauer intendiert nicht Revanche. Umgekehrt: Wer seiner Trauer
Raum gibt, wird auf Rache verzichten.

V

Als älterer Deutscher fürchte ich den Stolz der Nationen – auch die
dazugehörenden Denkmäler. Zu oft basierte dieser Stolz lediglich
auf der Tatsache, zu einer bestimmten Zeit stärker als andere gewesen zu sein, vor allem militärisch. Aber es gibt eine Freude der
Davongekommenen, der »gebrannten Kinder«, die ich achte und die
sich nicht verstecken soll. Wenn wir also fragen, welche Erinnerun-

gen Europa braucht, dann sind es auch solche, die die geschichtlichen Spuren gewachsener Freiheit nachzeichnen. Natürlich ist die Geschichte Europas geprägt von Kriegen und Interessenkonflikten. Aber ebenso natürlich ist es, dass der, der in seinem eigenen Land Freiheit entbehrt und für Freiheit gekämpft hat, denen nahe ist, die in einem anderen Land für die Freiheit gekämpft haben. Wer »Wir sind das Volk!« rief, sucht geistig nach Menschen und Orten, die Ähnliches verlauten ließen. Dass *liberté*, *égalité*, *fraternité* schon vor über zweihundert Jahren im Nachbarland politisches Programm wurden, gehört eben nicht nur zur französischen und europäischen Politikgeschichte, sondern auch zur Tradition meines gegenwärtigen Verständnisses von Demokratie und Freiheit und damit zum Kernbestand meines Denkens und Gedenkens. Und wenn ich andächtig vor der Urschrift der Verfassung der USA stehe, in der das amerikanische Volk gelobt, die Gerechtigkeit zu verwirklichen, das allgemeine Wohl zu fördern und das Glück der Freiheit zu bewahren, dann habe ich es eben nicht nur mit einer fremden Erfahrung zu tun. Ich werde auch immer die »fremde« freiheitliche Gewerkschaftsbewegung Polens als meine ureigene Sache empfinden.

So dürfen wir hoffen und wollen dafür arbeiten, dass sich neben der Fülle spezieller Erinnerungsgüter von Gruppen und Nationen ein Erinnerungsbesitz aufbaut, in dem nicht die Kriege und Siege von einst und das Gegeneinander dominieren. Wo auch immer in Europa Recht über Unrecht gesiegt hat, wo Menschen Freiheit, Würde, Grundrechte erkämpft haben, wo Friedensschlüsse und Bündnisse oft jahrhundertealte Feindschaft beendet haben, da entstand Erinnerungsgut, auf das sich Menschen ganz unterschiedlicher Nationen in Europa gemeinsam beziehen können. Einen europäischen Verfassungstag können wir noch nicht feiern. Aber immerhin könnten wir die Befreiungstage, die Freiheitsorte, die Monumente der Menschen, die das Humanum in ihrer Zeit bewahrten und förderten, kennenlernen und uns ihre Botschaft zunutze machen. Sie halten doppelten Trost für uns bereit: Kein Unrecht währt ewig. Und: Wir haben die Wahl, uns dem Unrecht zu fügen oder zu widerstehen.

Polen: das Unmögliche wagen

I

Ich war nie in Lodz. Doch Lodz ist in mir, seitdem ich den Roman *Jakob der Lügner* von Jurek Becker las – jenem Jurek Becker, der eigentlich Jerzy hieß und seinen Nachnamen mit einem doppelten K schrieb: ein Kind polnischer Juden, das mit zwei Jahren ins Getto von Lodz kam.

Lodz ist in mir, seitdem ich Gedichte der großen polnischen Dichter las, wie sie Karl Dedecius ins Deutsche übersetzte – jener Karl Dedecius, der in Lodz in einer deutschen Familie geboren wurde, auf das polnische Gymnasium ging und im besetzten Polen in die deutsche Wehrmacht eingezogen wurde.

Wohl kaum eine andere polnische Stadt hat in so kurzer Zeit erlebt, wie das Nebeneinander und Miteinander von Polen, Juden und Deutschen umschlug in Verfolgung und Vernichtung. Einst war Lodz das »gelobte Land«: Zuhauf kamen sie hierher, die woanders fliehen mussten, Not litten oder vom großen Aufstieg träumten. Die einen wurden reich, beherrschten mit der Tuchindustrie ganze Märkte von Deutschland bis Russland; andere vegetierten unter den erbärmlichen Bedingungen des Manchester-Kapitalismus. Schließlich ging es allen etwas besser – es entstanden nicht nur die großen Fabrikanlagen mit den Palästen der Fabrikanten, sondern auch die für damalige Verhältnisse modernen Arbeitersiedlungen –, und trotz Spannungen kamen Polen, Juden und Deutsche miteinander aus.

Hitlers Deutschland hat alles zerstört. Lodz wurde als Teil des Warthegaus angegliedert ans Deutsche Reich, Teile der städtischen

Universität Lodz, 1. März 2012.

Elite wurden umgebracht, darunter auch der Fabrikant Robert Geyer, ein deutschstämmiger Pole, der sich weigerte, für Deutschland zu optieren. Die Masse der polnischen Einwohner wurde ins »General-gouvernement« umgesiedelt oder zur Zwangsarbeit ins Deutsche Reich geschickt. Die Juden wurden ins Getto gepfercht und anschließend in Konzentrationslagern ermordet. Von zweihundertfünfzig-tausend Juden aus Lodz und Umgebung überlebten nicht einmal tausend.

Die Mutter von Jurek Becker kam um, etwa zwanzig Verwandte ebenso, Jurek und sein Vater zogen bei Kriegsende nach Ost-Berlin: Die russischen Panzer, so ihre Überzeugung, würden sie vor deut-schen Antisemiten schützen. 1977 siedelte Jurek Becker wegen Dif-ferenzen mit dem SED-Staat nach West-Berlin über.

Karl Dedecius, der nach schwerer Verletzung vor Stalingrad in sowjetische Gefangenschaft geriet, kam 1950 nach Deutschland, nach zwei Jahren in der DDR setzte er sich nach Frankfurt am Main ab. Seine Mutter war noch im Krieg an Krebs verstorben, sein Vater im Chaos der Lodzer Nachkriegstage erschossen oder erstochen wor-den. »Niemand weiß, wann, wie und warum. Nun liegt er, der unbe-kannte Zivilist, mein Vater, in einem unbekannten Loch oder Mas-sengrab verscharrt, irgendwo in der Stadt oder außerhalb, in dem engen Radius mit dem kleinen Horizont, den er nie verlassen wollte. Ein Preis der Musilschen Treue. Der Treue.«

Treu auf je eigene Weise blieben beide Lodzer Söhne ihrer Tra-dition in Polen. Jurek Becker gab kurz vor seinem Tod ein Ab-schiedsfest für seine Freunde – er bereitete Cholent für sie zu, das typische Sabbatgericht osteuropäischer Juden. Dabei hatte er immer behauptet, einem nichtreligiösen Menschen wie ihm verschaffe nur der Antisemitismus jüdische Identität.

Karl Dedecius übersetzt seit fast sechzig Jahren polnische Dich-ter und Schriftsteller ins Deutsche – und er ließ sich nie davon abhal-ten, auch verfemte Dichter zu übersetzen, obwohl er dadurch sein Verhältnis zum volksdemokratischen Polen gefährdete.

Für mich sind Jurek Becker und Karl Dedecius mahnende Zeu-gen einer schrecklichen Zeit, in der Hitler-Deutschland den Juden, unseren polnischen Nachbarn, Teilen der eigenen Bevölkerung, aber auch der humanen Tradition Europas unendliches Leid und einen zuvor nie für möglich gehaltenen Schaden zugefügt hat.

Deswegen ist mein Besuch in ihrer Stadt auch eine Wiederbegegnung mit den bösen Traditionen deutscher Dominanz.

II

Ich kam spät nach Polen. Meine ersten Fahrten nach Polen unternahm ich nach dem Umbruch 1989/90. In meiner Erinnerung waren sie immer auch Pilgerreisen.

Zum ersten Mal in Auschwitz: die Überlebenden und die stummen Mauern sprechen hören.

Vor dem Werfttor in Danzig bei den großen Kreuzen: Hier hat alles angefangen – die erste unabhängige Gewerkschaft in Osteuropa!

In Warschau am Grab des ermordeten Priesters Jerzy Popiełuszko bei der Stanisław-Kostka-Kirche: Ich sah die Trauer der vielen und sein mit Blumen überhäuftes Grab – wie gern wäre ich dem tapferen Priester selbst begegnet!

Mich bewegte die Freiheitsgeschichte, wie sie sich auch im Museum des Warschauer Aufstands zeigt. Mir imponierte die immer wieder aufflammende polnische Freiheitsliebe – dieses Vermögen vieler Polen, das Unmögliche zu wagen. Mit dem Kopf könne man nicht durch die Wand, soll Marschall Józef Piłsudski gesagt haben. Aber wenn alles andere nicht funktioniere, solle man auch dies versuchen! Wenn ich ehrlich bin, macht mir diese bedingungslose Liebe, die bereit ist, das Leben hinzugeben, auch Angst.

Ich war fünf, als der Krieg zu Ende ging. Und bis ich fünfzig war, musste ich wie die Polen in einer kommunistischen Diktatur leben. Viele Oppositionelle in der DDR, besonders in den Kirchen, waren angespornt von den Wellen polnischer Widerständigkeit in den 1970er und 1980er Jahren, einige auch schon früher, beim Posener Arbeiteraufstand 1956, drei Jahre nach unserem eigenen gescheiterten Aufstand von 1953. Nur einmal wagten wir den Widerstand früher als die Polen. Dann war die polnische Freiheitsliebe der deutschen immer voraus.

Als in Polen der Schulterschluss zwischen Arbeitern und Intellektuellen schon vollzogen, die Ablehnung des Kommunismus offen formuliert und die unblutige Revolution schon geplant war, galt bei uns in der DDR noch die Hoffnung auf einen reformierten Sozialismus als mutig – und führte im Übrigen bereits zu Repression durch Stasi und SED.

Viele Jahre war für DDR-Bürger nicht nur die Westgrenze verschlossen, sondern auch die Ostgrenze. Obwohl Polen ein »Bruderland« war, sollte es brüderliche Gefühle nur zwischen den Genossen, nicht aber zwischen der Bevölkerung und schon gar nicht zwischen den oppositionellen Kräften geben. An den Grenzen wurden, wenn sie denn geöffnet waren, Texte der polnischen Opposition und der freien Gewerkschaft im Gepäck gesucht, wie man heute nach verstecktem Rauschgift fahndet.

Dann kam die Zeitenwende. Wieder waren die Polen uns voraus. Sie hatten schon ein (halb)freies Parlament, als wir uns noch mit Mahnwachen und Friedensgebeten begnügten. Doch die Entmachtung der Kommunisten in Polen vom Juni 1989 hat auch uns in der DDR Kraft und Zuversicht gegeben. Und im Herbst 1989 sahen wir selbst und unsere polnischen Nachbarn: Auch Deutsche können Freiheit!

Was sich damals im Herbst 1989 ereignete, war Befreiung. Die Bevölkerung« vereinte sich zu einem großen »Wir« gegen »die da oben«. Das war, liebe Lodzer Bürger, die große Zeit der Älteren unter uns. Aber heute, was ist heute aus dieser Befreiung geworden?

III

Die Einheit der vielen gegen die Diktatur ist nicht mehr nötig. Die vielen begegnen uns in der offenen Gesellschaft als Gruppierungen der Unterschiedlichen. Unterschiedliche Wert- und Zielvorstellungen, unterschiedliche Kulturen, Religionen, Geisteshaltungen, Nationalitäten wollen im öffentlichen Raum berücksichtigt werden. Freiheit ist nicht mehr umgeben von Glanz, sie hat den Arbeitsanzug angezogen – Politik wird zum »Bohren dicker Bretter«.

Die Freiheit in der Freiheit ruft uns weniger in den Kampf als an die Arbeit; weniger in das Zerstören dessen, was kaputt macht, als in den Aufbau dessen, was uns dient. Jetzt ist kein Diktator mehr zu besiegen. Unsere Energie entlädt sich nicht mehr in Wut und Empörung gegen den Unterdrücker, vielmehr hat sie in möglichst konstruktivem gesellschaftlichem Denken und Handeln die unterschiedlichen Interessen auszugleichen.

Wenn sich eine Gesellschaft der Unterschiedlichen an die Arbeit macht und Freiheit *zu* etwas gestaltet, verändert sich die Gesellschaft nachhaltig – nicht nur in ihren Strukturen, sondern auch in ihrem Bewusstsein. Wo einst eine von oben verordnete Uniformität herrschte, existiert nun ein Gemeinwesen, das möglichst vielen Teilhabe, Rechtssicherheit und Wohlstand gewähren soll. Ein Gemeinwesen, in dem häufig konkurrierende Parteien, Lobbyisten, *pressure-groups*, auch Individuen um Einfluss streiten bei der Ausgestaltung des politischen und gesellschaftlichen Raums, um die Zukunft unserer Länder.

Manche Menschen fürchten diese Offenheit der westlichen Demokratien. Sie sind sogar bereit, auf Freiheitsrechte zugunsten von Sicherheit zu verzichten. So kannten wir es in der DDR, so kannten es die anderen sozialistischen Transformationsgesellschaften. Deshalb gibt es besonders in diesen Staaten gerade bei Älteren noch ein Gefühl von Fremdheit und Heimatlosigkeit in der neu erworbenen Demokratie.

Früher dachte ich, die Ferne von Freiheitsliebe und die Furcht vor der Freiheit sei ein spezifisch deutsches Problem. Der Psychoanalytiker Erich Fromm hat mich eines Schlimmeren belehrt. Jeder Schritt in Richtung eines selbstbestimmten Lebens ist mit neuen Unsicherheiten bedroht. Jede neu gewonnene Freiheit erscheint den Menschen manchmal als unerträgliche Last. Sie flüchten in neue Bindungen – neue Ideologien, neue Autoritäten – oder verharren in alten, starren

Denkstrukturen. Auf je unterschiedliche Weise zeigt sich dies in allen Ländern Europas.

Doch Gott sei Dank können Menschen nicht nur Fluchtwege ersinnen, sondern auch neue Wege bahnen. Polen ist für mich ein positives Beispiel. In den letzten zwanzig Jahren hat sich gezeigt, dass unsere polnischen Nachbarn mehr individuelles Risiko bereit waren zu tragen, sich leichter umorientierten als viele Ostdeutsche und erstaunliche Leistungen bei der Entwicklung und Festigung ihres souveränen Staates vollbrachten. Polen, das der Freiheit in seiner Geschichte den Vorrang vor der Sicherheit gab, das dem Aufständischen mehr huldigte als dem Untertan und dessen Bürger weniger Staat entschieden mehr schätzen als zu viel Staat, dieses Polen könnte manchen in Europa und auch Deutschen Ängste nehmen und Mut geben. Die innenpolitische Lage in Polen ist stabil, die Wirtschaft gewachsen wie in keinem anderen europäischen Land. Und im Unterschied zu Deutschland herrschen – jedenfalls in meiner Wahrnehmung – weit weniger Verdruss und Depressivität.

Es bleibt nichts anderes, als Freiheit als Herausforderung anzunehmen. Dann werden uns Kräfte zuwachsen, die wir für neue Lösungen in unserem gemeinsamen Europa brauchen.

Europa: Vertrauen erneuern, Verbindlichkeit stärken
Rede zu Perspektiven der europäischen Idee

Exzellenzen, meine sehr verehrten Damen und Herren!
So viel Europa war nie! Das sagt jemand, der mit großer Dankbarkeit in diesen Saal blickt, der Gäste aus Deutschland und ganz Europa begrüßen darf!

So viel Europa war nie: Das empfinden viele Menschen derzeit auf ganz andere Weise, zum Beispiel beim morgendlichen Blick in deutsche Zeitungen. Da begegnet uns Europa verkürzt auf vier Buchstaben – als Euro, als Krisenfall. Immer wieder ist von Gipfeldiplomatie und Rettungspaketen die Rede. Es geht um schwierige Verhandlungen, auch um Teilerfolge, vor allem aber geht es um ein Unbehagen, auch um einen deutlichen Unmut, den man nicht ignorieren darf. In einigen Mitgliedsstaaten fürchten die Menschen, dass sie zu Zahlmeistern der Krise werden. In anderen Ländern wächst die Angst vor immer schärferen Sparmaßnahmen und sozialem Abstieg. Geben und Nehmen, Verschulden und Haften, Verantwortung und Teilhabe scheinen vielen Bürgerinnen und Bürgern nicht mehr richtig und gerecht sortiert in der Gemeinschaft der Europäer.

Hinzu kommt eine Liste von Kritikpunkten, die schon seit langer Zeit zu lesen und zu hören sind: der Verdruss über Brüsseler Technokraten und ihre Regelungswut, die Klage über mangelnde Transparenz der Entscheidungen, das Misstrauen gegen ein unübersichtliches Netz von Institutionen und nicht zuletzt der Unwille über die wachsende Bedeutung des Europäischen Rats und die dominierende Rolle des deutsch-französischen Tandems.

Schloss Bellevue, Berlin, 22. Februar 2013.

So anziehend Europa auch ist – zu viele Bürger lässt die Europäische Union in einem Gefühl der Macht- und Einflusslosigkeit zurück. Ich weiß es, ich höre, lese es fast täglich: Es gibt Klärungsbedarf in Europa. Angesichts der Zeichen von Ungeduld, Erschöpfung und Frustration unter den Bürgern, angesichts von Umfragen, die mir eine Bevölkerung zeigen, die unsicher ist, ob unser Weg zu »mehr« Europa richtig ist, scheint es mir, als stünden wir vor einer neuen Schwelle – unsicher, ob wir wirklich entschlossen weitergehen sollen. Diese Krise hat mehr als nur eine ökonomische Dimension. Sie ist auch eine Krise des Vertrauens in das politische Projekt Europa. Wir ringen nicht nur um unsere Währung. Wir ringen auch mit uns selbst.

Und dennoch stehe ich heute als bekennender Europäer vor Ihnen und spüre das Bedürfnis, mich mit Ihnen gemeinsam noch einmal zu vergewissern, was Europa bedeutet hat und bedeutet, und welche Möglichkeiten es weiter in sich trägt – so, wie ich es heute zu überblicken vermag.

Für mich ist dieser Tag auch Anlass, neu und kritischer auf meinen euphorischen Satz kurz nach der Amtseinführung zurückzukommen, als ich sagte: »Wir wollen mehr Europa wagen.« So schnell und gewiss wie damals würde ich es heute nicht mehr formulieren. Dieses Mehr an Europa braucht eine Deutung, braucht Differenzierung. Wo kann und soll mehr Europa zu gelingendem Miteinander beitragen? Wie soll Europa aussehen? Was wollen wir entwickeln und stärken, was wollen wir begrenzen? Und nicht zuletzt: Wie finden wir für mehr Europa auch mehr Vertrauen, als wir es derzeit haben?

Erinnern wir uns: Der Anfang war vielversprechend. Bereits fünf Jahre nach dem Ende des Zweiten Weltkriegs schlug Frankreichs Außenminister Robert Schuman seinen europäischen Partnern die Gründung der Europäischen Gemeinschaft für Kohle und Stahl vor. Frankreich und Deutschland wurden zu den großen Impulsgebern der europäischen Entwicklung – und ehemalige Kriegsgegner wurden enge Partner. Als wir im Januar den fünfzigsten Jahrestag des Élysée-Vertrags gefeiert haben, war uns noch einmal sehr bewusst, wie kostbar diese Freundschaft für Europa geworden ist und wie groß das Glück ist, diese Freundschaft nun mit einer neuen Generation weiterleben zu können.

Damals, 1950, war Jean Monnet der Ideengeber. Sein Ziel: die Sicherung des europäischen Friedens durch eine »Vergemeinschaftung«, die den Mitgliedern gleichzeitig nationalen Nutzen versprach. Westdeutschland erreichte mit dieser Integration seine erste Rehabilitierung in der internationalen Staatengemeinschaft. Frankreich und die anderen Partnerstaaten befriedigten durch Kontrolle auch deutscher Kohle- und Stahlproduktion ihr Sicherheitsbedürfnis. Der Gedanke war lange schwer umzusetzen, aber von großer politischer Hellsichtigkeit: Wenn die Wirtschaft verschmilzt, verschmilzt irgendwann auch die Politik. Das sagte Walther Rathenau schon vor hundert Jahren. Und wo einst Staaten um Ressourcen und um die Hegemonie stritten, wächst Frieden durch gegenseitige Verflechtung.

Für eine umfassende nationenübergreifende Politik war es 1950 aber noch zu früh. Nur Schritt für Schritt sollte aus wirtschaftlicher Integration politische Integration werden, aus immer größeren Feldern von Vergemeinschaftung schließlich ein gemeinsames Europa entstehen – für die einen eine europäische Föderation, für die anderen ein Europa der Vaterländer. Lange Zeit brachte diese pragmatische Methode das Projekt Europa tatsächlich voran. Heute sind wir allerdings gezwungen, die Taktik grundlegend zu überdenken. Weil Entwicklungen ohne ausreichenden politischen Gesamtrahmen zugelassen wurden, sind die Gestalter der Politik bisweilen zu Getriebenen der Ereignisse geworden.

Selbst an bedeutenden Wegmarken fehlte es in der Vergangenheit oft an politischer Ausgestaltung. Nach dem Zusammenbruch des kommunistischen Lagers wurden zehn Staaten in die EU aufgenommen, obwohl das nötige Fundament für eine so große EU noch fehlte. Und so blieben bei dieser größten Erweiterung der EU die Fragen nach einer Vertiefung teilweise unbeantwortet. Als folgenschwer erwies sich auch die Einführung der gemeinsamen Währung. Siebzehn Staaten führten im Laufe der Jahre den Euro ein, doch der Euro selbst bekam keine durchgreifende finanzpolitische Steuerung.

Dieser Konstruktionsfehler hat die Europäische Union in eine Schieflage gebracht, die erst durch Rettungsmaßnahmen wie den Europäischen Stabilitätsmechanismus ESM und den Fiskalpakt notdürftig korrigiert wurde.

Für mich ist jedoch klar: Selbst wenn einzelne Rettungsmaßnahmen scheitern sollten, steht das europäische Gesamtprojekt nicht in Frage. Seine Vorteile liegen bis jetzt deutlich auf der Hand: Wir reisen von der Memel bis zum Atlantik und von Finnland bis nach Sizilien, ohne an irgendeiner Grenze den Reisepass zu zücken. Wir zahlen in großen Teilen Europas mit einer gemeinsamen Währung und kaufen Schuhe aus Spanien und Autos aus Tschechien ohne Zollaufschläge. Wir lassen uns in Deutschland von polnischen Ärzten behandeln und sind dankbar dafür, weil manche Praxen sonst schließen müssten. Unsere Unternehmer beschäftigen neuerdings auch Arbeitskräfte aus allen Mitgliedsstaaten der Union, die in ihren eigenen Ländern gar keine Arbeit oder nur Jobs zu sehr viel schlechteren Bedingungen finden würden. Und unsere Senioren verbringen ihren Ruhestand an Spaniens Küsten, manche auch an der polnischen Ostsee. Mehr Europa ist auf erfreuliche Weise Alltag geworden.

Deswegen sind die Ergebnisse von Meinungsumfragen nur auf den ersten Blick widersprüchlich. Zwar ist die Skepsis gegen die EU in den letzten Jahren stark angestiegen, aber eine Mehrheit ist weiterhin überzeugt: Unsere komplexe und zunehmend globale Realität braucht Regelungen im nationenübergreifenden Rahmen. Wir alle in Europa haben große politische und wirtschaftliche Vorteile von der Gemeinschaft.

Was uns als Europäer allerdings auszeichnet, was europäische Identität bedeutet, bleibt schwer zu umreißen. Junge Gäste in Bellevue haben mir vor Kurzem bestätigt, was wohl vielen hier im Saal vertraut sein dürfte: »Wenn wir in der großen, weiten Welt sind, empfinden wir uns als Europäer. Wenn wir in Europa sind, empfinden wir uns als Deutsche. Und wenn wir in Deutschland sind, empfinden wir uns als Sachse oder Hamburger.«

Wir sehen, wie vielschichtig Identität ist. Europäische Identität löscht weder regionale noch nationale Identität, sondern existiert neben diesen. Gerade habe ich an der Universität Regensburg einen Studenten getroffen, der als Pole in Deutschland aufwuchs, mit Polnisch als Muttersprache, und bei Sportereignissen die polnische Fahne trug. Aber als er ein Semester in Polen studierte und seine Kommilitonen ihn als Deutschen wahrnahmen, wurden ihm auch diese Teile seiner Identität bewusst. Es ging ihm wie vielen: Oft nehmen wir unsere Identität durch die Unterscheidung von anderen wahr.

»Man braucht nur Europa zu verlassen, gleich in welcher Richtung, um die Realität unserer Kultureinheit zu spüren«, fasste der Schweizer Philosoph Denis de Rougemont diese Erfahrung Ende der 1950er Jahre zusammen. »Schon in den Vereinigten Staaten, in der Sowjetunion sofort und ohne jeden Zweifel in Asien werden Franzosen und Griechen, Engländer und Schweizer, Schweden und Kastilianer als Europäer betrachtet. (…) Von außen gesehen ist die Existenz von Europa augenscheinlich.«

Ist die Existenz Europas von innen gesehen genauso augenscheinlich? Schon geografisch ist der Kontinent schwer zu fassen – reicht er beispielsweise bis zum Bug oder bis zum Ural? Bis zum Bosporus oder bis nach Anatolien? Auch die identitätsstiftenden Bezüge unterlagen in seiner langen Geschichte mehrfach einem Wechsel. Heute wissen wir, dass sie sich auf ein ganzes Ensemble beziehen – angefangen von der griechischen Antike über die römische Reichsidee und das römische Recht bis hin zu den prägenden christlich-jüdischen Glaubenstraditionen.

Doch wie sieht es heute aus? Was bildet heute das einigende Band zwischen den Bürgern Europas? Woraus schöpft Europa seine unverwechselbare Bedeutung, seine politische Legitimation und seine Akzeptanz?

Als die Europäische Union im November den Friedensnobelpreis erhielt, haben die Festredner Europa als Friedensprojekt beschrieben. Unvergesslich, wie Winston Churchill 1946 in seiner berühmten Rede vor der Jugend in Zürich die »Neuschaffung der europäischen Familie« forderte. Unvergesslich, dass damals die tiefste Überzeugung von Politikern wie Bevölkerung in drei Worten auszudrücken war: »Nie wieder Krieg!« Unvergesslich auch, wie siebenhundert Politiker und Intellektuelle 1948 in Den Haag auf dem Europäischen Kongress zusammenkamen, so unterschiedliche Persönlichkeiten wie etwa der britische Philosoph Bertrand Russell, der italienische Schriftsteller Ignazio Silone, auch Deutsche wie Konrad Adenauer, Walter Hallstein und Eugen Kogon.

»Ob der ewige Frieden auf dieser Erde möglich ist, weiß kein Mensch«, so fasste der französische Philosoph Raymond Aron später die Intentionen zusammen. »Doch dass die Beschränkung der Gewalt in diesem gewaltsamen Jahrhundert unsere gemeinsame Pflicht geworden ist, darüber gibt es keinen Zweifel.«

Allerdings wurde Europa recht bald zu einem Konzept nur für Westeuropa. Im Kalten Krieg zerfiel der Kontinent in zwei politische Lager. Doch mochten Ost- und Mitteleuropa auch über vierzig Jahre abgeschnitten sein, so haben seine Bewohner Europa im Geiste nie verlassen. Für sie und auch für mich war unser überzeugtes Ja zu dem freien, demokratischen, wohlhabenden Europa so etwas wie der zweite Gründungsakt Europas, ein nachgeholter Beitritt für jenen Teil des Kontinents, der nicht von Anfang an dabei sein konnte. Es war zugleich eine qualitative Erweiterung für Europa. So, wie Europa nach dem Zweiten Weltkrieg vor allem ein Friedensprojekt gewesen war, so war es 1989 ein Freiheitsprojekt.

Die junge Generation, die in den 1980er Jahren und später geboren wurde, sieht Europa wieder mit ganz anderen Augen. Ihre Großeltern und Urgroßeltern, die Berlin, Warschau und Rotterdam in Schutt und Asche erlebten, haben es geschafft, Europa neu aufzubauen, im Westen konnten sie sogar Wohlstand an Kinder und Enkel weitergeben.

Ich weiß, liebe Schülerinnen und Schüler hier im Saal, ihr habt euer erstes Taschengeld in Euro erhalten, ihr lernt mindestens zwei Fremdsprachen, ihr macht Klassenreisen nach Paris, London, Madrid, vielleicht auch nach Warschau, Prag oder Budapest, und wenn ihr euren Schulabschluss habt, stehen euch Erasmus-Stipendien oder Berufsbildungsprogramme wie Leonardo da Vinci offen. Ihr lernt miteinander in Europa, statt nur übereinander. Und ihr feiert miteinander: auf europäischen Musikfestivals oder in den lebendigen Metropolen Europas. Keine Generation vor euch hatte so viele erfreuliche Gelegenheiten, sagen zu können: Wir sind Europa! Ja, ihr erlebt tatsächlich »mehr Europa« als alle Generationen vor euch.

Trotzdem stimmt natürlich, was oft moniert wird: In Europa fehlt eine große identitätsstiftende Erzählung. Wir haben keine gemeinsame europäische Erzählung, die über fünfhundert Millionen Menschen auf eine gemeinsame Geschichte vereint, die ihre Herzen erreicht und ihre Hände zum Gestalten animiert. Ja, es stimmt: Wir Europäer haben bis heute keinen Gründungsmythos nach Art einer Entscheidungsschlacht, in der Europa einem Feind gegenübertreten, siegen oder verlieren, aber jedenfalls seine Identität bewahren konnte. Wir haben auch keinen Gründungsmythos im Sinne einer erfolgreichen Revolution, in der die Bürger des Kontinents gemeinsam einen Akt der sozialen Emanzipation vollbracht hätten. Die *eine* europäische Identität gibt es genauso wenig wie den europäischen Demos, ein europäisches Staatsvolk oder die *eine* europäische Nation.

Und dennoch hat Europa eine identitätsstiftende Quelle – einen im Wesen zeitlosen Wertekanon, der uns auf doppelte Weise verbindet, als Bekenntnis und als Programm. Wir versammeln uns im Namen Europas nicht um Monumente, die den Ruhm der einen aus der Niederlage der anderen ableiten. Wir versammeln uns *für* etwas – für Frieden und Freiheit, für Demokratie und Rechtsstaatlichkeit, für Gleichheit, Menschenrechte und Solidarität.

All diese europäischen Werte sind ein Versprechen, aber sie sind auch niedergelegt in Verträgen und garantiert in Gesetzen. Sie sind Bezugspunkt unseres republikanischen Verständnisses – Grundlage dafür, dass alle Bürgerinnen und Bürger gleichberechtigt am gesellschaftlichen und politischen Leben teilhaben können. Die europäischen Werte öffnen den Raum für unsere europäische *res publica.*

Unsere europäische Wertegemeinschaft will ein Raum von Freiheit und Toleranz sein. Sie bestraft Fanatiker und Ideologen, die Menschen gegeneinanderhetzen, Gewalt predigen und unsere politischen Grundlagen untergraben. Sie will ein Raum sein, in dem die

Völker friedlich miteinander leben und nicht mehr gegeneinander zu Felde ziehen. Ein Krieg wie auf dem Balkan, wo bis heute europäische Soldaten und zivile Kräfte den Frieden sichern müssen, darf nie wieder blutige Realität werden.

Von anderen Kontinenten zugewanderte Menschen wissen das Kostbare an Europa oft besonders zu schätzen. Sie kennen Armut, Unfrieden, Unfreiheit und Unrecht in anderen Teilen der Welt. Sie erleben Europa als Raum des Wohlstands, der Selbstverwirklichung und in vielen Fällen auch als Schutzraum: vor Pressezensur und staatlichen Internetsperren, vor Folter und Todesstrafe, vor Kinderarbeit und Gewalt gegen Frauen oder vor der Verfolgung jener, die eine gleichgeschlechtliche Beziehung leben.

Unsere europäischen Werte sind verbindlich und sie verbinden. Mögen einzelne europäische Staaten Europas Regeln auch verletzen, so können sie doch vor europäischen Gerichten eingeklagt werden. Mag es auch immer wieder einmal Anlass geben, Europa oder Deutschland zwiespältigen Umgang mit Menschen- und Bürgerrechten vorzuwerfen, so garantiert Europa doch stets eine kritische Öffentlichkeit und freie Medien, die für Verfolgte und Unterdrückte besonders in diktatorischen und autoritären Staaten Partei ergreifen können.

Der europäische Wertekanon ist nicht an Ländergrenzen gebunden, und er hat über alle nationalen, ethnischen, kulturellen und religiösen Unterschiede hinweg Gültigkeit. Am Beispiel der in Europa lebenden Muslime wird dies deutlich. Sie sind ein selbstverständlicher Teil unseres europäischen Miteinanders geworden. Europäische Identität definiert sich nicht durch die negative Abgrenzung vom anderen. Europäische Identität wächst mit dem Miteinander und der Überzeugung der Menschen, die sagen: Wir wollen Teil dieser Gemeinschaft sein, weil wir gemeinsame Werte teilen. Mehr Europa heißt: mehr gelebte und geeinte Vielfalt.

All das, was wir zwischenstaatlich lernen mussten und weiter lernen, um den Frieden zwischen den Völkern zu sichern, haben wir immerfort auch innerhalb unserer Gesellschaft zu lernen, um den Ausgleich zwischen zunehmend Verschiedenen zu erreichen. Wir erleben es tagtäglich: Wir sind auch dann Europa, wenn wir zu Hause bleiben. In Deutschland treffen wir Restaurantbesitzer aus Italien, Krankenpflegerinnen aus Spanien und Fußballspieler aus der Türkei. An den Universitäten und in den Betrieben, an den Bühnen und in den Geschäften arbeiten immer mehr Menschen, die ihre familiären Wurzeln in anderen Ländern haben und die, wenn sie religiös sind, andere Gotteshäuser besuchen als protestantische und katholische Deutsche. Europa ist längst mehr. Vielfalt ist Alltag in der Mitte unserer Gesellschaft geworden.

Sehr geehrte Damen und Herren,
unseren Wertekanon stellen glücklicherweise nur sehr wenige Europäer in Frage. Der institutionelle Rahmen dagegen, den sich Europa bis jetzt gab, wird gerade intensiv diskutiert. Für einige ist die europäische föderale Union die einzige Chance für den Kontinent, andere zielen auf Korrekturen bei den bestehenden Institutionen – etwa die Einführung einer zweiten Kammer oder die Erweiterung der Rechte des Europaparlaments. Manche halten es für ausreichend, den *status quo* zu wahren, wenn dessen Möglichkeiten denn mit mehr politischem Willen tatsächlich genutzt würden. Und Euroskeptiker würden die europäische Ebene am liebsten reduzieren.

Wir stehen mitten in dieser Diskussion und nicht an ihrem Ende. Und wir werden uns leichter über den institutionellen Rahmen einigen, wenn wir gemeinsam und in aller Ausführlichkeit die grundlegenden Fragen zur Zukunft des europäischen Projekts diskutiert haben.

Notwendige Anpassungen im wirtschafts- und finanzpolitischen Bereich im Euroraum hat die Politik jetzt glücklicherweise unter erheblichem Druck vorgenommen. Wir alle wissen aber, dass Europa vor weiteren Herausforderungen steht. Ich habe eingangs meiner Rede von einer Schwelle gesprochen: Wir halten inne, um uns gedanklich und emotional zu rüsten für den nächsten Schritt, der Neues von uns verlangt.

Einst waren europäische Staaten Großmächte und *global players*. In der globalisierten Welt von heute mit den großen neuen Schwellenländern kann sich im besten Fall ein vereintes Europa als *global player* behaupten: Politisch, um substantiell mitentscheiden und weltweit für unsere Werte Freiheit, Menschenwürde und Solidarität eintreten zu können. Wirtschaftlich, um wettbewerbsfähig zu bleiben und so in Europa unsere materielle Sicherheit und damit innergesellschaftlichen Frieden zu sichern.

Bis jetzt ist Europa für diese Rolle zu wenig vorbereitet. Wir brauchen eine weitere innere Vereinheitlichung. Denn ohne gemeinsame Finanz- und Wirtschaftspolitik kann eine gemeinsame Währung nur schwer überleben. Wir brauchen auch eine weitere Vereinheitlichung unserer Außen-, Sicherheits- und Verteidigungspolitik, um gegen neue Bedrohungen gewappnet zu sein und einheitlich und effektiver auftreten zu können. Wir brauchen auch gemeinsame Konzepte auf ökologischer, gesellschaftspolitischer – Stichwort Migration – und nicht zuletzt demografischer Ebene.

Dies geduldig und umsichtig zu vermitteln ist Aufgabe aller, die sich dem Projekt Europa verbunden fühlen. Unsicherheit und Angst dürfen niemanden in die Hände von Populisten und Nationalisten treiben. Die Leitfrage bei allen Veränderungen sollte daher sein: Wie kann ein demokratisches Europa aussehen, das dem Bürger Ängste nimmt, ihm Gestaltungsmöglichkeiten einräumt, kurz: mit dem er sich identifizieren kann?

Wer meint, eine europäische Vereinigung sei ein Kunstgebilde und unfähig, seine unterschiedlichen Bürgerinnen und Bürger aus bald achtundzwanzig Nationalstaaten zusammenzuführen, der sei daran erinnert, dass auch die Nationalstaaten nichts natürlich Gewachsenes und nichts Ewiges sind und ihre Bürger häufig erst sehr langsam in sie hineinwuchsen. Als 1861 die italienische Einheit geschaffen wurde, erklärte der Schriftsteller und Politiker Massimo D'Azeglio: »Italien haben wir geschaffen, nun müssen wir die Italiener schaffen.« Weniger als zehn Prozent der Bürger sprachen Italienisch, und die Masse kannte nur Dialekte. Doch anders als im 19. Jahrhundert, als auch das Deutsche Reich aus einem Flickenteppich von Königreichen und Fürstentümern hervorging, können und wollen wir eine europäische Vereinigung nicht von oben dekretieren. Wir haben inzwischen starke Zivilgesellschaften. Ohne die Zustimmung der Bürger könnte keine europäische Nation, kann kein europäischer Staat wachsen. Takt und Tiefe der europäischen Integration werden letztlich von den Bürgerinnen und Bürgern bestimmt.

An dieser Stelle möchte ich einen Blick nach Großbritannien werfen. Mit großem Interesse habe ich die Doppelbotschaft des Premierministers vernommen: Das Ja zu britischer Tradition und zu britischen Interessen, das kein Nein sein sollte zu Europa. Es ist zwar Sache der Briten, über ihre Zukunft zu entscheiden, aber vielleicht sind sie doch bereit, einen Wunsch aus Schloss Bellevue anzuhören:

Liebe Engländer, Schotten, Waliser, Nordiren und britische Neubürger! Wir möchten euch weiter dabeihaben! Wir brauchen eure Erfahrungen als Land der ältesten parlamentarischen Demokratie, wir brauchen eure Traditionen, eure Nüchternheit und euren Mut! Ihr habt mit eurem Einsatz im Zweiten Weltkrieg geholfen, unser Europa zu retten – es ist auch *euer* Europa. Lasst uns weiter gemeinsam um den Weg zur europäischen *res publica* streiten, denn nur gemeinsam sind wir den künftigen Herausforderungen gewachsen. Mehr Europa soll nicht heißen: ohne euch!

Sehr geehrte Damen und Herren,
es macht mir Sorge, wenn die Rolle Deutschlands im europäischen Prozess augenblicklich bei einigen Ländern Skepsis und Misstrauen auslöst. Die Tatsache, dass Deutschland nach der Wiedervereinigung zur größten Wirtschaftsmacht in der Mitte des Kontinents aufstieg, hat vielen Angst gemacht. Ich war erschrocken, wie schnell die Wahrnehmungen sich verzerrten, als stünde das heutige Deutschland in einer Traditionslinie deutscher Großmachtpolitik, gar deutscher Verbrechen. Nicht allein populistische Parteien stellten die deutsche Kanzlerin als Repräsentantin eines Staates dar, der heute angeblich wie damals ein deutsches Europa erzwingen und andere Völker unterdrücken will.

Doch ich versichere allen Bürgerinnen und Bürgern in den Nachbarländern: Ich sehe unter den politischen Gestaltern in

Deutschland niemanden, der ein deutsches Diktat anstreben würde. Bis jetzt hat sich die Gesellschaft rational und reif verhalten. In Deutschland fand keine populistisch-nationalistische Partei in der Bevölkerung die Zustimmung, die sie in den Deutschen Bundestag gebracht hätte. Aus tiefer innerer Überzeugung kann ich sagen: Mehr Europa heißt in Deutschland nicht: deutsches Europa. Mehr Europa heißt für uns: europäisches Deutschland!

Wir wollen andere nicht einschüchtern, ihnen auch nicht unsere Konzepte aufdrücken, wir stehen allerdings zu unseren Erfahrungen und möchten sie gern vermitteln. Keine zehn Jahre ist es her, da galt Deutschland selbst als »kranker Mann Europas«. Die Maßnahmen, die uns damals aus der Wirtschaftskrise herausführten, haben – trotz der innenpolitischen Konflikte, die mit ihnen einhergingen – Früchte getragen. Gleichzeitig wissen wir, dass es verschiedene ökonomische Konzepte gibt und nicht nur ein Weg zum Ziel führt.

Sollten deutsche Politiker vereinzelt zu wenig Empathie für die Situation der anderen aufgebracht haben oder erschien Sachrationalität manchmal wie Kaltherzigkeit und Besserwisserei, so war dies die Ausnahme und nicht die Regel und erklärt sich vielleicht auch aus der notwendigen Auseinandersetzung um den richtigen Weg. Sollten aus kritischen Kommentaren allerdings Geringschätzung oder gar Verachtung gesprochen haben, so ist dies nicht nur grob verletzend, sondern auch politisch kontraproduktiv. Es erschwert oder blockiert den selbstkritischen Diskurs, der in allen Krisenländern zumindest bei einer Minderheit schon deutliche Konturen angenommen hat. Uns in Deutschland aber sollte klar sein, dass, wer seinen Argumenten vertraut, es nicht nötig hat, sein Gegenüber zu provozieren oder zu demütigen.

Es lohnt sich für alle siebenundzwanzig Partner in unserer Gemeinschaft, noch einmal die Versprechen in Erinnerung zu rufen, mit denen die Währungs- und Wirtschaftsunion einst gestartet ist. Diese Union wird getragen von der Idee, dass Regeln eingehalten und Regelbrüche geahndet werden. Diese Union ist ein Geben und Nehmen, sie darf für niemanden eine Einbahnstraße sein. Sie folgt dem Prinzip der Gegenseitigkeit, der Gleichberechtigung und der

Gleichverpflichtung. Mehr Europa muss heißen: mehr Verlässlichkeit. Verlässlichkeit und Solidarität stehen und fallen miteinander.

Ich bin überzeugt: Wenn in Europa alle diesem Grundsatz verpflichtet bleiben, dann kann innereuropäische Solidarität sogar noch wachsen, längerfristig die großen Ungleichheiten auf dem Kontinent verringern und Lebensverhältnisse schaffen, die Menschen in ihrer Heimat eine Perspektive bieten.

Sehr geehrte Damen und Herren,
mehr Europa fordert: mehr Mut bei allen. Europa braucht jetzt nicht Bedenkenträger, sondern Bannerträger, nicht Zauderer, sondern Zupacker, nicht Getriebene, sondern Gestalter.

Aber Sie, Exzellenzen, Sie wissen am allerbesten, dass selbst mit einer pro-europäischen Haltung manche Bemühungen ins Leere laufen. Solche Schwierigkeiten möchte ich heute nicht ausblenden. Eines der Hauptprobleme bei der Herausbildung einer engeren europäischen Gemeinschaft scheint mir die unzureichende Kommunikation innerhalb Europas zu sein. Und damit meine ich weniger die Ebene der Diplomatie als vielmehr den Alltag der Bevölkerung. Bis heute nimmt jedes der siebenundzwanzig Mitgliedsvölker dieselben europäischen Vorgänge oft auf unterschiedliche Weise wahr. Die Berichterstattung der Medien erfolgt fast ausschließlich unter nationalen Gesichtspunkten. Das Wissen über die Nachbarn ist noch immer gering – von einer vergleichsweise kleinen Gruppe von Studierenden, Geschäftsleuten, Intellektuellen und Künstlern abgesehen. Europa hat bislang keine gemeinsame europäische Öffentlichkeit, die sich mit dem vergleichen ließe, was wir auf nationaler Ebene als Öffentlichkeit bezeichnen. Zunächst fehlt uns eine gemeinsame Verkehrssprache. In Europa sind dreiundzwanzig Amtssprachen anerkannt, zahllose andere Sprachen und Dialekte kommen noch hinzu. Ein Deutscher, der nicht auch Englisch oder Französisch spricht, wird sich kaum mit einem Portugiesen verständigen können, ebenso wenig mit einem Litauer oder Ungarn. Es stimmt ja: Die junge Generation wächst ohnehin mit Englisch als *lingua franca* auf. Ich finde aber, wir sollten die sprachliche Integration nicht einfach dem Lauf der Dinge überlassen. Mehr Europa heißt nämlich nicht nur Mehrsprachigkeit für die Eliten, sondern Mehrsprachigkeit für immer größere Bevölkerungsgruppen, für immer mehr Menschen, für alle. Ich bin überzeugt, dass in Europa beides nebeneinander leben kann: Beheimatung in der Muttersprache und ihrer Poesie und ein praktikables Englisch für alle Lebenslagen und Lebensalter.

Mit einer gemeinsamen Sprache ließe sich auch mein Wunschbild für das künftige Europa leichter umsetzen: eine europäische Agora, ein gemeinsamer Diskussionsort für das demokratische Miteinander. Diese Agora wäre noch umfassender, als die Schülerinnen und Schüler sie vielleicht aus dem Geschichtsbuch kennen. Im antiken Griechenland gab es den zentralen Versammlungsort, Kult- und Gerichtsplatz gleichzeitig, einen Ort des öffentlichen Disputs, wo um das geordnete Zusammenleben gerungen wurde. Wir brauchen heute ein erweitertes Modell. Vielleicht könnte unsere Medienlandschaft so eine europafördernde Innovation hervorbringen, etwas wie Arte für alle, ein Multikanal mit Internetanbindung, für mindestens siebenundzwanzig Staaten, für Junge und Erfahrene, für Onliner und Offliner, für Pro-Europäer und Skeptiker. Dort müsste mehr gesendet werden als der Eurovision Song Contest oder ein europäischer *Tatort*. Es müsste zum Beispiel Reportagen geben über Firmengründer in Polen, junge Arbeitslose in Spanien oder Familienförderung in Dänemark. Es müsste Diskussionsrunden geben, die uns die Befindlichkeiten der Nachbarn vor Augen führen und verständlich machen, warum sie dasselbe Ereignis unter Umständen ganz anders beurteilen als wir. Und in der großen Politik würden nach einem Krisengipfel die Türen aufgehen und die Kamera würde nicht nur ein Gesicht, sondern die gesamte Runde am Verhandlungstisch einblenden.

Ob mit oder ohne einen solchen TV-Kanal: Wir brauchen eine Agora. Sie würde Wissen vermitteln, europäischen Bürgersinn entwickeln helfen und auch Korrektiv sein, wenn nationale Medien in nationalistische Töne verfallen und ohne Sensibilität oder Sachkenntnis über die Nachbarn berichten. Ich weiß, dass viele Medienkonzerne die europäische Öffentlichkeit schon zu stimulieren versuchen mit Beilagen aus anderen Ländern, mit Schwerpunktthemen zu Europa und vielen guten Ideen. Aber bitte mehr davon – mehr Berichterstattung über und mehr Kommunikation mit Europa!

Kommunikation ist für mich kein Nebenthema des Politischen. Die ausreichende Erläuterung der Themen und Probleme ist vielmehr selbst Politik. Eine Politik, die mit der Mündigkeit der Akteure in der Agora rechnet und sie nicht als untertänig, desinteressiert und unverständig abtut.

Mehr Europa heißt für mich: mehr europäische Bürgergesellschaft. Ich freue mich daher, dass 2013 das Europäische Jahr der Bürgerinnen und Bürger ist. Ich würde nicht in allen Einzelheiten so weit gehen wie die Autoren in ihrem »Manifest für eine Neugründung Europas«, aber ich hege große Sympathien für die Überschrift, unter der sich viele Unterstützer schon versammelt haben: »Frage nicht, was Europa für dich tun kann, frage vielmehr, was du für Europa tun kannst!« Der Europäer Gauck hat sich seine Antworten auf eine Liste geschrieben.

Erstens: Sei nicht gleichgültig!

Brüssel mag weit weg sein, aber die Themen, die dort verhandelt und beschlossen werden, gehen jede und jeden an. Es darf uns nicht egal sein, wie die EU auf Standards Einfluss nimmt, die dann bei uns im Kinderzimmer oder auf dem Esstisch wirken. Es darf uns nicht egal sein, welche Maßstäbe wir anlegen an die Außen-, Sicherheits-, Umwelt- und Entwicklungspolitik, die eben auch in unserem Namen stattfindet. Es darf uns nicht egal sein, wie die EU mit Menschen umgeht, die aus politischen Gründen ihr Land verlassen müssen.

Zweitens: Sei nicht bequem!

Die Europäische Union ist kompliziert, weil sie auch Kompliziertes leisten soll. Sie hat es verdient, dass ihre Bürgerinnen und Bürger Interesse zeigen und sich informieren. Sie hat es verdient, dass mehr als dreiundvierzig Prozent der Wahlberechtigten an der Europawahl teilnehmen. Und sie hat es nicht verdient, dass Brüssel zum Sündenbock gemacht wird, wo nationale Interessen oder nationales Versagen Fehlentwicklungen verursacht haben.

Drittens: Erkenne deine Gestaltungskraft!

Ein besseres Europa entsteht nicht, wenn wir die Verantwortung dafür immer nur bei anderen sehen. Es gibt so viele Möglichkeiten. Wer etwas anstoßen oder verhindern will, der nutzt die Europäische Bürgerinitiative. Wer etwas gründen oder bauen will, der kann einen Förderantrag stellen. Und wer Gutes tun und seine Nachbarn kennenlernen will, der bewirbt sich beim Europäischen Freiwilligendienst. Jede und jeder kann einen Grund finden für den Satz: Ja, ich will Europa! Wer kennt diesen Ausruf besser als Sie hier im Saal?

Mein Dank richtet sich heute an so viele, angefangen mit den Europabotschaftern über die Europaaktivisten in Bildung, Wissenschaft und Gesellschaft bis hin zu den besonders fantasievollen Betreuerinnen in bilingualen Kitas der Euroregionen. Ich danke allen, die Europa auf tausendfache Weise wirtschaftlich, sozial und kulturell vernetzen. Wichtig ist mir auch der Dank an unsere deutschen Politikerinnen und Politiker, die ihre nationalen Aufgaben immer mit unserer europäischen Verpflichtung verbunden haben. Besonders danke ich denen, die beim Begriff Solidarität nicht allein die Sorge um den Besitz der Besitzenden geleitet hat.

Sehr geehrte Damen und Herren,
gerade wir Deutschen wissen tief in unserem Innern, dass da etwas ist, was uns mit Europa in besonderer Weise verbindet. War es doch unser Land, von dem aus alles Europäische, alle universellen Werte zunichte gemacht werden sollten. War es doch unser Land, dem die westlichen Siegermächte trotzdem gleich nach dem Krieg Hilfe und Solidarität zuteil werden ließen. Uns blieb damals erspart, was nach unserer Hybris leicht hätte folgen können: eine Existenz als verstoßener Fremdling außerhalb der Völkerfamilie.

Stattdessen wurden wir – was erst recht aus der heutigen Perspektive unerwartet und wunderbar erscheint – Eingeladene, Empfangene, Aufgenommene, Partner.

Wir kamen zu der beglückenden Erfahrung, dass wir uns selbst achten konnten und von anderen geachtet wurden, als wir »nicht über und nicht unter anderen Völkern« sein wollten. So haben wir uns in unserem Handeln mit Europa verbunden, wir haben uns Europa geradezu versprochen.

Heute bekräftigen wir dieses Versprechen.

Wir werden wohl innehalten vor einer neuen Schwelle, werden neu nachdenken. Werden dann aber mit guten Ideen und guten Gründen Vertrauen erneuern, Verbindlichkeit stärken, werden weiter bauen, was wir gebaut haben – Europa.

Vita

1940
geboren in Rostock

1958 – 1965
Studium der Theologie in Rostock

1965 – 1990
Pastor im Dienst der Ev.-Luth. Landeskirche Mecklenburgs,
die längste Zeit in Rostock-Evershagen;
im Nebenamt unter anderem Stadtjugendpastor und
1982 bis 1990 Leiter der Kirchentagsarbeit in Mecklenburg

Herbst 1989
Mitglied und Sprecher der Bürgerbewegung
»Neues Forum« in Rostock

März – Oktober 1990
Abgeordneter von »Bündnis 90« in der ersten und
einzigen frei gewählten DDR-Volkskammer;
Vorsitzender des Parlamentarischen Sonderausschusses
zur Kontrolle der Auflösung des Ministeriums für Staatssicherheit

1990 – 2000
Sonderbeauftragter beziehungsweise Bundesbeauftragter
für die Unterlagen des Staatssicherheitsdienstes der ehemaligen DDR

2003 – 2012
ehrenamtlicher Vorsitzender des Vereins
»Gegen Vergessen – Für Demokratie«

Juni 2010
nach dem Rücktritt von Bundespräsident Horst Köhler
Kandidat für das Amt des Bundespräsidenten

18. März 2012
nach dem Rücktritt von Bundespräsident Christian Wulff
Wahl zum 11. Bundespräsidenten der Bundesrepublik Deutschland

Nachweise

10 Aus einem Interview mit der »Ferienwelle« im Juni 1988. Die »Ferienwelle« war ein erweitertes Regionalprogramm des DDR-Rundfunks, gesendet von Mai bis September in den Nordbezirken.

11 Joachim Gauck, »Abschied vom Schattendasein der Anpassung«, Manuskript in Privatbesitz, abgedruckt in: Walter Kempowski, *Mein Rostock*, Frankfurt am Main 1994, S. 104 – 108.

15 Auszug aus Joachim Gauck, »1989 – Das Später kam früher«, in: Hildegard Hamm-Brücher, Norbert Schreiber (Hg.), *Demokratie, das sind wir alle*, Zabert Sandmann Verlag, München 2009, S. 112 – 123

18 Auszug aus Joachim Gauck, »Über Deutschland«, in: *Weimarer Reden über Deutschland 1994*, eine Veranstaltung des Deutschen Nationaltheaters Weimar und der Bertelsmann Buch AG, hg. von der Stadtkulturdirektion Weimar, Weimar 1994, S. 5 – 15.

31 Auszug aus Joachim Gauck, »Die Entscheidung fiel für ein erprobtes Politikmodell«, in: Eckhard Jesse (Hg.), *Eine Revolution und ihre Folgen. 14 Bürgerrechtler ziehen Bilanz*, Ch. Links Verlag, Berlin 2000, S. 241 – 252.

42 Rede anlässlich der Sonderveranstaltung »Zehnter Jahrestag des Mauerfalls«. Text unter http://www.bundestag.de/kulturundgeschichte/geschichte/gastredner/gorbatschow/gauck.html (abgerufen am 18. Juli 2013).

48 Auszug aus Joachim Gauck, »Herrschaftswissen in Hände und Köpfe der Unterdrückten. 15 Jahre Stasi-Unterlagen-Gesetz«, in: *Entscheidungen gegen das Schweigen. 15 Jahre Einsicht in die Stasi-Unterlagen*, hg. von der Bundesbeauftragten für die Unterlagen

des Staatssicherheitsdienstes der ehemaligen Deutschen Demokratischen Republik, Berlin 2007.

54 Auszug aus Joachim Gauck, »Die friedliche Revolution und das deutsche Modell von 1990«, in: Neville Alexander, Jutta Limbach, Joachim Gauck, *Wahrheitspolitik in Deutschland und Südafrika*, Offizin Verlag, Hannover 2001, S. 53 – 74.

62 Auszug aus Joachim Gauck, »Vertrauen gewinnen«. Festrede Europäische Wochen, Passau, 24. Juni 2011 (*Schriftenreihe der Festspiele Europäische Wochen Passau e.V.*, Heft 7, Passau 2011).

63 Auszug aus Joachim Gauck, »Von der Würde der Unterdrückten«, in: Hans Joachim Schädlich (Hg.), *Aktenkundig*, Rowohlt Berlin Verlag GmbH, Berlin 1992, S. 256 – 275.

76 Joachim Gauck, »Wut und Schmerz der Opfer«, in: *Die Zeit*, 20. Januar 1995.

82 Auszug aus Joachim Gauck, »Rede zur Gedenkveranstaltung 17. Juni 1953 am 17.6.2009«, in: Joachim Klose (Hg.), *Wie schmeckte die DDR. Wege zu einer Kultur des Erinnerns*, Leipzig 2010, S. 476ff.

84 Auszug aus Joachim Gauck, »Zwischen Furcht und Neigung – die Deutschen und die Freiheit«, 3. Berliner Rede zur Freiheit am Brandenburger Tor auf Einladung der Friedrich-Naumann-Stiftung, 21. April 2009, Redemanuskript.

85 Joachim Gauck, »Ohnmacht«, in: Martin Sabrow (Hg.) *Erinnerungsorte der DDR*, Verlag C. H. Beck, München 2009, S. 481 – 491.

98 Joachim Gauck, »Noch lange fremd«, in: *Der Spiegel*, 29. September 1997.

106 Auszug aus Joachim Gauck, »Der sozialistische Gang«, in: *Der Spiegel*, 19. Juni 2006.

107 Auszug aus Joachim Gauck, »Von Staatsinsassen und Einäugigen – Beobachtungen in einer Übergangsgesellschaft«, in: Jürgen Weber (Hg.), *Illusionen, Realitäten, Erfolge. Zwischenbilanz zur Deutschen Einheit*, München 2006, S. 27 – 55.

122 Joachim Gauck, »Wann wird all das weichen? Laudatio auf Herta Müller anlässlich der Verleihung des Literaturpreises der

Konrad-Adenauer-Gesellschaft 2004«, in: *Sinn und Form* 2004, Heft 5, S. 699 – 704.

134 Auszug aus Joachim Gauck, »Gedenkrede anlässlich der Gedenkveranstaltung des Hessischen Landtags für die Opfer des Nationalsozialismus am 27.1.2005«, in: *Schriften des Hessischen Landtags*, Heft 3, Wiesbaden 2006, S. 13 – 23.

143 Auszug aus Joachim Gauck, »Von Zeugenschaft, Verweigerung und Widerstand – Anmerkungen zum Leben unter totalitärer Herrschaft«, Festrede zum 20. Juli 1996 auf Einladung der Gedenkstätte Deutscher Widerstand im Otto-Braun-Saal der Staatsbibliothek Preußischer Kulturbesitz, Berlin, Redemanuskript.

150 Joachim Gauck, »Befreiung feiern – Verantwortung leben«, in: *Reden und Interviews*, Band I, hg. vom Bundespräsidialamt, S. 77 bis 89. Abdruck mit freundlicher Genehmigung des Bundespräsidialamtes.

158 Joachim Gauck, »Über die Rezeption kommunistischer Verbrechen. Vom schwierigen Umgang mit der Wahrnehmung«, in: Stéphane Courtois u.a. (Hg.), *Das Schwarzbuch des Kommunismus: Unterdrückung, Verbrechen und Terror*, Piper Verlag GmbH, München 1998, S. 884 – 894.

172 Auszug aus den Dankesworten an die 15. Bundesversammlung nach der Wahl zum Bundespräsidenten, 18. März 2012, in: Joachim Gauck, *Reden und Interviews*. Band I, hg. vom Bundespräsidialamt, S. 15 – 18.

173 Auszug aus der Rede auf dem Neujahrsempfang 2011 der Evangelischen Akademie für Politische Bildung Tutzing vor Gästen aus Politik, Wirtschaft und Kirchen, in: Joachim Gauck, *Freiheit*, München 2012.

188 Auszug aus Joachim Gauck »Freunde und Fremdeln« (in Zusammenarbeit mit Helga Hirsch), in: *Geo* 2010, Heft 10, S. 60 – 66.

194 Auszug aus Joachim Gauck, »Vertrauen gewinnen«. Festrede Europäische Wochen, Passau, 24. Juni 2011 (*Schriftenreihe der Festspiele Europäische Wochen Passau e.V.*, Heft 7, Passau 2011).

195 Ansprache nach der Vereidigung zum Bundespräsidenten, abgedruckt in: in Joachim Gauck, *Reden und Interviews*, Band I, hg. vom Bundespräsidialamt, S. 21 – 32.

200 Joachim Gauck, »Wir müssen sehen lernen, was ist«, in: *Frankfurter Allgemeine Zeitung*, 22. Februar 2012.

208 Joachim Gauck, »Israel muss man *wollen*«, Laudatio auf David Grossman«, in: *Rede anlässlich der Verleihung des Friedenspreises des Deutschen Buchhandels 2010*, hg. vom Börsenverein des Deutschen Buchhandels, Frankfurt am Main 2010.

218 Auszug aus Joachim Gauck, »Welche Erinnerungen braucht Europa?«, in: *Europa bauen, den Wandel gestalten*, hg. von der Robert Bosch Stiftung, Stuttgart 2006, S. 9 – 24.

227 Vortrag auf Einladung der Universität Lodz, März 2012, Manuskript im Privatbesitz.

233 Joachim Gauck, *Europa: Vertrauen erneuern – Verbindlichkeiten stärken. Rede zu Perspektiven der europäischen Idee am 22. Februar 2013*, Broschüre des Bundespräsidialamtes 2013. Abdruck mit freundlicher Genehmigung des Bundespräsidialamtes.